は　し　が　き

「志望校に合格するためにはどのような勉強をすればよいのでしょうか」　これは，受験を間近にひかえているだれもが気にしていることの１つだと思います。しかし，残念ながら「合格の秘訣」などというものはありませんから，この質問に対して正確に回答することはできません。ただ，最低限これだけはやっておかなければならないことはあります。それは「学力をつけること」，言い換えれば，「不得意分野・単元をなくすこと」と「志望校の入試問題の傾向をつかむこと」です。

後者については，弊社の『中学校別入試対策シリーズ』をひもとき，過去の入試問題を解いたり，参考記事を読むことで十分対処できるでしょう。

前者は，絶対的な学力を身につけるということですから，応分の努力を必要とします。これを効果的に進めるための書として本書を編集しました。

本書は，長年にわたり『中学校別入試対策シリーズ』を手がけてきた経験をもとに，近畿の私立中学校で2023年度に行われた入試問題を収録したものです。本書を十分に活用することで，自分の不得意とする分野・単元がどこかを発見し，また，そこに重点を置いて学習し，苦手意識をなくせるよう頑張ってください。

本書を手にされたみなさんが，来年□□□□□□□□□□□に向かって大きく羽ばたかれることを祈っております。

JN051667

（編集部注）　放送問題の放送原稿は問題の末尾に掲載しています。

（注）　リスニングは試験開始とともに始まります。時間は約10分間です。

リスニング問題

1　今から1〜5の英単語が聞こえてきます。その英単語は次のa〜fのどの絵を表していますか。a〜fの中から，最も合うものを1つ選び，記号で答えなさい。ただしあまる絵もでてきます。放送は1度しか流れません。1（　　　）2（　　　）3（　　　）4（　　　）5（　　　）

a　　　　　　　　　　b　　　　　　　　　　c

d　　　　　　　　　　e　　　　　　　　　　f

2　まず次の絵をよく見て下さい。今から1〜5の英文が聞こえてきます。それらの文は，絵の内容に合っていますか，間違っていますか。合っていれば○を，間違っていれば×を，解答欄に書きなさい。放送は2度流れます。1（　　　）2（　　　）3（　　　）4（　　　）5（　　　）

③　今から1〜5のそれぞれの絵に対してa，b，cの3つの英文が聞こえてきます。絵に合う英文を a 〜cの中から1つ選び，記号で答えなさい。放送は2度流れます。

　　1（　　　）　2（　　　）　3（　　　）　4（　　　）　5（　　　）

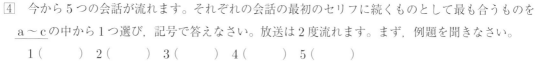

④　今から5つの会話が流れます。それぞれの会話の最初のセリフに続くものとして最も合うものを a〜cの中から1つ選び，記号で答えなさい。放送は2度流れます。まず，例題を聞きなさい。

　　1（　　　）　2（　　　）　3（　　　）　4（　　　）　5（　　　）

《例題》　A：　Do you go to school on Saturday?
　　　　　B：　a．No, I'm not.　　b．Yes, I do.　　c．Yes, I am.

⑤　今から5つの英単語が放送されます。放送される英単語を書きなさい。放送は2度流れます。
　　1（　　　）　2（　　　）　3（　　　）　4（　　　）　5（　　　）

筆記問題

6 次の絵と合う英単語を1〜4の中から1つ選び，番号で答えなさい。

(1)(　　　) (2)(　　　) (3)(　　　) (4)(　　　) (5)(　　　)

(1)　1．kids　　2．uncle　　3．child　　4．brother

(2)　1．grade　　2．home　　3．classroom　　4．uniform

(3)　1．pilots　　2．musicians　　3．drivers　　4．painters

(4)　1．carpenter　　2．ceremony　　3．comfortable　　4．damage

(5)　1．forest　　2．beach　　3．hill　　4．seashell

7 次の下線に入る語句を1〜4の中から1つ選び，番号で答えなさい。

(1)　It is really fun to see many kinds of fish at the _____.

　　1．farm　　2．clinic　　3．aquarium　　4．hotel

(2)　My sister didn't sleep at all so she is very _____ now.

　　1．sleepy　　2．scared　　3．thirsty　　4．glad

(3)　If you want to visit Kyoto museum, please _____ at this station.

　　1．come in　　2．get off　　3．come from　　4．go away

(4)　I like to help sick people. I hope I can be a _____ in the future.

　　1．nurse　　2．carpenter　　3．musician　　4．swimmer

(5)　I feel _____ because I dropped my wallet on the street.

　　1．happy　　2．great　　3．sad　　4．positive

8　次の下線に入る語句を1〜3の中から1つ選び，番号で答えなさい。

(1)　A：　Please tell me the way to the post office.

　　　B：　Go straight. You'll see it _____.

　　1．in the night　　　2．on your right　　　3．at noon

(2)　A：　Wow, you won the game! _____ You did a great job!

　　　B：　Thank you. I was just lucky.

　　1．Pardon?　　　2．Congratulations!　　　3．Please help yourself.

(3)　A：　Did you read the book? It was really funny.

　　　B：　No, I _____. I was busy all day.

　　1．am not　　　2．do not　　　3．did not

(4)　A：　Do you know Mt. Fuji?

　　　B：　Of course. Mt. Fuji is _____ mountain in Japan. It is 3,776 meters high.

　　1．as high　　　2．higher　　　3．the highest

(5)　A：　Excuse me. I can't find the ABC store. Where is it?

　　　B：　It's over there. It is between a hospital _____ a police station.

　　1．or　　　2．and　　　3．around

⑨ 次の英文の内容に対して，(1)～(5)の質問に対する答えとして最も合うものを1～3の中から1つ選び，その番号を答えなさい。

Nao's Beach Adventure

Nao is a very fun girl. She lives in a big city far from the ocean. She had seen pictures and videos of the ocean but had never seen it with her own eyes. She was very interested in it so she asked her parents to take her and her friend, Anna, there during summer vacation. Nao was so happy to hear her parents say, "Yes! Let's go this Saturday."

Saturday morning came and everyone was preparing to go. They decided to bring a bag of tools and toys to play with at the beach. In the bag, they put in shovels to build a sand castle and floats to relax on top of the water. They also brought a picnic basket full of sandwiches and water.

Both Anna and Nao could swim so as soon as they got to the beach, they played in the water. It was so much fun because the ocean waves were not too big to be scary and not too small to be boring. The waves were just the right size. After they swam, they dried off and built a sand castle. It took them about an hour and they made a beautiful home for a sea king and queen!

After that, they were really hungry and thankful that they brought delicious sandwiches with them. They ate ham sandwiches and egg salad sandwiches along with a bag of potato chips and chocolate chip cookies that Nao's mom brought as a surprise. The day at the beach was perfect and everyone had a wonderful time together.

注) ocean：海　　never：一度も～ない　　preparing：準備している　　decided：決めた
shovels：シャベル　　sand castle：砂のお城　　floats：浮き輪
picnic basket：ピクニックバスケット　　scary：怖い　　boring：退屈した
dried off：乾かした　　surprise：驚き

(1) What had Nao never seen before? （　　　）
　1．She had never seen it with her own two eyes.　　2．She had never seen the ocean.
　3．She had never seen pictures and videos.

(2) Why did they bring shovels to the beach? （　　　）
　1．They put the shovels in the bag.　　2．They would use them to build a sand castle.
　3．They would use them to see under water.

(3) How big were the waves? （　　　）
　1．They were just the right size.　　2．They were scary.　　3．They were too small.

(4) What did they do after they swam? （　　　）
　1．They used floats in the water.　　2．They had so much fun.　　3．They dried off.

(5) What was the surprise? （　　　）

1．Nao's mom was the surprise.　　2．Potato chips and cookies.

3．Everyone had a wonderful time together.

10　次の広告の内容に対して，(1)〜(5)の質問に対する答えとして最も合うものを1〜3の中から1つ選び，その番号を答えなさい。

Japan Festival

Are you interested in Japanese culture?
There is a special event coming next month.
Please join us and let's have fun together!

◎Date and Time：Sunday, September 3rd from 10：00 am.
◎Place：Kaori Park

Place	Program	Price
Area A	Yukata wearing experience	$10
Area B	Karuta (Japanese card game) experience	$5
Area C	Japanese food market	$5 to $10
Area D	Beautiful Japanese photo exhibition	$2

●**Special Discount for Yukata wearers!**
　　　If you wear a Yukata, you can get a 10% discount at the Japanese market in Area C.

●**Enter the Photo Exhibition Contest!**
　　　Bring some beautiful Japanese pictures and put them on the wall in Area D. Judging starts at 1 p.m. and the top 3 winners will get a special prize.

注）area：(仕切られた)場所　　experience：体験　　price：値段　　exhibition：展示

　　discount：割引　　contest：コンテスト　　judging：審査　　prize：賞

(1)　When is the festival?（　　　）

　1．September 1st.　　2．September 2nd.　　3．September 3rd.

(2)　Where can we join the festival?（　　　）

　1．At the school.　　2．At the park.　　3．On the street.

(3)　What can we do in Area C?（　　　）

　1．You can wear Yukata.　　2．You can take photos.

3．You can buy and eat some Japanese food.

⑷　If you wear a Yukata, what can you get?（　　　）

1．You can get a discount.　　2．You can get pictures of yourself.

3．You can get Japanese postcards.

⑸　Which is true?（　　　）

1．The festival starts at 10:00 a.m.　　2．Everyone can get a discount in Area B.

3．There is a cooking contest.

11　中学 3 年生の若菜はカナダへ 3 週間のホームステイに行くことになりました。そこで，ホストファミリーとして若菜を受け入れてくれる方々にメールを送り，自己紹介をすることにしました。あなたが若菜ならば，どのようなメールを送りますか。次の自己紹介のトピックとそれに対する答えから 5 つ選び，それらを含めて，解答欄の "Hi, I'm Wakana." のあとに英語で書きなさい。

Hi, I'm Wakana.

自己紹介のトピック	トピックに対する答え
若菜の出身地	滋賀県
若菜の性格	人と話すのが好き
得意なこと	ピアノを弾くこと
苦手なこと	体を動かすこと
留学先でしたいこと	ホストファミリーと買い物
ホストファミリーへの質問	ペットを飼っているか
ホストファミリーへの質問	家から学校は近いか

12　次の質問に関して，あなたの考えとその理由を英文で書きなさい。語数の目安は 25〜35 語です。

質問：Do you like to watch TV?

〈放送原稿〉

2023 年度大阪薫英女学院中学校入学試験英語のリスニング問題を始めます。

① 今から 1〜5 の英単語が聞こえてきます。その英単語は次の a 〜 f のどの絵を表していますか。a 〜 f の中から，最も合うものを 1 つ選び，記号で答えなさい。ただしあまる絵もでてきます。放送は 1 度しか流れません。

1　money

2　sun

3　pancakes

4　coach

5　fish

② まず次の絵をよく見て下さい。今から 1〜5 の英文が聞こえてきます。それらの文は，絵の内容に合っていますか，間違っていますか。合っていれば○を，間違っていれば×を，解答用紙に書きなさい。放送は 2 度流れます。

1　The children are not having fun.（くり返す）

2　Two boys are wearing hats.（くり返す）

3　There is a bird on the school.（くり返す）

4　The boys are on a playground.（くり返す）

5　You can see a dog in the picture.（くり返す）

③ 今から 1〜5 のそれぞれの絵に対して a，b，c の 3 つの英文が聞こえてきます。絵に合う英文を a 〜 c の中から 1 つ選び，記号で答えなさい。放送は 2 度流れます。

1．a．There are two children on the sofa.（くり返す）

　　b．One girl is sleeping.（くり返す）

　　c．The children are watching TV.（くり返す）

2．a．Everyone is wearing a hat.（くり返す）

　　b．One girl is wearing glasses.（くり返す）

　　c．The girl is climbing a rope.（くり返す）

3．a．The man is driving a car.（くり返す）

　　b．The man is riding in a bus.（くり返す）

　　c．There is a dog in the car.（くり返す）

4．a．They are not in a forest.（くり返す）

　　b．There are many animals in this picture.（くり返す）

　　c．There is no bear in the picture.（くり返す）

5．a．There are not many vegetables on the shelves.（くり返す）

　　b．Someone is shopping for food.（くり返す）

　　c．The person is using a telephone.（くり返す）

④ 今から 5 つの会話が流れます。それぞれの会話の最初のセリフに続くものとして最も合うものを a 〜 c の中から 1 つ選び，記号で答えなさい。放送は 2 度流れます。まず，例題を聞きなさい。

《例題》　A： Do you go to school on Saturday?

　　　　　B： 　a．No, I'm not. 　　b．Yes, I do. 　　c．Yes, I am.

「あなたは土曜日に学校に行きますか。」という質問に対して最も合うものはbのYes, I do.になります。では，問題を始めます。

1．A： Is it a fun place to go?

　　B： 　a．Yes, it is not my vacation. 　　b．No, I don't think so.

　　　　　c．Of course it isn't good because it is Disneyland.

（1をくり返す）

2．A： Either you come with me, or you stay home. Which would you prefer?

　　B： 　a．Either, both. 　　b．Either I would go with you.

　　　　　c．I think I will stay home.

（2をくり返す）

3．A： I will not go to their concert on Saturday.

　　B： 　a．Why not? I thought you liked their music.

　　　　　b．Why will you go? I think Saturday is perfect!

　　　　　c．I don't have enough money.

（3をくり返す）

4．A： Does she have a new car?

　　B： 　a．I didn't know that. Where is she going? 　　b．Yes, I do.

　　　　　c．Yes, it is small and blue. I like it!

（4をくり返す）

5．A： I am going to Okinawa but I don't know what to do there.

　　B： 　a．You shouldn't buy a travel book.

　　　　　b．Why don't you ask your friend Yuka? She lived in Okinawa for 3 years.

　　　　　c．Why don't you go to Okinawa then?

（5をくり返す）

5　今から5つの英単語が放送されます。放送される英単語を書きなさい。放送は2度流れます。

1．tomato（くり返す）

2．reading（くり返す）

3．show（くり返す）

4．fruits（くり返す）

5．message（くり返す）

これでリスニング問題を終わります。

（編集部注）　放送問題の放送原稿は問題の末尾に掲載しています。

1　（　　）に最も適切なものを以下から選び，記号で答えなさい。

(1)　Who （　　　） that man? — He is my teacher.

　　ア　am　　イ　is　　ウ　are　　エ　be

(2)　I （　　　） have my own room.

　　ア　am not　　イ　isn't　　ウ　don't　　エ　doesn't

(3)　What （　　　） is it today? — It's Wednesday.

　　ア　date　　イ　the date　　ウ　day　　エ　month

(4)　My mother is taller （　　　） my father.

　　ア　then　　イ　and　　ウ　as　　エ　than

(5)　Will you tell me the way to the station? — （　　　）

　　ア　Sure.　　イ　It's Monday.　　ウ　No, you mustn't.　　エ　Yes, it is.

2　次の日本文の意味になるように，①〜⑤までを正しく並び替え，2番目と4番目にくる最も適切な組み合わせを一つ選び，記号で答えなさい。

(1)　鉛筆を何本持っていますか。（　　　）

　　How 《①　have　　②　many　　③　do　　④　you　　⑤　pencils》?

　　How （　　）（2番目）（　　）（4番目）（　　）?

　　ア　②—①　　イ　①—⑤　　ウ　④—⑤　　エ　⑤—④

(2)　彼らは昨日サッカーをしに公園へ行きました。（　　　）

　　They 《①　the park　　②　went to　　③　play　　④　to　　⑤　soccer》yesterday.

　　They （　　）（2番目）（　　）（4番目）（　　）yesterday.

　　ア　①—③　　イ　③—②　　ウ　①—④　　エ　④—①

(3)　そこにはたくさんの人たちがいました。（　　　）

　　There 《①　a　　②　were　　③　of　　④　lot　　⑤　people》there.

　　There （　　）（2番目）（　　）（4番目）（　　）there.

　　ア　①—⑤　　イ　④—②　　ウ　⑤—①　　エ　①—③

(4)　あなたはどの色が一番好きですか。（　　　）

　　What 《①　like　　②　the　　③　do　　④　color　　⑤　you》best?

　　What （　　）（2番目）（　　）（4番目）（　　）best?

　　ア　①—⑤　　イ　③—①　　ウ　④—③　　エ　④—⑤

⑸　明日もし晴れたら泳ぎに行きましょう。（　　　）

　　If《①　fine　　②　go　　③　it is　　④　let's　　⑤　tomorrow,》swimming.

　　If（　　）（２番目）（　　）（４番目）（　　）swimming.

　　ア　②—⑤　　イ　①—③　　ウ　①—④　　エ　④—③

③　次の英文は私（ I ）がペットのカメ（Tom）と友人（Dan）と過ごしている様子を書いたものです。英文を読んで，下の設問に答えましょう。

　　All my friends have dogs and cats. I cannot have one. ①Furry animals make my mom sick.

　　"You can get a fish or a turtle," she says.

　　So I get a little turtle. He has a pretty ②shell.

　　My turtle Tom lives in a big ③tank. It is fun to watch him swim.

　　My friend Dan taps on the tank. "Tom doesn't like that," I say. He hides inside his shell.

　　I feed Tom beans. Dan gives him lettuce.

　　"Let's go to the ④garden," I say.

　　"We can pick more beans for Tom."

　　I carry Tom outside. It is hot. I put him in the cool ⑤grass. I make sure Tom has a pool of water. He walks slowly to it.

　　I sit on a rock. I hold Tom in my hand. "He likes to sit in the sun," I tell Dan.

　　Dan, Tom, and I eat beans and carrots.

１．文中の下線部①〜⑤の英単語の意味を下から選び，記号ア〜オで答えなさい。難しい単語もあると思いますが，お話の流れにそって考えましょう。

　　①（　　　）②（　　　）③（　　　）④（　　　）⑤（　　　）

　　ア．庭　　イ．こうら（カメなどの）　　ウ．草原，草　　エ．毛のある　　オ．水そう

２．本文の内容に合うものには○を合わないものには×を書きなさい。

　　ア　筆者の友達は皆，カメか魚を飼っている。（　　　）

　　イ　カメのトムが泳いでいるのを見るのは楽しい。（　　　）

　　ウ　ダンが水そうをコツコツ叩くと，トムは喜んでこうらから首を出した。（　　　）

　　エ　筆者はトムに豆を食べさせ，ダンはレタスを食べさせた。（　　　）

　　オ　トムは太陽が苦手なので，筆者は岩に座って手の中にトムを隠した。（　　　）

4 Listening Test

〈Part 1〉　対話と質問を聞き，その答えとして最も適切なものを選択肢の中から1つ選び番号で答えなさい。対話と質問はそれぞれ二度繰り返されます。

(1)(　　　) (2)(　　　) (3)(　　　) (4)(　　　) (5)(　　　)

(1)　1　Hinata is a cute cat.　　2　Hinata has a low voice.

　　　3　Hinata and Jasmine are sisters.

(2)　1　Science.　　2　Music.　　3　Japanese.

(3)　1　Mr. Shimada does.　　2　Ms. Tanahara does.　　3　Ms. Nishimura does.

(4)　1　I'm not Himari.　　2　I'm from Kyoto.　　3　I don't have any pencils.

(5)　1　Baseball　　2　Tennis　　3　Soccer

〈Part 2〉　三つの英文を聞き，その中から絵の内容を最もよく表しているものを一つ選びなさい。

(6)(　　　) (7)(　　　) (8)(　　　) (9)(　　　) (10)(　　　)

(6)

(7)

(8)

(9)

(10)

〈放送原稿〉

ただいまから，2023 年度大阪信愛学院中学校入学試験英語リスニングテストを行います。

〈Part 1〉 これから流れる対話と質問を聞き，その答えとして最も適切なものを選択肢の中から1つ選びなさい。対話と質問はそれぞれ二度繰り返されます。では，始めます。

(1) A： Hi, Hinata. I'm Jasmine.

    B： Sorry, I'm not Hinata.

    C： I am Hinata.

    A： Oh, You are Hinata. Nice to meet you.

  Question：Which sentence is true?

((1)を繰り返す)

(2) A： Hi, Suzu. I'm going to study at the library today.

    B： Shall I go with you?

    A： What subject do you want to study?

    B： I want to study science. I have a test next week.

  Question：What subject is Suzu going to study?

((2)を繰り返す)

(3) A： Who are those beautiful women over there?

    B： They are my teachers, Ms. Tanahara and Ms. Nishimura.

    A： What subjects do they teach?

    B： Ms. Tanahara teaches music and Ms. Nishimura is a math teacher.

  Question：Who teaches math?

((3)を繰り返す)

(4) A： Hi, Mao. Who is the girl beside you?

    B： Hi, Makoto. She is my cousin, Himari.

    C： Nice to meet you, Makoto. I'm Himari.

    A： Nice to meet you too. Where are you from?

  Question：What will Himari say next?

((4)を繰り返す)

(5) A： When do you practice baseball, Mike?

    B： I don't play baseball. I play tennis every Tuesday.

    A： Really? Didn't you play baseball last year?

    B： No, I didn't. I played soccer last year.

  Question：What did Mike do last year?

((5)を繰り返す)

〈Part 2〉 三つの英文を聞き，その中から絵の内容を最もよく表しているものを一つ選びなさい。解答用紙には番号のみを書きます。英文は二度繰り返されます。では，始めます。

(6) 1 I practice playing the piano all by myself.

  2 I like playing the piano with my mother.

  3 I don't like music at all.

（繰り返す）

(7) 1 A： Will you open the window?

    B： Sure.

  2 A： Shall I open the door?

    B： No problem.

  3 A： Do you have a picture of mountains?

    B： No, I don't.

（繰り返す）

(8) 1．I want to be a magician someday. 2．Two girls are sitting on the street.

  3．We are members of a dance club.

（繰り返す）

(9) 1．They watch different movies at different rooms.

  2．This TV program is good for families.

  3．The boy doesn't look happy.

（繰り返す）

(10) 1．There are nine people in this picture.

  2．All of the people in the picture are children.

  3．We can see no animals in the picture.

（繰り返す）

これでリスニングテストを終わります。

3 樟蔭中（A入試）

（編集部注） 放送問題の放送原稿は問題の末尾に掲載しています。

○リスニングテスト【テスト開始直後に英文が流れます】

1 3つの英文を聞き，その中から絵の内容を最もよくあらわしているものを1つ選び，解答らんに数字で答えなさい。英文は2回流れます。

1（ 　 ） 2（ 　 ） 3（ 　 ） 4（ 　 ） 5（ 　 ）

2 今から短い会話文が流れ，最後にその内容に関する質問が流れます。その質問の答えとして最も適切なものを1つ選び，解答らんに数字で答えなさい。英文は2回流れます。

1（ 　 ） 2（ 　 ） 3（ 　 ） 4（ 　 ） 5（ 　 ）

1．1）Every day.　　2）In the morning.　　3）In the evening.　　4）On Sundays.

2．1）It's spring.　　2）It's summer.　　3）It's autumn.　　4）It's winter.

3．1）At one-thirty.　　2）At three.　　3）At three-thirty.　　4）At one.

4．1）A piano lesson.　　2）A guitar lesson.　　3）Basketball practice.

　　4）Baseball practice.

5．1）Mike's.　　2）Peter's.　　3）Keiko's.　　4）Keiko's friend's.

○筆記問題

3 次の各文の（　　）内に入れるのに最も適したものを選び，記号で答えなさい。

1．A： Do you like soccer?

　　B： Yes, I do.（　　）play soccer together.

　　ア．Be　　イ．Don't　　ウ．Let's　　エ．Will

2．My desk is too (　　　). I need a bigger one.

　　ア．large　　イ．long　　ウ．wide　　エ．small

3．A：　What (　　　) do you like?

　　B：　Well. I usually play tennis. It's fun.

　　ア．sports　　イ．subjects　　ウ．food　　エ．music

4．(　　　) are many parks in our town.

　　ア．It　　イ．They　　ウ．There　　エ．We

5．A：　Look! It's raining.

　　B：　Do you have an (　　　)?

　　ア．bag　　イ．notebook　　ウ．cap　　エ．umbrella

6．A：　(　　　) does he usually go to school?

　　B：　By train.

　　ア．Why　　イ．How　　ウ．When　　エ．Where

7．The population of Osaka is (　　　) than that of Fukuoka.

　　ア．large　　イ．larger　　ウ．small　　エ．smaller

8．Ken is (　　　) Osaka.

　　ア．on　　イ．to　　ウ．for　　エ．from

9．(　　　) your hands when you get home.

　　ア．Take　　イ．Buy　　ウ．Wash　　エ．Eat

10．(　　　) you tired?

　　ア．Do　　イ．Are　　ウ．Is　　エ．Does

11．(　　　) is the fifth month of the year.

　　ア．March　　イ．April　　ウ．May　　エ．June

12．Susan can play tennis very (　　　).

　　ア．good　　イ．bad　　ウ．well　　エ．terrible

13．Hanako usually (　　　) to bed around nine on Sundays.

　　ア．goes　　イ．gone　　ウ．gets　　エ．sleep

14．This pencil isn't (　　　).

　　ア．he　　イ．her　　ウ．yours　　エ．them

15．Mike (　　　) TV in his room last night.

　　ア．watch　　イ．watched　　ウ．watching　　エ．will watch

16．Taro has a computer. He uses (　　　) in his office.

　　ア．it　　イ．them　　ウ．they　　エ．us

17．This bus goes (　　　) Tokyo to Osaka.

　　ア．at　　イ．in　　ウ．from　　エ．down

18．A：　Taro is a good swimmer.

　　B：　Yes. He swims very (　　　).

ア．fast　　イ．slow　　ウ．fastly　　エ．lightly

19．A： Where is Akira?

　　B： He is over （　　　　）. He is waiting for you.

ア．soon　　イ．out　　ウ．here　　エ．there

20．A： You look tired. Have a （　　　　）.

　　B： Thank you.

ア．seat　　イ．down　　ウ．sit　　エ．night

④　日本語の意味に合うように（　　　）内の語を正しい順序に並べかえなさい。なお文の最初の語は大文字で始め，解答らんには（　　　）内のみ書きなさい。

1．毎日誰が夕食を作りますか。

（dinner / cooks / who / every day）?

（　　　　　　　　　　　　　　　　　　　　　　　　　　　　　　　　）

2．どうやって駅へ行けばいいですか。

（I / how / get / can）to the station?

（　　　　　　　　　　　　　　　　　　　　　　　　　　　　　　　　）

3．英語の授業の時間はどれくらいですか。

（your / long / is / how）English class?

（　　　　　　　　　　　　　　　　　　　　　　　　　　　　　　　　）

4．あなたはどの教科が好きですか。

Which （do / subject / like / you）?

（　　　　　　　　　　　　　　　　　　　　　　　　　　　　　　　　）

5．大阪は今日は曇りです。

（cloudy / is / in / it）Osaka today.

（　　　　　　　　　　　　　　　　　　　　　　　　　　　　　　　　）

6．あなたとテニスをすることは楽しいです。

（playing / you / with / tennis）is fun.

（　　　　　　　　　　　　　　　　　　　　　　　　　　　　　　　　）

7．今日は何曜日ですか。

（what / of / day / the week）is it today?

（　　　　　　　　　　　　　　　　　　　　　　　　　　　　　　　　）

8．あなたは何匹の猫を飼っていますか。

（many / cats / do / how）you have?

（　　　　　　　　　　　　　　　　　　　　　　　　　　　　　　　　）

9．私は明日買い物に行きます。

（shopping / will / I / go）tomorrow.

（　　　　　　　　　　　　　　　　　　　　　　　　　　　　　　　　）

10. 彼女はそのような生徒ではありません。

She is (not / student / such / a).

(　　)

5　日本語を参考にして，(　　)内に入る適語を書きなさい。

1. お母さんが帰宅した時何をしていましたか。

What were you doing (　　　　) your mother came home?

2. あなたはどんな日本食が好きですか。

What (　　　　) of Japanese food do you like?

3. これは最も人気のある本です。

This is the (　　　　) popular book.

4. お天気はどうですか。

How is the (　　　　)?

5. 初めまして。

(　　　　) to meet you.

6. ひどいかぜをひいています。

I (　　　　) a bad cold.

7. 今日はするべきことがあります。

I have something (　　　　) do today.

8. どういたしまして。

You're (　　　　).

9. あのＴシャツはいくらですか。

How much are (　　　　) T-shirts?

10. またのちほど。

(　　　　) you later.

〈放送原稿〉

ただいまより，2023 年度樟蔭中学校入学試験英語リスニングテストを始めます。放送中，メモを取っても構いません。

① 今から短い英文が流れます。その中で問題用紙にある絵の内容と一致するものを 1 から 3 の中から 1 つ選び，解答らんに数字で答えなさい。英文は 2 回流れます。では始めます。

1. 1）The woman is not a good teacher.　2）The woman is a good cook.

　　3）The woman is not a good cook.

（くり返す）

2. 1）A boy is on the desk.　2）A boy is under the desk.

　　3）A boy is in the desk.

（くり返す）

3. 1）We are studying in the classroom.　2）We are cleaning in the park.

　　3）We are swimming in the pool.

（くり返す）

4. 1）I have two roses.　2）I have three roses.　3）I have four roses.

（くり返す）

5. 1）It's January 1st today.　2）It's July 7th today.

　　3）It's December 25th today.

（くり返す）

② 今から短い会話文が流れ，最後にその内容に関する質問が流れます。その質問の答えとして最も適切なものを 1 つ選び，解答らんに数字で答えなさい。英文は 2 回流れます。では始めます。

1. A：　Do you practice basketball every day?

　 B：　Yes. I like it very much.

　Q：When does he practice basketball?

（1 をくり返す）

2. A：　Can you close the door? It's very cold today.

　 B：　Sure.

　Q：Which season is it?

（2 をくり返す）

3. A：　The movie starts at three.

　 B：　OK. Let's eat lunch at one-thirty.

　Q：What time does the movie start?

（3 をくり返す）

4. A：　I have a piano lesson every Tuesday.

　 B：　Really? I have baseball practice on Tuesdays.

　Q：What does the boy do on Tuesdays?

（4 をくり返す）

5．A：　Is this your bag, Mike?

　　B：　No, Keiko. It's my friend Peter's.

　Q：Whose bag is it?

（5 をくり返す）

これでリスニングテストを終わります。

1 Choose the best answer to complete each sentence.

(1) Her mother said Mary had left home 30 minutes before. She should be here (   ).

1 before five minutes   2 five minutes later   3 after five minutes

4 in five minutes

(2) A : Toby, don't leave your bike here.

　　B : Oh, is it (   )?

1 having your own way   2 getting in your way   3 making its way

4 going its way

(3) A : Would you (   ) me back home after the party, Ryan?

　　B : Sure.

1 drive   2 pick   3 give   4 offer

(4) A : Those brothers, Naoki and Tomoki, really look alike, don't they?

　　B : Yeah, they look very similar (   ). But when you see them up close, their faces

　　　　are actually quite different.

1 at a distance   2 nearby   3 one after another   4 in the way

(5) On the way to the hotel, I passed by the water tower, which (   ) the entire city with

water.

1 resources   2 donates   3 supplies   4 contributes

(6) Please (   ) eating and drinking in the library because it disturbs others.

1 refrain from   2 keep up   3 call off   4 ask out

(7) The crew on a luxury cruise ship always ask passengers if there is anything they can do to

make their trip better. I'm not sure how many of them truly realize (   ) for the crew.

1 how the task is hard   2 how hard the task is   3 how is the hard task

4 how hard is the task

2　Read the reading list and answer the following questions.

Reading list

IF YOU VISIT EARTH, by John Black

"Dear Visitor from Outer Space," the child navigator begins, "If you come to the Earth, here's what you should know." Black promises that this amazing book describes a variety of gifts from nature on the earth in such simple words that students with no background information on natural science can learn them easily.

OUR LITTLE KITCHEN, by Kevin White

This book is based on the author's experience in volunteering at a small community kitchen that feeds the poor. The colorful, delicious meals will give you a lot of energy as you see its various characters chopping, slicing and whipping.

CHANCE : ESCAPE FROM THE HOLOCAUST, by Nancy Green

This touching story of the author's journey with her parents, beginning at age 4, from Warsaw to Russia to Turkestan is illustrated with her own art, including astonishing childhood originals.

A　According to the reading list, which book can you tell has visual information? Choose the number below. (You may choose more than one option.) (　　)

1　*IF YOU VISIT EARTH*　　2　*OUR LITTLE KITCHEN*

3　*CHANCE : ESCAPE FROM THE HOLOCAUST*

B　Where can you most likely find *OUR LITTLE KITCHEN* in the library? Choose the area number from the map below. (　　)

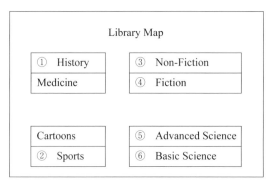

Library Map

| ① History | ③ Non-Fiction |
| Medicine | ④ Fiction |

| Cartoons | ⑤ Advanced Science |
| ② Sports | ⑥ Basic Science |

③ Read the website below and answer the following questions.

May 28, 2023

> ABC SCHOOL WELCOMES STUDENTS.
> JOIN OUR ONE WEEK SUMMER PROGRAM!
> From July 3 to 7

We are proud to offer a summer program at ABC School. This is a great opportunity for students who are interested in music, science, and history. Our courses help them learn how to build confidence, communicate with others and take leadership in splendid school facilities. On the first day, all the participants go on a bus tour around Boston.

Tour Schedule

8:30 a.m.   Meet at South Station Bus Terminal

9:00 a.m.   Take a Boston city tour bus and learn about the city

10:00 a.m.   Visit Museum of Fine Arts Boston

(chances to purchase gifts)

11:30 a.m.   Visit Harvard University

(good opportunities for photos)

1:00 p.m.   Have lunch at a cafe on campus

REGISTRATION OPENS TODAY

COURSE FEES		
MUSIC COURSE	$300	LUNCH INCLUDED
SCIENCE COURSE	$400	
HISTORY COURSE	$500 (＋$130 FIELD TRIP)	

＊ Early bird fees (10% discount) are available if you apply within a week from today.

> CONTACT OR JOIN, click *here*.

A According to the website, which of the following is the most appropriate option to complete the sentence below? （   ）

The main purpose of the summer program is [   ].

1   to meet new friends of the same age

2   to improve participants' English skills

3   to get participants interested in school activities

4   to help students acquire social skills

B Which of the following is true of the tour? （   ）

1   A tour bus will pick up students at the airport in Boston.

2　Students can buy something for their friends at the museum.

3　Students can visit many different cities in the United States.

4　Students will have lunch with Harvard University students.

C　If you apply for SCIENCE COURSE on June 1st, how much will you have to pay?

（　　　）

1　$270　　2　$360　　3　$400　　4　$450

4　Read the passage and answer the following questions.

[1]　In Michigan, where I grew up, blackouts happened several times a year. However, the power cuts occurred in limited areas and only lasted a few hours. The cause was most often a heavy snowfall that cut power lines. The power company was pretty good at finding exactly where the electric wire had been cut and sending a crew out to repair the line quickly.

[2]　The Northeast Blackout of 2003 was completely different. It shut off 256 local power plants that were responsible for delivering electricity throughout eight U.S. states and the Canadian province of Ontario. The cause was eventually traced back to a computer software bug that had made it impossible to control a local system. The disruption was so large that it also caused public water supplies to stop due to a lack of electricity to run the pumps. In addition, it prevented radio and television broadcast.

[3]　The blackout happened on August 14, which was just about the hottest day of that year. I remember our air conditioner stopping first, and the house slowly getting hotter and hotter. We did not have access to city water because we lived in the countryside, so we relied on our own well in the yard that supplied water from underground. But the well needed electricity to pump up water. Because it was more than a 30-minute drive to the nearest supermarket, we would usually buy our groceries in bulk about once a month. As a result, we had several freezers and refrigerators full of food. When the power stopped, these all started to heat up, too.

[4]　I especially remember my mom had bought several gallon buckets of ice cream (about 3.8 liters each). Once we saw they were starting to melt in the freezer, we knew that they would not last the night. Mom handed us each our own bucket and a spoon and told us to eat what we wanted while it was still frozen! To be honest, this is what I remember much more than any of the discomfort from the heat or inconvenience from lack of water.

[5]　My mom showed us how to make the best out of a difficult situation and I realized how valuable something that we have easy access to is when it has gone.

(Adapted from Jason David Danielson, "Off the Cuff", *Asahi Weekly*, 2022)

A　According to the author, which of the following was most important when the blackout of 2003 happened? （　　　）

1　ice cream　　2　water　　3　electricity　　4　gas

B   Which of the following is true of the Northeast Blackout of 2003? （   ）

1   It was caused by a seasonal factor and lasted for a few days.

2   It was caused by a natural disaster and spread all over the country.

3   The accident happened in winter and it took a long time to get back to normal.

4   A technological problem caused the accident and affected two countries.

C   According to the passage, what is the lesson the author has learned from the disaster?

（   ）

1   You should eat ice cream first when blackouts happen.

2   You can easily forget the difficulty you have.

3   You can enjoy your life even if you face a big problem.

4   You can do without water when you are extremely thirsty.

D   Write about your best summer memories with your family. Be sure to include **when, where** and **what** you did with your family, and **why** it is your best memories. You should write at least 40 words.

[(   )]

5   Read the passage and answer the following questions.

[1]   Walking in the city is a terribly stressful experience for *pedestrians. Transport for London（TfL）, a transportation service provider, has recently introduced new rules on a trial basis at 18 pedestrian crossings in the city. Instead of waiting for the "male green light" mark to light up for pedestrians to cross the road, the pedestrian crossing signal is green from the beginning. The signal turns red only when the sensor detects an approaching vehicle.

[2]   This "pedestrian priority" trial is the first attempt in the UK, but the nine-month test period showed promising data. There was little impact on traffic, and all pedestrians saved a total of 1.3 hours per day on the average pedestrian crossing. Pedestrians are also 13% more likely not to ignore the signal.

[3]   In 2020, 868 pedestrians were killed or seriously injured. Now the city aims to line up with Oslo and Helsinki, where no pedestrian died in the same year. In order to succeed in the traffic safety philosophy "Vision Zero" adopted by countries around the world to eliminate the death and injury of people in road traffic, TfL is introducing a bicycle lane. By building such roads, the number of vehicles and their speed in traffic are being reduced.

[4]   For the past two decades, London has devoted more effort to the fight against car traffic than to improving the pedestrian experience. Almost 20 years ago, in 2003, we introduced a

traffic jam charging system for automobiles. The next regulations have banned the vehicles that give off a lot of substances causing pollution. In October 2021, they expanded the zone that prohibits the entry of such vehicles. More than 1,500 cameras are used to enforce the regulation, and special sensors are used to better understand traffic flow and management status.

[5]　Now pedestrian-first efforts are gaining **momentum. The UK Highway Code (Rules for All Road Users) was updated earlier this year, and the greatest responsibility for paying attention to people on the road is on the people who pose the greatest risk to the road. In London, TfL hopes to expand the installation of pedestrian-first crossings. Data from the test period show that with the support of political leadership, small changes can help the general public make it easier to walk around the city.

(Adapted from Rachael Revesz, "London is experimenting with traffic lights that put pedestrians first", *MIT Technology Review*, 2022)

　　*pedestrians：a person walking in the street

　　**momentum：the ability to keep developing, or being more successful

A　According to the passage, which of the following is the most appropriate option to complete the sentence below?　(　　　)

　　In the "pedestrian priority" experiment, [　　].

　1　most cars and pedestrians moved smoothly on the crossings

　2　male pedestrians on the crossings walked faster than usual

　3　both drivers and pedestrians were more careful of each other

　4　more pedestrians crossed the road unless cars came nearby

B　According to paragraph [3] and [4], which of the following is true?　(　　　)

　1　Thanks to infrastructure, London has achieved "Vision Zero."

　2　London made constant efforts to improve pedestrians' walking conditions.

　3　Bicycle lanes have little help in protecting pedestrians from being killed.

　4　To achieve London's aim, the zone some cars are prohibited from entering was made bigger.

C　According to paragraph [5], which of the following is true?　(　　　)

　1　According to the new rules, drivers must take the greatest responsibility.

　2　The new rules say that people who risk their life should be most responsible for that.

　3　The local government wants TfL to install the pedestrian-first crossings.

　4　TfL wants to make small changes in London to build another walkable city.

（注）　リスニング問題は①，②，③の３問です。

　　　　英文は二度放送されます。

　　　　問題用紙の余白にメモを取ってもかまいません。

（編集部注）　放送問題の放送原稿は問題の末尾に掲載しています。

① 次の会話はそれぞれ２人の人物によっておこなわれているものです。英文と応答を聞き，最も適切な応答を１，２，３の中から一つ選びなさい。

(1) *Girl:*　Hi, how are you?

　　Boy:　（　　　　）

(2) *Boy:*　Do you want some coffee?

　　Girl:　（　　　　）

(3) *Girl:*　How old are you?

　　Boy:　（　　　　）

(4) *Girl:*　Is it rainy tomorrow?

　　Boy:　（　　　　）

② 対話と質問を聞き，その答えとしても最も適切なものを１，２，３，４の中から一つ選びなさい。

(1)(　　　) (2)(　　　) (3)(　　　) (4)(　　　) (5)(　　　) (6)(　　　) (7)(　　　)

(8)(　　　) (9)(　　　) (10)(　　　)

(1) 1　He will watch a movie.　　2　He will look at some animals.

　　3　He will go shopping.　　4　He will stay home.

(2) 1　Chinese.　2　Chinese and English.　3　English.　4　Chinese and Japanese.

(3) 1　12:00.　2　12:10.　3　12:20.　4　12:30.

(4) 1　Three.　2　Six.　3　Seven.　4　Ten.

(5) 1　The woman.　2　His friend.　3　His father.　4　His brother.

(6) 1　He goes cycling.　　2　She goes cycling.　　3　He exercises.

　　4　He plays video games.

(7) 1　He has a picnic.　2　He goes ice-skating.　3　She likes summer.

　　4　He likes winter.

(8) 1　Last year.　2　For 1 year.　3　For 5 years.　4　For 7 years.

(9) 1　A library.　2　A police station.　3　A post office.　4　A station.

(10) 1　Two.　2　Three.　3　Four.　4　Five.

3　図やイラストに関する説明文が放送されます。その内容についての質問に対して最も適切なもの
　を 1，2，3，4 の中から一つ選びなさい。

(1)　Question　What does the boy do on rainy days?　（　　　）

(2)　Question　How can the man go to the hospital?　（　　　）

  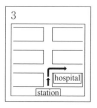 

(3)　Question　Which picture shows the boy?　（　　　）

(4)　Question　What did the woman have at the cafe?　（　　　）

4　次の(1)から(10)までの（　　　）に入れる最も適切なものを 1，2，3，4 の中から一つ選びなさい。

(1)　I sometimes play the guitar （　　　） home.

　　1　at　　2　about　　3　for　　4　with

(2)　A：　What is the （　　　） today?

　　B：　It's February 14th.

　　1　hour　　2　year　　3　week　　4　date

(3)　It's time for （　　　）. Let's go to the cafeteria.

　　1　foot　　2　lunch　　3　house　　4　idea

(4)　Hiroshi often （　　　） his uncle in Kyoto.

　　1　sings　　2　makes　　3　listens　　4　visits

(5) This letter is from my （   ）.

  1 friend   2 ground   3 score   4 mouth

(6) This shirt is small. I want a （   ） one.

  1 soft   2 clean   3 large   4 high

(7) A： Is Ms. Suzuki your science teacher?

  B： Yes, she is. I like （   ） very much.

  1 she   2 her   3 hers   4 they

(8) My cat is （   ） there. It is under the tree.

  1 into   2 with   3 at   4 over

(9) A： Do you like tomatoes?

  B： Yes, but my brother （   ）.

  1 don't   2 doesn't   3 isn't   4 aren't

(10) A： （   ） tall is your brother?

  B： He is 175 cm tall.

  1 Do   2 What   3 How   4 Why

5 次の(1)から(5)までの会話について，（   ）に入れる最も適切なものを 1，2，3，4 の中から一つ
選びなさい。

(1) *Boy:* Nancy, thank you very much for your present.

  Girl: （   ） I hope you like it.

  1 I'm sorry.   2 You're welcome.   3 You're fine.   4 Sounds great.

(2) *Woman:* Excuse me. Where is the station?

  Man: （   ） And you can find it.

  1 It comes at ten.   2 Go straight.   3 You're right.   4 By train.

(3) *Daughter:* I have a piano lesson after school today.

  Mother: OK. （   ）

  Daughter: At five thirty.

  1 What time does it start?   2 Do you like sports?   3 Where do you practice?

  4 Can you play the piano?

(4) *Brother:* Let's play video games together.

  Sister: （   ）

  1 Sorry, I'm busy now.   2 I like Japanese movies.   3 You, too.

  4 No, I didn't.

(5) *Boy:* Would you like some water?

  Girl: （   ）

  1 Here you are.   2 I'm happy to meet you.   3 Yes, she does.   4 Yes, please.

6　次の(1)から(5)までの日本文の意味を表すように，①から④までを並べかえて，□□の中に入れなさい。そして，1番目と3番目にくるものの最も適切な組み合わせを1，2，3，4の中から一つ選びなさい。ただし，（　　）の中では，文のはじめにくる語も小文字になっています。

(1)　私たちの町には古い神社やお寺がたくさんあります。（　　　）

（①　old　　②　has　　③　shrines and temples　　④　a lot of）

Our city ［1番目］□□ ［3番目］□□ ．

1　①－④　　2　②－①　　3　②－④　　4　①－③

(2)　どんな種類の音楽が好きですか。（　　　）

（①　kind　　②　music　　③　of　　④　what）

［1番目］□□ ［3番目］□□ do you like?

1　④－③　　2　②－③　　3　④－①　　4　④－②

(3)　図書館でテストの勉強をしましょう。（　　　）

（①　for　　②　at　　③　the test　　④　study）

Let's ［1番目］□□ ［3番目］□□ the library.

1　③－①　　2　③－②　　3　④－①　　4　④－③

(4)　私の父はリビングで新聞を読んでいます。（　　　）

（①　in　　②　is　　③　the newspaper　　④　reading）

My father ［1番目］□□ ［3番目］□□ the living room.

1　②－③　　2　②－④　　3　④－①　　4　④－②

(5)　ボブは泳ぐのが好きで，よくプールに行きます。（　　　）

（①　swimming　　②　often　　③　goes　　④　and）

Bob likes ［1番目］□□ ［3番目］□□ to the pool.

1　①－②　　2　①－③　　3　④－①　　4　④－③

7 　健（Ken）はオンライン英会話で新しく英語を教えてくれることになったウォーカー先生（Mr. Walker）からメールをもらいました。以下の英文を読んで質問に答えなさい。（＊が付いている単語には，あとに日本語の意味が示されています）

From: David Walker

To: Ken Tanaka

Date: January 14

Subject: Let's enjoy English!

Hi Ken,

I'm David. I'm from Australia. I lived in Canada for two years, and I lived in France for three years. Now, I live in Japan. I'm twenty-eight. I speak English and French. I'm your new English teacher. Do you like English? Let's enjoy it!

Now, I like Japanese and study it. It's difficult, but interesting! I read manga and watch Japanese movies. My brother, Tom, studies Japanese, too. He often listens to the radio and plays video games in Japanese. How do you study English?

What is your *hobby? I love climbing, so I go to the mountain on weekends. It's very exciting! I want to go to Mt. Fuji someday. I want to enjoy the *view, and take pictures there. Please tell me about your hobby, too!

I want to talk a lot with you. Please *speak to me in English!

Thank you.

David

注）*hobby　趣味　*view　眺め　　*speak to 〜　〜に話しかける

(1)　Where is Mr. Walker from? （　　　）

　1　He is from Australia.　　2　He is from Canada.　　3　He is from France.

　4　He is from Japan.

(2)　How does Tom study Japanese? （　　　）

　1　He reads manga and watches movies.

　2　He reads manga and listens to the radio.

　3　He watches movies and listens to the radio.

　4　He listens to the radio and plays video games.

(3)　What does Mr. Walker want to do someday? （　　　）

　1　He wants to live in Japan.　　2　He wants to study English.

　3　He wants to go to Mt. Fuji.　　4　He wants to play video games.

8　次のエリー（Ellie）についての英文を読んで，質問に答えなさい。（＊が付いている単語には，あとに日本語の意味が示されています）

Ellie likes to visit many different countries on her *vacation. Her favorite countries are Egypt and the UK. In Egypt, she rode a *camel. In the UK, she enjoyed shopping at the Harry Potter shop.

Last year she visited Italy and saw beautiful buildings.

This year she took many photos on her vacation to New Zealand. She showed them to her friends. She had lots of fun *experiences there. She went hiking and diving.

Next year she will visit Kenya. She will go to a *national park and see a lot of wild animals.

　注）*vacation　休み　　*camel　ラクダ　　*experience(s)　経験　　*national park　国立公園

質問１．(1)(2)の質問の答えとして，最も適切なものを 1，2，3，4 の中から一つ選びなさい。

　(1)　Where did Ellie go last year?（　　　）

　　　1　Egypt.　　　2　Italy.　　　3　New Zealand.　　　4　Kenya.

　(2)　What did Ellie do in New Zealand?（　　　）

　　　1　She rode a camel.　　　2　She saw beautiful buildings.　　　3　She went hiking.

　　　4　She went to a national park.

質問２．あなたは休日に友人と旅行することになりました。下の６つの行き先から行きたい国を選び，英語で表現しなさい。

　解答欄の下線部①に「自分がどこの国へ行きたいのか」を３語以上の英文で書きなさい。

　解答欄の下線部②にはその理由を３語以上の英文で書きなさい。（英文は書き出しの語の後に続けること）

　①I（　　　　　　　　　　　　　　　　　　　　　　　　　　　　　），

　②because（　　　　　　　　　　　　　　　　　　　　　　　　　　　）.

　I ①＿＿＿＿＿＿＿＿＿＿＿＿＿＿＿, because ②＿＿＿＿＿＿＿＿＿＿＿＿＿.

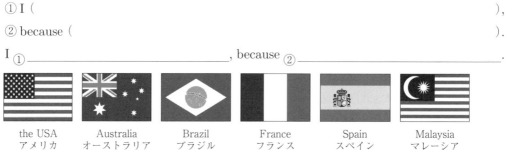

the USA アメリカ	Australia オーストラリア	Brazil ブラジル	France フランス	Spain スペイン	Malaysia マレーシア

〈放送原稿〉

ただ今より，2023 年度東海大学付属大阪仰星高等学校中等部 A 日程入学試験英語のリスニング試験を始めます。リスニング問題は大問 ①，②，③ の 3 問です。全ての英文は二度放送されます。内容をよく聞き，指示にしたがって解答して下さい。解答時間は一問につき 10 秒です。問題用紙の余白にメモを取ってもかまいません。

① 次の会話はそれぞれ 2 人の人物によっておこなわれているものです。英文と応答を聞き，最も適切な応答を 1，2，3 の中から一つ選びなさい。

(1) *Girl:* Hi, how are you?

   Boy: (　　　　　)

   1 I'm a boy. 　 2 It's rainy today. 　 3 I'm good, thank you.

   （くり返す）

(2) *Boy:* Do you want some coffee?

   Girl: (　　　　　)

   1 No, thank you. 　 2 Here you are. 　 3 I like hamburgers.

   （くり返す）

(3) *Girl:* How old are you?

   Boy: (　　　　　)

   1 I'm eleven. 　 2 It's twelve o'clock. 　 3 I have ten pens.

   （くり返す）

(4) *Girl:* Is it rainy tomorrow?

   Boy: (　　　　　)

   1 I need your help. 　 2 I don't know. 　 3 I don't like rain.

   （くり返す）

② 対話と質問を聞き，その答えとしても最も適切なものを 1，2，3，4 の中から一つ選びなさい。

(1) *Man:* 　　 What will you do on Saturday?

   Woman: I want to go to the zoo. How about you?

   Man: 　　 I will go to the movie theater.

   Question：What will the man do on Saturday?

   ((1)をくり返す)

(2) *Woman:* I can speak Chinese, but I can't read it.

   Man: 　　 I can't speak Chinese. It's very difficult.

   Woman: Yes, but you are good at speaking English.

   Question：What language can the man speak?

   ((2)をくり返す)

(3) *Woman:* Excuse me, what time is the next bus?

   Man: 　　 It will come at 12:30.

   Woman: Oh, I have only 10 minutes. I need to hurry.

Question：What time is it now?

((3)をくり返す)

(4)　*Man:*　　I bought ten bananas at the market today.

　　　Woman:　Can I have three?

　　　Man:　　Sure. Here you are.

　　Question：How many bananas does the man have now?

((4)をくり返す)

(5)　*Woman:*　That's a nice bicycle. Who gave it to you?

　　　Man:　　My friend gave it to me. My brother gave me this cap.

　　　Woman:　It looks good on you.

　　Question：Who gave the cap to the man?

((5)をくり返す)

(6)　*Man:*　　What do you do on Sundays?

　　　Woman:　I go cycling with my sister. What about you?

　　　Man:　　I usually play video games at home.

　　　Woman:　That's nice but you should exercise, too.

　　Question：What does the man do on Sundays?

((6)をくり返す)

(7)　*Woman:*　I like fall, and spring. The weather is nice for picnics.

　　　Man:　　Do you like summer?

　　　Woman:　No, it's too hot. How about you?

　　　Man:　　I like winter. I usually go ice-skating.

　　Question：What does the man do in winter?

((7)をくり返す)

(8)　*Man:*　　I lived in Kyoto for 5 years.

　　　Woman:　Oh, really? I lived there for 7 years.

　　　Man:　　When did you come to Osaka?

　　　Woman:　I moved here last year.

　　Question：How long did the man live in Kyoto?

((8)をくり返す)

(9)　*Woman:*　Is that building a hospital?

　　　Man:　　Yes, and the one next to it is a library.

　　　Woman:　What's that building by the police station?

　　　Man:　　Oh, that's a post office.

　　Question：What is next to the hospital?

((9)をくり返す)

⑽　*Man:*　　　I love books. I read 3 books every week.

　　Woman:　　I read 2 books. My father reads 5!

　　Man:　　　Wow. He is fast at reading.

　Question：How many books does the woman read every week?

（⑽をくり返す）

3　図やイラストに関する説明文が放送されます。その内容についての質問に対して最も適切なものを 1，2，3，4 の中から一つ選びなさい。

⑴　I'm in the soccer club. I often practice soccer at school after school. I like watching soccer games on TV on a rainy day. I want to watch a soccer game at the stadium in the future.

（くり返す）

⑵　This is a map. I'm at the station now. I want to go to the hospital. I should turn right at the second corner and I can find it on my left.（くり返す）

⑶　I often go to bed at ten. I sleep for eight hours and can get up early every morning. My mother doesn't need to wake me up in the morning.（くり返す）

⑷　I went to a nice café last night. I had an iced coffee, and an egg sandwich. I didn't get a dessert.（くり返す）

これでリスニングテストを終わります。

6 梅花中（A1日程・E入試）

（編集部注）　放送問題の放送原稿は問題の末尾に掲載しています。

① 英語の質問に対して最も適切な答えをA～Cから1つ選び，記号で答えなさい。（質問は2回，答えは1回読みます。解答は大文字で書きなさい。）

　　1（　　　）　2（　　　）　3（　　　）　4（　　　）　5（　　　）

② 会話に対する応答として最も適切な答えをA～Cから1つ選び，記号で答えなさい。（会話は2回，応答は1回読みます。解答は大文字で書きなさい。）

　　1（　　　）　2（　　　）　3（　　　）　4（　　　）　5（　　　）

③ トムとの短い対話と質問を聞き，それに対して最も適切な答えをA～Cから1つ選び，記号で答えなさい。（対話は2回，質問と答えは1回読みます。解答は大文字で書きなさい。）

　　1（　　　）　2（　　　）　3（　　　）　4（　　　）　5（　　　）

④ 英文と質問を聞き，それに対して最も適切な答えをA～Cから1つ選び，記号で答えなさい。（英文と質問は2回，答えは1回読みます。解答は大文字で書きなさい。）

　　1（　　　）　2（　　　）　3（　　　）　4（　　　）　5（　　　）

⑤ CとDの関係がAとBの関係と等しくなるように，Dに最も適切な語を入れなさい。

	A	B	C	D
1．	book	books	man	（　　　）
2．	America	American	Japan	（　　　）
3．	good	bad	open	（　　　）
4．	one	first	five	（　　　）
5．	he	him	we	（　　　）

⑥ （　　　）に入る最も適切なものをア～エから1つ選び，記号で答えなさい。

1．（　　　）is the date today?

　ア　Who　　イ　Whose　　ウ　How　　エ　What

2．We go to the（　　　）to take an airplane.

　ア　station　　イ　park　　ウ　airport　　エ　post office

3．New York is one of the biggest（　　　）in the world.

　ア　city　　イ　cities　　ウ　country　　エ　countries

4．The game is （　　　）! We won!

　　ア　on　　イ　under　　ウ　over　　エ　in

5．My sister （　　　） like my grandmother.

　　ア　takes　　イ　has　　ウ　sees　　エ　looks

6．What （　　　） you doing in my room last night?

　　ア　was　　イ　did　　ウ　were　　エ　do

7．Koji is （　　　） tall as Hanako. They are both 1.6 meters tall.

　　ア　more　　イ　as　　ウ　so　　エ　such

8．A：　Can I try this （　　　）?

　　B：　Sure. The fitting room is over there.

　　ア　out　　イ　in　　ウ　on　　エ　off

9．I （　　　） get up early to take the first train tomorrow.

　　ア　have　　イ　will　　ウ　am　　エ　could

10．A：　How （　　　） is it?

　　B：　That'll be twenty dollars.

　　ア　many　　イ　much　　ウ　money　　エ　high

7　次の問題の日本文の意味を表すように（　　）内の語句を正しく並べかえ，ＡとＢに入る語句を記号で答えなさい。ただし，文のはじめにくる語も小文字になっています。

1．ジョンはｅメールを書いているのではありません。

　　（ア　is　　イ　writing　　ウ　an　　エ　John　　オ　e-mail　　カ　not）.

　　（＿＿Ａ＿＿ ＿＿ ＿＿Ｂ＿＿ ＿＿）.

2．彼女はバスケットボールをとても上手にします。

　　（ア　basketball　　イ　well　　ウ　she　　エ　very　　オ　plays）.

　　（＿＿Ａ＿＿ ＿＿Ｂ＿＿ ＿＿）.

3．私は紙が一枚ほしいです。

　　（ア　a　　イ　piece　　ウ　want　　エ　I　　オ　paper　　カ　of）.

　　（＿＿Ａ＿＿ ＿＿ ＿＿Ｂ＿＿ ＿＿）.

4．あなたは誰のペンを使いましたか。

　　（ア　use　　イ　pen　　ウ　whose　　エ　did　　オ　you）?

　　（＿＿Ａ＿＿ ＿＿Ｂ＿＿ ＿＿）?

5．明日，何か飲むものを持ってきなさい。

　　（ア　drink　　イ　tomorrow　　ウ　something　　エ　bring　　オ　to）.

　　（＿＿Ａ＿＿ ＿＿Ｂ＿＿ ＿＿）.

8　次の E メールの内容に関して，各問いに対する答えとして最も適切なものをア〜エから 1 つ選び，
記号で答えなさい。

From：　Tom Johnson

To：　Tamako Okamoto

Date：　May 26th, Thursday, 2022

Subject：Afternoon Tea

Hi Tamako,

How are you? Do you have any plans for this weekend?

My friend told me about a café where we can have a nice afternoon tea.

Would you like to go with me?

You like strawberries, don't you? I heard they are having a strawberry fair now.

I'm sure you'll like it.

I checked on the Internet and found that they also serve good tea.

They have a lot of different kinds of tea. It says you can have as much tea as you like!

Let's meet at Toyonaka Station at 3:00 on Saturday.

It's about a 10-minute walk from there.

From：　Tamako Okamoto

To：　Tom Johnson

Date：　May 26th, Thursday, 2022

Subject：Re: Afternoon Tea

Hi Tom,

Thank you very much for inviting me.

I'm free on this Saturday. I would love to go to have afternoon tea with you!

I'm glad you remember I like strawberries.

I can't believe they're having a strawberry fair. That's fantastic!

What kind of tea do they have? I'm also very interested in tea.

Can you tell me the name of the café? I would like to check it on the Internet, too.

I'll see you at Toyonaka Station at 3 o'clock. Is the North ticket gate, OK?

I'll email you when I get there.

I'm really looking forward to it.

1．What does Tamako like? （　　　　）

　ア　She likes cakes.　　イ　She likes oranges.　　ウ　She likes strawberries.

エ　She likes chocolates.

2．What does the café have? （　　　）

　ア　There are many kinds of tea.　　イ　There are many kinds of fruits.

　ウ　There are many kinds of cakes.　　エ　There are many kinds of cups.

3．When will Tom and Tamako go to the café? （　　　）

　ア　yesterday　　イ　tomorrow　　ウ　the day after tomorrow

　エ　the day before yesterday

4．Where will they meet? （　　　）

　ア　at school　　イ　at the North ticket gate　　ウ　at the café　　エ　at home

5．What will Tamako do at the station? （　　　）

　ア　She will buy a ticket.　　イ　She will call Tom.

　ウ　She will check the café on the Internet.　　エ　She will email Tom.

9　次の英文を読んで，各問いに対する答えとして最も適切なものをア～エから１つ選び，記号で答えなさい。

　　When I was a small child, I often went to see my *great grandparents with my grandmother on weekends. They were very kind and nice to me, so I loved them very much. It usually took us about one hour from our house to theirs. She and I got in the car with many shopping bags from the supermarket. They were filled with lots of foods and snacks for my great grandparents. It was not easy for them to go shopping, so my grandmother was taking care of them. I thought that the bags were all for my great grandparents, but every time we went there, my grandmother took out one of the shopping bags and told me to stay in the car for a while. After some time, she came back without the bag and we went into my great grandparents' house together. "Who did she give the bag to?" I had no idea.

　　One day, when I went to see my great grandparents with her, I followed her. My grandmother didn't know I was there. I found her talking with a strange man sitting on a bench in the train station near their house. He was wearing old clothes and he didn't look nice. I didn't want her to do something for such a strange man. I wanted to stop her but I was too afraid. I couldn't say anything to my grandmother but I didn't like that man. I was very shocked. From that day, I stopped going to see my great grandparents with her.

　　A few years later at the dinner table, I asked my grandmother, "Who were you giving the shopping bag to at the station?" She smiled at me and said that he was just a neighbor that she met at the station. She told me that he had bad legs and it was difficult for him to walk. She was giving the man some food to help him. She said to me, "We always need to help each other. Helping is not only for others but also for yourself, too. If you are nice to others, they'll be nice to you, too." I felt sorry for thinking badly about the man. I repeated my grandmother's words again and again. I could understand something very important. Now it's my turn to be nice to my grandmother and someone who needs help. Ever since then, I decided to do one good thing every day.

　　*great grandparents：曾祖父母（ひいおじいちゃん・ひいおばあちゃん）

1．Who is the writer of this story? （　　　）

　　ア　the great grandmother　　イ　the grandmother　　ウ　the mother

　　エ　the granddaughter

2．Who was the grandmother giving the shopping bag to? （　　　）

　　ア　to her great grandparents　　イ　to her daughter　　ウ　to a strange man

　　エ　to the station master

3．Which is correct about the writer? （　　　）

　　ア　She enjoyed seeing the man.　　イ　She wanted her grandmother to be nice to the man.

　　ウ　She was afraid of the man.　　エ　She knew the man.

4．Which is a good title for this story? （　　　）

　　ア　Live Your Own Life　　イ　Doing Something Good for Others

　　ウ　Seeing Is Believing　　エ　The Importance of Your Grandmother

5．What is she trying to do every day now? （　　　）

　　ア　to listen to her grandmother's story　　イ　to do something helpful for others

　　ウ　to make someone angry　　エ　to see the man again

〈放送原稿〉

2023 年度梅花中学校入学試験英語リスニングテストを始めます。

1

1．Would you like some food?（くり返す）

　A．Medium please.　　B．That's all.　　C．I'll have a hotdog.

2．Is there a library in your town?（くり返す）

　A．Yes, there is. I like to go there to read and study.　　B．Yes, it is. It has many books.

　C．Yes, there is. I like to go shopping there.

3．What did you do last night?（くり返す）

　A．I was watching TV.　　B．I studied English.

　C．I listened to music this morning.

4．Will it be sunny tomorrow?（くり返す）

　A．No, it doesn't. It will be rainy.　　B．Yes, it will. I am going to play in the park.

　C．It will be sunny.

5．How many people are there in your family?（くり返す）

　A．I have four families.　　B．They are four.　　C．There are four people in my family.

2

1．A：　Who washed the dishes?

　　B：　I did. You never washed them, so I washed them.

（くり返す）

　A．They are Tom's dishes.　　B．Oh, I'm sorry. I was busy.

　C．Why did you wash them?

2．A：　What are you going to make?

　　B：　I want to make pancakes, but I can't find the eggs.

（くり返す）

　A．They are over here, behind the milk.　　B．They have eggs.　　C．It is in the pancake.

3．A：　Where did you go last weekend?

　　B：　I went to the Tigers' game.

（くり返す）

　A．I had a game.　　B．Was it a game?　　C．Did they win?

4．A：　Do you need some help?

　　B：　Yeah, how can I go to the station from here?

（くり返す）

　A．You get the station here. It is in the station.

　B．First, walk down this street to the corner and turn right. You will see it in front of you.

　C．Take the train from the station. It's very easy.

5．A：　I am working on it now.

　　B　：　How long will it take you to finish?

（くり返す）

　A．I am finished.　　B．It is very long.　　C．I'll give it to you at 3 o'clock.

3

　1．MAN 1　：　I hate Monday.

　　　MAN 2　：　Oh, that's right. Today is your birthday. Happy birthday, Tom.

　　　MAN 1　：　Thanks Bill! But my birthday was two days ago.

　　　MAN 2　：　Oh, sorry, Tom. I thought it was today.

（くり返す）

　QUESTION：What day was Tom's birthday on?

　　A．It was on Monday.　　B．It was on Sunday.　　C．It was on Saturday.

　2．MAN 1　：　What are you doing tomorrow, Tom?

　　　MAN 2　：　Well, if it rains, I am going to stay home. If not, I'll go to the park and play tennis.

　　　MAN 1　：　Well Tom, I just checked the weather on my phone and it is going to rain tomorrow.

（くり返す）

　QUESTION：Where will Tom probably be tomorrow?

　　A．He will be at home.　　B．He will be at the tennis court.

　　C．He will be at the park.

　3．MAN 1　：　Are you interested in math and science, Tom?

　　　MAN 2　：　Yes, I like them a lot. But I love English. It's my favorite.

　　　MAN 1　：　When do you study it?

　　　MAN 2　：　I study it on Friday.

（くり返す）

　QUESTION：Which subject is the most interesting for Tom?

　　A．Science is.　　B．English is.　　C．Math is.

　4．MAN 1　：　Nice picture! Who is this man, Tom?

　　　MAN 2　：　That's my mother's father. His name is Frank.

　　　MAN 1　：　Oh, I see. How old is he?

（くり返す）

　QUESTION：Who is Frank?

　　A．Frank is Tom's grandfather.　　B．Frank is Tom's father.

　　C．Frank is Tom's uncle.

　5．MAN 1　：　It's 11 o'clock. Stop studying, Tom. It's time to go to bed.

　　　MAN 2　：　Oh! Wow, it's late.

　　　MAN 1　：　When did you start studying?

MAN 2： At 6:00.

（くり返す）

QUESTION：How long has Tom been studying?

A．For 11 hours.　　B．For 5 hours.　　C．For 6 hours.

4

My name is Kenji and I'm going to tell you about a special present. It was not bought in a store. It was made by my grandmother. Last month, she gave it to me on my birthday, when she came to Osaka for a visit. It is a pencase. She gave my sister a sweater. My grandmother lives in Okinawa. Okinawa is very far away, so I can't meet her every year. I miss her. My grandmother is very special to me, so the pencase is very important for me. But I don't use it now. I will use it when I am in junior high school this spring. Now, it is in my room. I love my grandmother and I love my pencase.

（くり返す）

1．Who gave Kenji a pencase for his birthday?（くり返す）

A．His sister did.　　B．His mother did.　　C．His grandmother did.

2．Where did the grandmother buy the present?（くり返す）

A．She didn't buy it. She made it for Kenji.　　B．She bought it in Okinawa.

C．She bought it at a store in Osaka.

3．Why can't Kenji meet his grandmother very often?（くり返す）

A．Because she is too busy.　　B．Because she doesn't live near Kenji.

C．Because she lives in Osaka.

4．When will he use his pencase?（くり返す）

A．He will use it when he goes to Okinawa.　　B．He will use it in junior high school.

C．He will use it on his birthday.

5．Where is the pencase now?（くり返す）

A．It's in Okinawa.　　B．It is at Kenji's school.　　C．It's in his room.

これでリスニングテストを終わります。

1　次の(1)～(5)は日本語を英語になおしなさい。(6)～(10)は各文の（　　）に最も適するものを，あとのア～エの中から1つ選び，記号で答えなさい。

(1)　消しゴム（　　　　）

(2)　ゲーム（　　　　）

(3)　金曜日（　　　　）

(4)　かばん（　　　　）

(5)　自転車（　　　　）

(6)　We can swim in the（　　　　）.

　　ア．book　　イ．pool　　ウ．moon　　エ．hospital

(7)　（　　　　）is the third month of the year.

　　ア．January　　イ．February　　ウ．May　　エ．March

(8)　The moon shines at（　　　　）.

　　ア．night　　イ．noon　　ウ．morning　　エ．afternoon

(9)　The sun sets in the（　　　　）.

　　ア．north　　イ．east　　ウ．south　　エ．west

(10)　I usually（　　　　）the dishes.

　　ア．study　　イ．wash　　ウ．write　　エ．read

2　次の対話文の（　　）に最も適するものを，あとのア～エの中から1つ選び，記号で答えなさい。

(1)　A：　How was your winter vacation?

　　B：　（　　　　）

　　ア．I will go to Okinawa.　　イ．I can see many stars at night.

　　ウ．I can get many presents.　　エ．It was wonderful.

(2)　A：　When do you study?

　　B：　（　　　　）

　　ア．After dinner.　　イ．In my room.　　ウ．With my father.

　　エ．Because I like studying.

(3)　A：　How do you like your new school?

　　B：　（　　　　）

　　ア．I like oranges.　　イ．I like red.　　ウ．I like dogs very much.

　　エ．I like it very much.

(4)　A：　Where is the beef from?

　　B：　（　　　　）

　ア．Australia.　　イ．Delicious.　　ウ．Expensive.　　エ．My mother.

(5)　A： Were you looking for me?

　　B： （　　　　）

　ア．No, I didn't.　　イ．Yes. Where were you?　　ウ．Yes, you were.

　エ．You are welcome.

③　次の日本文の意味を表すように，（　　　）に最も適するものを，あとのア～エの中から１つ選び，記号で答えなさい。

(1)　私の自動車はあなたの自動車と同じくらい新しいです。

　　My car is as （　　　）as yours.

　ア．old　　イ．older　　ウ．new　　エ．newer

(2)　あなたのお父さんは体育館でバスケットボールをしています。

　　Your father （　　　）basketball in the gym.

　ア．play　　イ．played　　ウ．playing　　エ．is playing

(3)　誰が英語を上手に話しますか。

　　Who （　　　）English well?

　ア．speak　　イ．spoke　　ウ．speaks　　エ．speaking

(4)　このあたりにコンビニはありますか。

　　Is there a convenience store （　　　）here?

　ア．about　　イ．around　　ウ．over　　エ．at

(5)　彼はそのことについて何も言いませんでした。

　　He didn't say （　　　）about it.

　ア．no　　イ．nothing　　ウ．any　　エ．anything

④　次の(1)～(5)を〈　　　〉内のものを使い並べかえ，日本文の意味を表す英文を作るとき，（ A ）と（ B ）に入るものを記号で答えなさい。ただし，文頭に来る語も小文字になっています。

(1)　ポールは卵を買いにスーパーへ行きました。

　　〈ア．the supermarket　　イ．went to　　ウ．some eggs　　エ．to buy　　オ．Paul〉．

　　（　　）（ A ）（　　）（ B ）（　　）．

(2)　なぜあなたは中国語を学んだのですか。

　　〈ア．you　　イ．Chinese　　ウ．did　　エ．learn　　オ．why〉？

　　（　　）（ A ）（　　）（ B ）（　　）？

(3)　彼女は歴史についての本をたくさん読みます。

　　〈ア．a lot of　　イ．history　　ウ．books about　　エ．reads　　オ．she〉．

　　（　　）（ A ）（　　）（ B ）（　　）．

(4)　何人の生徒がここに来ましたか。

　　〈ア．many　　イ．came　　ウ．students　　エ．here　　オ．how〉？

(　) (　) (A 　) (B 　) (　)?

(5)　この美しい女性は誰のお姉さんですか。

〈ア．this 　 イ．whose 　 ウ．sister 　 エ．is 　 オ．beautiful lady〉?

(　) (A 　) (　) (　) (B 　)?

5　次の各文を (　　) 内の指示に従って書きかえなさい。

(1)　<u>It</u> is your album. （下線部を複数形にして，全文を書きかえなさい）

(　　　　　　　　　　　　　　　　　　　　　　　　　　　　　　　　).

(2)　This is <u>my father's</u>. （下線部が答えの中心となる疑問文にしなさい）

(　　　　　　　　　　　　　　　　　　　　　　　　　　　　　　　　)?

(3)　We are your <u>friends</u>. （下線部を単数形にして，全文を書きかえなさい）

(　　　　　　　　　　　　　　　　　　　　　　　　　　　　　　　　).

(4)　He climbs Mt. Fuji every year. （疑問文にしなさい）

(　　　　　　　　　　　　　　　　　　　　　　　　　　　　　　　　)?

(5)　私はピアノを弾くことが出来ません。（5語の英文になおしなさい）

(　　　　　　　　　　　　　　　　　　　　　　　　　　　　　　　　).

6　次の英文を読んで，あとの(1)～(5)の問いに対する答えとして正しい文をア～エの中から1つ選び，記号で答えなさい。

Hello everyone. My name is Takuya. I want to tell you about my experience.

Last summer I went to America to study English. I thought it was a good chance to speak English. I studied English at a high school in Texas. Mr. Brown, my homeroom teacher, introduced me to the students in the class. I introduced myself to them, but I couldn't do it well. When the class was over, I was not happy.

On the next day, Mr. Brown asked me a question. I understood his English, but I couldn't say anything. He understood how I felt, so he asked me the question in a different way. I could say only a few words. I wanted to try to speak more English next time.

Some days later, I had a chance to talk with a student from China. His name was Chen. He studied there just like me. He introduced himself in English and said, "My English is not good, but I would like to talk with you." I said, "My English is not good, either, but I'll also try." It was not easy for us to speak English at first, but little by little it became easier. We talked about our family, friends, and schools. We did our best to understand each other. We really enjoyed talking in English and became good friends.

The next day, I met Mr. Brown at school and spoke to him in English. He smiled and said, "You speak English well." I was very happy.

※　felt…feel の過去形　　introduced ～self…自己紹介をした　　little by little…少しずつ
each other…おたがいに

(1) Where did Takuya go to study English? （　　　　）

　　ア．He went to England.　　イ．He went to Thai.　　ウ．He went to Texas.

　　エ．He went to China.

(2) Who was Mr. Brown? （　　　　）

　　ア．He was an exchange student.　　イ．He was a homeroom teacher.

　　ウ．He was a host father.　　エ．He was a policeman.

(3) When the class was over, how did Takuya feel? （　　　　）

　　ア．He felt great.　　イ．He felt tired.　　ウ．He felt refreshed.　　エ．He didn't feel happy.

(4) Where was Chen from? （　　　　）

　　ア．He was from China.　　イ．He was from New Zealand.　　ウ．He was from America.

　　エ．He was from Japan.

(5) When Takuya met Mr. Brown at school and spoke to him, how did Takuya feel? （　　　　）

　　ア．He didn't feel happy.　　イ．He felt tired.　　ウ．He felt happy.

　　エ．He felt refreshed.

1 次の(1)〜(5)は日本語を英語になおしなさい。(6)〜(10)は各文の（　　）に適する語を，後のア〜エの中から1つ選び，記号で答えなさい。

(1) カエル （　　　　）

(2) 紅茶 （　　　　）

(3) 木曜日 （　　　　）

(4) 7月 （　　　　）

(5) 韓国 （　　　　）

(6) We go to the （　　　　） when we are sick.

　　ア．hospital　　イ．pool　　ウ．park　　エ．theater

(7) I hear three （　　　　） voices.

　　ア．people　　イ．people's　　ウ．peoples'　　エ．peoples

(8) I want to be a （　　　　）.

　　ア．sing　　イ．singer　　ウ．song　　エ．singing

(9) "How （　　　　） is this orange?" "It's 100 yen."

　　ア．some　　イ．any　　ウ．many　　エ．much

(10) My mother's brother is my （　　　　）.

　　ア．aunt　　イ．father　　ウ．grandmother　　エ．uncle

2 次の（　　）に最も適する語を，後のア〜エの中から1つ選び，記号で答えなさい。

(1) A：（　　　　） does the boy play soccer?

　　B：After school.

　　ア．How　　イ．Where　　ウ．What　　エ．When

(2) A：How many books are there on the desk?

　　B：（　　　　）

　　ア．Yes, they are.　　イ．Yes, there are.　　ウ．I have two pens.　　エ．There are two.

(3) A：Whose car is this?

　　B：（　　　　）

　　ア．It's my.　　イ．This is me.　　ウ．It's mine.　　エ．This is mine.

(4) A：Hello. Can I talk to Tom?

　　B：（　　　　）

　　A：This is Kumi.

　　ア．Who's speaking, please?　　イ．What are you talking about?

　　ウ．May I leave a message?　　エ．Where are you speaking?

(5)　A：　Can I use your pen?

　　　B：　I'm sorry. I'm using it.

　　　A：　（　　　）

　　ア．Thanks a lot.　　イ．Here you are.　　ウ．No problem.　　エ．You're welcome.

③　次の日本文の意味を表すように，（　　　）に適する語を，後のア～エの中から1つ選び，記号で答えなさい。

(1)　私は彼のことをあまりよく知りません。

　　I don't know him（　　　）well.

　　ア．little　　イ．much　　ウ．very　　エ．not

(2)　私はよく学校を遅刻します。

　　I am often（　　　）for school.

　　ア．late　　イ．lately　　ウ．slow　　エ．slowly

(3)　私は日曜日の朝は早起きします。

　　I get up（　　　）on Sunday morning.

　　ア．early　　イ．fast　　ウ．quick　　エ．quickly

(4)　私はバスで学校に行きます。

　　I go to school（　　　）bus.

　　ア．on　　イ．on the　　ウ．by　　エ．by the

(5)　彼は新しい本を欲しがっています。

　　He（　　　）a new book.

　　ア．want　　イ．wants　　ウ．wanting　　エ．is wanting

④　次の日本文の意味を表すように〈　　　〉内のものを並べかえ，AとBに入る語(句)を記号で答えなさい。ただし，文頭に来る語も小文字になっています。

(1)　駅まで約10分かかります。

　　〈ア．about ten minutes　　イ．takes　　ウ．the station　　エ．it　　オ．to〉.

　　（　　）（　　）（A　　）（B　　）（　　）.

(2)　私は毎月1本映画を見ます。

　　I〈ア．month　　イ．a movie　　ウ．see　　エ．every〉.

　　I（　　）（A　　）（B　　）（　　）.

(3)　一週間は7日です。

　　〈ア．a　　イ．seven　　ウ．has　　エ．days　　オ．week〉.

　　（　　）（A　　）（B　　）（　　）（　　）.

(4)　ここは雨がたくさん降ります。

　　〈ア．lot　　イ．a　　ウ．rains　　エ．it〉here.

　　（　　）（A　　）（B　　）（　　）here.

⑸　あなたは英語を話すのが上手です。

　　You 〈ア．speaker　　イ．are　　ウ．good　　エ．of English　　オ．a〉.

　　You （　　）（　　）（A　　）（B　　）（　　）.

⑤　次の各文を（　　）内の指示に従って書きかえなさい。

⑴　He studies English.（否定文にしなさい）

　　（　　　　　　　　　　　　　　　　　　　　　　　　　　　　　　）.

⑵　You like sports. I like sports, too.（ほぼ同じ内容の3語の文にしなさい）

　　（　　　　　　　　　　　　　　　　　　　　　　　　　　　　　　）.

⑶　His sister is fifteen years old.（下線部が答えになる英文にしなさい）

　　（　　　　　　　　　　　　　　　　　　　　　　　　　　　　　　）?

⑷　The pen is good.（下線部を代名詞にかえて，全文を書きなさい）

　　（　　　　　　　　　　　　　　　　　　　　　　　　　　　　　　）.

⑸　私は大阪出身です。（4語の英文にしなさい）

　　（　　　　　　　　　　　　　　　　　　　　　　　　　　　　　　）.

⑥　次の英文を読んで，後の⑴～⑸の問いに対する答えとして正しい文をア～エの中から1つ選び，記号で答えなさい。

　　Hello, everyone. I am Takashi. I am a junior high school student. My favorite sport is baseball. I play baseball after school twice a week.

　　This winter I went to Vancouver with my family. We stayed with my aunt for a week. She went to college in Vancouver. And now she works in the college. She likes skiing very much, so she decided to live in Vancouver.

　　She took us to a beautiful mountain. And we enjoyed skiing there. It was very exciting for us. We also went to watch an ice hockey game. I watched it for the first time, but it was the most exciting for me.

　　Vancouver is a nice city. I want to go there again.

　　※ decided…決心した

⑴　Where does Takashi's aunt live?（　　　）

　　ア．In New York.　　イ．In London.　　ウ．In Paris.　　エ．In Vancouver.

⑵　When does Takashi play baseball?（　　　）

　　ア．Every day.　　イ．On Tuesday.　　ウ．On Tuesday and Friday.

　　エ．On Tuesday, Friday and Saturday.

⑶　How long did Takashi stay at his aunt's house?（　　　）

　　ア．For six days.　　イ．For seven days.　　ウ．For five days.　　エ．For two weeks.

⑷　What was the most exciting for Takashi in Vancouver?（　　　）

　　ア．Playing baseball.　　イ．Skiing.　　ウ．Watching an ice hockey game.

エ．Meeting his aunt.

(5) Why did Takashi's aunt decide to live in Vancouver? （　　　　）

ア．To go to college.　　イ．To work there.　　ウ．Because she likes ice hockey.

エ．Because she likes skiing.

1 次の(1)～(5)は日本語を英語になおしなさい。(6)～(10)は各文の（　　）に適する語を，後のア～エの中から1つ選び，記号で答えなさい。

(1) おじいさん（　　　　）

(2) メロン（　　　　）

(3) 8月（　　　　）

(4) 音楽（　　　　）

(5) ライオン（　　　　）

(6) Wash your（　　　　）before breakfast.

　　ア．hands　　イ．feet　　ウ．bag　　エ．mouse

(7) He is a（　　　　）of his school tennis team.

　　ア．number　　イ．member　　ウ．camper　　エ．junior

(8) In Japan, entrance ceremony is held in（　　　　）.

　　ア．spring　　イ．summer　　ウ．fall　　エ．winter

(9) I eat（　　　　）around noon.

　　ア．pepper　　イ．lunch　　ウ．dinner　　エ．supper

(10) I eat（　　　　）when I am hungry.

　　ア．medicine　　イ．pancakes　　ウ．juice　　エ．water

2 次の（　　）に最も適する語を，後のア～エの中から1つ選び，記号で答えなさい。

(1) A：（　　　　）students are there in your school?

　　B：About 300 students.

　　ア．How many　　イ．How long　　ウ．How far　　エ．How tall

(2) A：（　　　　）season do you like the best?

　　B：I like summer the best.

　　ア．When　　イ．Which　　ウ．Where　　エ．Whose

(3) A：Is this red bag yours or your sister's?

　　B：It's not mine. It's（　　　　）.

　　ア．she　　イ．her　　ウ．hers　　エ．herself

(4) A：I lost your eraser.

　　B：（　　　　）I have another one.

　　ア．Yes, I am.　　イ．Take care.　　ウ．It's a nice day.　　エ．Don't worry.

(5) A：I'd like a chocolate cake.

　　B：（　　　　）There aren't any chocolate cakes.

ア．You are welcome.　　イ．I'm ready for it.　　ウ．I'm sorry.　　エ．Sure.

3　次の日本文の意味を表すように，（　　）に適する語を，後のア～エの中から1つ選び，記号で答えなさい。

(1)　駅の近くに劇場があります。

　　There is a theater（　　）the station.

　　ア．near　　イ．under　　ウ．above　　エ．below

(2)　早く起きなさい，さもないと学校に遅刻しますよ。

　　Get up early, or you will be（　　）for school.

　　ア．light　　イ．late　　ウ．right　　エ．wait

(3)　ボトルの中にいくらかの水が入っています。

　　There is（　　）water in the bottle.

　　ア．any　　イ．many　　ウ．much　　エ．some

(4)　富士山は日本で一番高い山です。

　　Mt. Fuji is the（　　）mountain in Japan.

　　ア．height　　イ．higher　　ウ．highest　　エ．high

(5)　私たちは3月に春休みがあります。

　　We（　　）a spring vacation in March.

　　ア．are　　イ．have　　ウ．make　　エ．enjoy

4　次の日本文の意味を表すように〈　　〉内のものを並べかえ，AとBに入る語(句)を記号で答えなさい。ただし，文頭に来る語も小文字になっています。

(1)　英語のノートを私に見せてください。

　　Please〈ア．your　　イ．notebook　　ウ．English　　エ．me　　オ．show〉.

　　Please（　　）（A　　）（B　　）（　　）（　　）.

(2)　あなたはピアノを弾くのが得意ですか。

　　Are〈ア．good　　イ．playing　　ウ．the piano　　エ．at　　オ．you〉?

　　Are（　　）（A　　）（B　　）（　　）（　　）?

(3)　ベンは日本の歴史についてたくさん知っています。

　　〈ア．Japanese　　イ．Ben　　ウ．knows　　エ．about　　オ．a lot〉history.

　　（　　）（A　　）（B　　）（　　）（　　）history.

(4)　私は友達に手紙を書いているところです。

　　〈ア．I　　イ．to　　ウ．a letter　　エ．am　　オ．writing〉my friend.

　　（　　）（A　　）（　　）（B　　）（　　）my friend.

(5)　あなたのお母さんは何歳ですか。

　　〈ア．old　　イ．how　　ウ．mother　　エ．your　　オ．is〉?

　　（A　　）（　　）（B　　）（　　）（　　）?

5　次の各文を（　　）内の指示に従って書きかえなさい。

(1)　Ken studies French.（疑問文にしなさい）

（　　　　　　　　　　　　　　　　　　　　　　　　　　　　）?

(2)　Mieko takes some pictures with her camera.（否定文にしなさい）

（　　　　　　　　　　　　　　　　　　　　　　　　　　　　）.

(3)　He is <u>my uncle</u>.（下線部をたずねる文にしなさい）

（　　　　　　　　　　　　　　　　　　　　　　　　　　　　）?

(4)　<u>Taichi and I</u> are good friends.（下線部を1語の代名詞に変えて全文を書きなさい）

（　　　　　　　　　　　　　　　　　　　　　　　　　　　　）.

(5)　あなたは日本出身ですか。（4語の英文にしなさい）

（　　　　　　　　　　　　　　　　　　　　　　　　　　　　）?

6　次の英文を読んで，後の問いに答えなさい。

　　Hi! Nice to meet you! My name is Keita Suzuki. I am 19 years old and I am a college student. I go to a college in Osaka. My favorite courses are Economics, French, and History. English is my hardest course. My professors are very friendly and smart. It's my second year in college now. I love it!

　　I live in a big house on the Route176. It's near the college campus. I share the house with three other students. Their names are Syunsuke, Keigo, and Yotaro. We help each other with our homework. On weekends, we play soccer together.

　　I have a younger brother, Kanta. He just started high school. He is 16 years old and he lives with my parents. They live on Shijyo Street in Kyoto. They sometimes visit me in Osaka. I am happy when they visit me. My mother always brings me sweets and fruits when they come. I really miss them.

　　※　Economics…経済学　　professor(s)…教授

(1)　Where does Keita Suzuki go to college?（　　　）

　　ア．In Kyoto.　　イ．In Shijyo.　　ウ．In France.　　エ．In Osaka.

(2)　What is Keita Suzuki's hardest course?（　　　）

　　ア．Math.　　イ．History.　　ウ．English.　　エ．French.

(3)　Who shares a house with Keita Suzuki?（　　　）

　　ア．Kanta and his parents.　　イ．Syunsuke, Keigo, and Yotaro.　　ウ．Kanta.

　　エ．His mom.

(4)　How old is Keita Suzuki's younger brother?（　　　）

　　ア．Eight.　　イ．Thirteen.　　ウ．Sixteen.　　エ．Nineteen.

(5)　What does Keita Suzuki's mother bring him when they visit him?（　　　）

　　ア．Sweets and fruits.　　イ．Flowers and coffee.　　ウ．Candy and ice cream.

　　エ．Meat and vegetables.

1 次の英文のメールを読み，あとの問いに答えなさい。

From：Ryo

To：Alex

Date：June 20, 2022, 13:30

Subject：My trip to Australia

Hi Alex,

I am preparing for the trip to your country. My father bought my airplane ticket to Australia yesterday. I'll arrive at Sydney International Airport at 10:20 a.m. on July 2nd. Can you meet me at the airport? (　　1　　) So I want some information. It is summer in July in Japan, so it is very hot here, and I wear T-shirts. But I know it is winter in your country in July, so it must be cold. (　　2　　) Do I need a warm jacket and a sweater? Anyway, (　　3　　)

Please write back,

Ryo

From：Alex

To：Ryo

Date：June 21, 2022, 15:43

Subject：Re: My trip to Australia

Dear Ryo,

(　　4　　) My father and I will be at the airport to meet you. As you know, it will be winter in Australia in July, but (　　5　　) We are going to visit my grandparents. They live in *Cairns and have a big farm. It is warmer there. There are a lot of cows and sheep there. (　　6　　) And we are going fishing in the river near my grandparents' house. I hope we can catch a lot of fish. (　　7　　)

See you soon,

Alex

（注）　Cairns：ケアンズ（オーストラリアの地名）

問1　本文中の空らん（ 1 ）〜（ 7 ）に入れるのにそれぞれ適当な表現を，次のア〜キから選び，記号で答えなさい。ただし，同じ記号は一度のみ使用できるものとします。

　　(1)(　　　)　(2)(　　　)　(3)(　　　)　(4)(　　　)　(5)(　　　)　(6)(　　　)　(7)(　　　)

ア．I can't wait to see you.

イ．I don't think it's as cold in Australia as in Japan.

ウ．I'm looking forward to going to your country and seeing you again.

エ．This is my first trip to your country.

オ．Thank you for giving me the email.

カ．We can enjoy taking care of them.

キ．What do I have to bring?

問2　次の中から本文の内容に合っているものを1つ選び，記号で答えなさい。(　　　)

ア．Ryo lives in Australia.　　イ．Alex's grandparents are farmers.

ウ．Japan is warmer in winter than Australia.　　エ．Ryo has been to Australia before.

2　次の(1)〜(8)の対話文を読み，□□□にあてはまるものをそれぞれ下から1つ選び，記号で答えなさい。

(1)　A：　Your new pencil case looks nice.

　　B：　I made it by □□□ .

ア．me　　イ．mine　　ウ．myself

(2)　A：　Hey, it's late. □□□

　　B：　OK, dad. Sweet dreams.

ア．What's your dream?　　イ．You should go to bed.　　ウ．Thank you so much.

(3)　A：　You look different today!

　　B：　I got my hair cut. I like □□□ hair.

ア．young　　イ．busy　　ウ．short

(4)　A：　Welcome to OTANI shop.

　　B：　Hello.

　　A：　May I help you?

　　B：　□□□

ア．It's a little hot.　　イ．I'm just looking.　　ウ．It's under the table.

(5)　A：　I'm thirsty.

　　B：　Do you want some water?

　　A：　Thank you, Mom.

　　B：　□□□

ア．No problem.　　イ．That's a problem.　　ウ．Five problems.

(6)　A：　What is the day between Wednesday and ⬚ ?

　　　B：　It's Thursday.

　　ア．Tuesday　　イ．Friday　　ウ．Saturday

(7)　A：　I went to Singapore last month.

　　　B：　How was the weather?

　　　A：　⬚

　　ア．It was humid.　　イ．I'm coming.　　ウ．I'll take it.

(8)　A：　I'm sorry, I'm late. Did you wait for a long time?

　　　B：　⬚ I just arrived here.

　　ア．Don't worry.　　イ．It's kind of you.　　ウ．Good luck.

3　次のイラスト(1)〜(5)の内容に合うように，英文(1)〜(5)の ⬚ と ⬚ にあてはまるものをそれぞれ下から1つずつ選び，記号で答えなさい。ただし，同じ記号は1度のみ使用できるものとします。

(1)　(2)　(3)

(4)　(5)

(1)　A man is ⬚ golf. There is a woman ⬚ the man.

(2)　A girl is ⬚ an online class. There is a computer ⬚ her.

(3)　A woman is ⬚ breakfast. She has chopsticks ⬚ her right hand.

(4)　A man is ⬚ on the stage. There are some people ⬚ the stage.

(5)　A man is ⬚ a book. He is ⬚ the sofa.

　　⬚ にあてはまるもの

　　　ア．catching　　イ．eating　　ウ．playing　　エ．reading　　オ．sending　　カ．singing

　　　キ．taking　　ク．writing

　　⬚ にあてはまるもの

　　　ケ．around　　コ．between　　サ．by　　シ．in　　ス．in front of　　セ．on

　　　ソ．over　　タ．to

4　次の(1)～(5)の文の＿＿＿にあてはまるものをそれぞれ下から1つ選び，記号で答えなさい。

(1)　Which movie ＿＿＿ watch?

　　ア．he is going　　イ．is he going　　ウ．will he　　エ．he will

(2)　My brother usually gets up early, but he got up ＿＿＿ this morning.

　　ア．fast　　イ．late　　ウ．soon　　エ．early

(3)　Mr. Masuda is the ＿＿＿ of all the teachers in this school.

　　ア．very popular　　イ．more popular　　ウ．much popular　　エ．most popular

(4)　She has a ＿＿＿ friends in America.

　　ア．every　　イ．some　　ウ．few　　エ．many

(5)　It's raining a lot today, so please drive ＿＿＿.

　　ア．slowly　　イ．freely　　ウ．quietly　　エ．busily

5　次の(1)と(2)の会話文が成り立つように，＿＿＿にあてはまるものをそれぞれ下から1つずつ選び，記号で答えなさい。

(1) 1 (　　　　)　2 (　　　　)　3 (　　　　)　4 (　　　　)

(2) 1 (　　　　)　2 (　　　　)　3 (　　　　)　4 (　　　　)

(1)　On the phone

　A :　Hi, this is Mike. May I speak to John, please?

　B :　＿＿1＿＿

　A :　＿＿2＿＿

　B :　Sure. What time shall we meet?

　A :　＿＿3＿＿

　B :　＿＿4＿＿

　A :　See you then.

　　ア．Are you free tomorrow? Why don't we go to a movie?　　イ．How about 10:30?

　　ウ．Speaking. What's up?　　エ．That sounds great.

(2)　At home

　A :　Dad, can I go out with my friends today?

　B :　＿＿1＿＿

　A :　＿＿2＿＿

　B :　＿＿3＿＿

　A :　＿＿4＿＿

　B :　OK, but you must come back early.

　　ア．I know. But I want to go shopping.

　　イ．I'll study hard tonight. I promise.

　　ウ．You are going to take an exam tomorrow, right?

　　エ．You have to stay home and study hard then.

6 次の(1)〜(6)の日本文の意味を表す英文になるように，┤　├内の語(句)を並べかえなさい。ただ
し，文頭にくる語も小文字で示しています。

(1) 私の兄はときどき，理科の宿題を手伝ってくれます。

My brother ┤with / me / helps / science homework / sometimes / my├.

My brother （　　　　　　　　　　　　　　　　　　　　　　　　）.

(2) 日本では 6 月に雨が多いです。

In Japan, ┤have / June / rain / we / in / much├.

In Japan, （　　　　　　　　　　　　　　　　　　　　　　　　）.

(3) 私はすべての季節の中で冬が一番好きです。

I ┤like / of / all / best / the / winter├ the seasons.

I （　　　　　　　　　　　　　　　　　　　） the seasons.

(4) 明日は学校に行く必要はありませんよ。

┤have / don't / go / to / you├ to school tomorrow.

（　　　　　　　　　　　　　　　　　） to school tomorrow.

(5) あなたのクラスには何人の生徒がいますか。

┤there / many / are / how / students├ in your class?

（　　　　　　　　　　　　　　　　　　） in your class?

(6) 京都駅への行き方を教えてくれませんか。

┤you / me / could / tell / the way├ to Kyoto Station?

（　　　　　　　　　　　　　　　　　　　） to Kyoto Station?

（編集部注）　放送問題の放送原稿は問題の末尾に掲載しています。

リスニング問題

① これから流れる対話を聞き，その最後の文に対する応答としてもっとも適切なものを放送される
1，2，3の中から1つ選び，番号で答えなさい。対話と選択肢は二度流れます。

(1)(　　　)　(2)(　　　)　(3)(　　　)

② これから英文が流れます。その内容についての文を完成させるのにもっとも適切なものを選び，
番号で答えなさい。英文は二度流れます。

(1)　Angel Falls is _____ .

　　1．a country in South America　　2．taller than Tokyo Tower

　　3．as tall as Tokyo Tower　　4．a mountain in Venezuela

(2)　Sometimes people more than a kilometer can _____ the waterfall.

　　1．hear　　2．feel　　3．see　　4．smell

(3)　Jimmie Angel _____ .

　　1．was the first American pilot　　2．was born in 1937　　3．crashed his plane

　　4．walked up the mountain

筆記問題

③ 次の各＿＿部に入るもっとも適切な語(句)を選び，番号で答えなさい。

(1)　I will do my best to carry out my promises when I _____ the president.

　　1．become　　2．will become　　3．became

(2)　We say _____ is the best season for eating, partly because it is the season for harvesting
crops such as rice.

　　1．spring　　2．fall　　3．winter

(3)　David is proud _____ being chosen as MVP at the basketball championship.

　　1．to　　2．in　　3．of

(4)　If you borrow books from the library, you have to _____ them within a week.

　　1．remember　　2．return　　3．reach

(5)　I really enjoyed visiting you last year. I hope _____ you soon.

　　1．to see　　2．seeing　　3．see

(6)　Who is the man _____ a bouquet of flowers over there?

　　—That's my uncle.

　　1．holds　　2．holding　　3．held

(7) If you need _____ information about this product, please contact us.

　　1．one　　2．many　　3．more

(8) This novel is a bestseller in France, but has not yet _____ into Japanese.

　　1．translated　　2．been translated　　3．been translating

(9) The sun _____ in the east every morning.

　　1．rise　　2．is rising　　3．rises

(10) If you have a toothache, you should go to see a _____.

　　1．surgeon　　2．carpenter　　3．dentist

(11) A：　Excuse me. Do you know a good bakery in this area?

　　 B：　Sorry. _____.

　　1．I'm a strange person　　2．I'm a stranger here　　3．That's strange

(12) A：　_____, mom?

　　 B：　Well, first, boil those potatoes, and then mash them.

　　1．What is for dinner　　2．Which do you want to choose

　　3．What do you want me to do

(13) A：　Are you here for business or pleasure?

　　 B：　_____.

　　1．I'm here for sightseeing　　2．I'm here for three weeks　　3．I'm from Singapore

(14) A：　I heard Noriko is very popular among the students.

　　 B：　That's true. _____.

　　1．She's always kind to everyone　　2．She never keeps her promises

　　3．She often enjoys listening to pop music

(15) A：　_____?

　　 B：　Yes. I'll have a piece of cheese cake.

　　1．Shall we put them in the right order　　2．Are you ready to order the dessert

　　3．Is that out of order now

4 日本語の意味になるように，［　　］内の語句を並べかえて英文を完成させなさい。ただし，(5)には1つだけ使わない語句が入っています。解答欄には英文を書くときのルールにしたがって答えを書くこと。

(1) 車の調子がおかしい。変な音がしている。

　　There [car / is / my / something / with / wrong]. It sounds strange.

　　There (　　　　　　　　　　　　　　　　　　　　　　　　　　　).

(2) ニューヨークの生活費は東京よりずいぶん高い。

　　The cost of [higher / in / is / living / much / New York / than / that] in Tokyo.

　　The cost of (　　　　　　　　　　　　　　　　　　　　　　　) in Tokyo.

(3) 長時間のピアノの練習でアリサはとても疲れました。

[Arisa / made / long / piano / practice / the / tired / very].

(　　　　　　　　　　　　　　　　　　　　　　　　　　　　　).

(4) 彼はその会議に代表として参加する予定になっている。

He [as / conference / going / in / is / part / take / the / to] a representative.

He (　　　　　　　　　　　　　　　　　　　　　　) a representative.

(5) 家族での外食はどのくらいの頻度でしますか？

[do / eat / how / many / often / out / you / your / with] family?

―About three times a month.

(　　　　　　　　　　　　　　　　　　　　　　　　　) family?

5 日本語の意味になるように，各＿＿部に入る一語を答えなさい。

(1) すみませんが，このスカートを試着したいです。

Excuse me, but I would like to ＿＿＿＿ on this skirt.

(2) そのレストランは電子マネーで支払いができますか？

Can I ＿＿＿＿ with electronic money at the restaurant?

(3) 両親は私が幼い時，私のしたいことをさせてくれた。

My parents ＿＿＿＿ me do what I wanted to do when I was a little child.

(4) お茶のおかわりはいかがですか？

Would you like ＿＿＿＿ cup of tea?

(5) 事故を起こさないように安全運転を心がけましょう。

Be sure to drive safely to avoid an ＿＿＿＿.

(6) ISS とは，国際宇宙ステーションを意味しています。

ISS stands for ＿＿＿＿ Space Station.

(7) これは名古屋行きの各駅停車です。

This is a ＿＿＿＿ train bound for Nagoya.

(8) いつも的確なアドバイスをくれるので，私は彼女のことを頼りにしています。

She is a reliable person because she always gives me good ＿＿＿＿.

(9) イタリアの形はブーツのようだとよく言われる。

It is often said that the ＿＿＿＿ of Italy is like a boot.

(10) 優斗は小さな町で育ったのち，大都市へと移り住みました。

Yuto ＿＿＿＿ up in a small town, and then moved to a big city.

6 　次の英文は，中学生の美紀（Miki）と担任のクーパー先生（Ms. Cooper）が，学年末に英語の授業内で予定されているプレゼンテーションについて話している会話の一部である。下の資料を参考にして次の英文を読み，あとの問い(1)～(3)の英文の続きとして最も適切なものを，1～3 の中から一つずつ選び，記号で答えなさい。

Oral Communication, 2nd Term

Final Presentation Instructions

Flores（A），Johnson（B），Taylor（C）

Our final presentation will be held on March 3, Friday. Now it's time to get ready for it!
You should follow the instructions below:

1 ）Report the topic you chose to your teacher.

2 ）Your presentation will be for about 5 minutes.

3 ）You can do the presentation by yourself or with a student in the same grade of yours.

4 ）You must send your presentation sheets by e-mail two days before the presentation day.

5 ）Your presentation will be graded on both the accuracy and fluency of your English.

Cautions：○ If you are absent on the presentation day, your project score will be 0 points.

　　　　　○ Solo presentations will get a higher score than group ones.

　　　　　○ After you hand in your presentation sheets, you can't change it.

Ms. Cooper： Hi, Miki, what are you looking at?

Miki ： This is the instructions for our final presentation of OC class. We are going to have the presentation on March 3, Friday.

Ms. Cooper： I see. That's going to be a big project. Have you decided the topic?

Miki ： No, not yet, but I have some ideas in my mind. And I'm going to visit my teacher after school tomorrow.

Ms. Cooper： That sounds good. Who's your teacher? Ms. Taylor?

Miki ： Actually, not. I took her class in the 1st Term, but I'm taking Mr. Johnson's class in the 2nd Term. Naoto is in her class now.

Ms. Cooper： Oh, I didn't know that. Look here. You have choices of how to do the presentation, by solo or in a group. Which do you want to do?

Miki ： I would like to try the presentation by myself.

Ms. Cooper： Good luck with it. I hope you will decide the topic as soon as possible and have enough time to prepare for it.

Miki ： Yes, thank you. I will work hard for it!

(1) According to the information above, Miki can _____.

　1．take her presentation sheets directly to the teachers' room

　2．finish her preparation without any help from her teacher

　3．choose anyone as a presentation partner in her OC class

(2) If _____, your grades of the 2nd term will be the lowest.

　1．you are sick in bed on the presentation day

　2．your presentation is only 2 minutes long

　3．you do the presentation in a pair

(3) After this conversation, Miki is probably going to _____ next.

　1．choose Naoto as a partner

　2．decide the topic and the content

　3．make her presentation sheets

7　次の英文を読んで，本文の内容と一致するものをあとの1〜8から4つ選び，番号で答えなさい。

(　　　)(　　　)(　　　)(　　　)

　　There are many kinds of sphinx in the old art of Egypt from long ago. The biggest and most famous is the statue of the Great Sphinx in Giza, near the city of Cairo. A sphinx is an imaginary animal with a lion's body and a human head. No one really knows why the people who lived a long time ago in Egypt made this huge statue. That is why it is such a popular and interesting place to visit.

　　The Great Sphinx is one of the biggest statues in the world. Its body is 60 meters long and 20 meters tall. It took 100 workers using simple tools about three years to make the statue. It is made out of soft stone. It is amazing to think that the Great Sphinx is about 4600 years old!

　　The Sphinx is near the Great Pyramids of Giza. It has a human face that looks east toward the Nile River. Today it is very easy for people to visit and look at but this was not always true. For hundreds of years the Great Sphinx was covered in so much desert sand that only its head could be seen. In 1817, a man called Captain Caviglia and 160 other people tried to dig the statue out of the sand, but it was too difficult. At last, in the 1930s, an Egyptian named Selim Hassan finally uncovered the Sphinx's body.

　　Sadly, the Great Sphinx is not made of strong rock and the desert wind with smoke and dirt from Cairo have changed the Sphinx a lot. Its nose fell off a long time ago and now the body and other parts of the head are slowly disappearing. The Egyptian people are working hard to look after and save this mysterious statue. They hope that its long history will continue.

　1．The Great Sphinx is the only sphinx art in Egypt.

　2．A sphinx is not a real creature.

3．A sphinx has a human body.

4．The Great Sphinx was made about 4600 years ago.

5．The face of the Sphinx is looking at the Nile.

6．The Sphinx's head was covered in sand.

7．The Great Sphinx was finally uncovered in the 1930s.

8．The nose on the Sphinx's did not fall off.

〈放送原稿〉

ただいまより，2023 年度京都先端科学大学附属中学校入学試験英語リスニング問題を始めます。

1　これから流れる対話を聞き，その最後の文に対する応答としてもっとも適切なものを放送される

1，2，3 の中から 1 つ選び，番号で答えなさい。対話と選択肢は二度流れます。

(1)　A：　It's getting colder and colder every day. I don't like winter!

　　　B：　It is cold, but winter is the best season for many things.

　　　A：　Is that true? What kind of things do you mean?

　　　B：　_____

　　1．Barbecues and eating outside.　　2．Enjoying the beach and swimming in the sea.

　　3．Sports such as skiing and snowboarding.

((1)をくり返す)

(2)　A：　Let's go to the movie theater this weekend.

　　　B：　Oh, great idea! What kind of movie should we see?

　　　A：　I really enjoy musicals. How about you?

　　　B：　_____

　　1．No. I don't like scary movies.　　2．Sure. I love the singing and dancing.

　　3．Oh yes. I really like popcorn.

((2)をくり返す)

(3)　A：　Hey, what's the matter with you?

　　　B：　I was just asked to leave the library because I didn't follow the rules.

　　　A：　Oh no. What did you do?

　　　B：　_____

　　1．I was studying quietly by myself.　　2．I was talking on the phone with my friend.

　　3．I was reading a book at a desk.

((3)をくり返す)

2　これから英文が流れます。その内容についての文を完成させるのにもっとも適切なものを選び，

番号で答えなさい。英文は二度流れます。

　　The tallest waterfall in the world is called Angel Falls and is in Venezuela. Venezuela is a country in South America. Angel Falls is 979m tall. It is as high as three Tokyo Towers on top of each other! The water falls from a mountain called Auyantepui. The name means that the mountain is flat on top like a large table.

　　Angel Falls is so tall that its water turns into a mist as it drops to the bottom of the fall. In some seasons people more than a kilometer away from the Falls can feel this mist touching them.

　　The falls are best and strongest between the months of May and November but in December to April it doesn't rain very much in Venezuela so the waterfall becomes very small and it can even disappear.

Angel Falls is named after a man called Jimmie Angel. He was an American pilot who was the first to fly a plane over the falls in 1937. Later he crashed his plane there and he had to walk all the way back down the mountain. This walk took 11 days.

Angel Falls can be found in the Canaima national park. This is a huge area of land looked after by the people and government of Venezuela. It is important to take care of such a beautiful and amazing natural wonder like Angel Falls. Many people can visit and enjoy it.

（くり返す）

これでリスニング問題を終わります。

（編集部注）　放送問題の放送原稿は問題の末尾に掲載しています。

①問1　イラストを参考にして，聞こえてくる英文に対する受け答えとして，最も適切なものを1，2，3の中から1つずつ選びなさい。（英文は2度読まれます。）

　　No.1（　　　）　No.2（　　　）　No.3（　　　）　No.4（　　　）　No.5（　　　）

問2　絵の内容を最もよく表しているものを，次に読まれる3つの英文の中から1つずつ選びなさい。（英文は2度読まれます。）

　　No.1（　　　）　No.2（　　　）　No.3（　　　）　No.4（　　　）　No.5（　　　）

2 次の英文を読んで，後の問いに答えなさい。

This story sounds like a movie, but it isn't. It's true. One day, a pilot was flying a big airplane above *New York City and then both engines stopped.

The name of the pilot was *Chesley Sullenberger. Everyone called him Captain Sully. The plane started at an airport in New York. Three minutes later, there were hundreds of birds ①in front of the plane. There were so many birds that it was ②difficult for him and the other pilot on the plane to see. The birds then began to hit the engines.

One passenger shouted, [　A　]

A flight attendant said, "It's okay. The pilot will turn it off. He can fly the plane with only one engine."

Another passenger shouted, "The other engine is on fire, too!"

③Suddenly, both engines went quiet. The engines had stopped.

Sully called the airport in New York and told them about the birds. He told the people at the airport that the airplane had to go back. But the plane was going down too (④ quickly). Sully knew he could not fly back to the airport.

What could he do? There were buildings everywhere! New York has more buildings than any other place on earth. He was near *Central Park. There were not many buildings there, but it had too many trees. There were some big roads in New York, but there were too many cars on them. He had to do something soon. ⑤The plane was getting (low).

Then he noticed something on his left. It was *the Hudson River. He called the airport one last time and said, [　B　] Then he turned the plane to go there.

There were a lot of boats on the river. He didn't want to hit one. So he ⑥looked for a place with no boats. But there had to be boats nearby. He wanted them to come and help everyone on the plane later.

Sully (⑦ bring) the airplane down on the river. It came down ⑧perfectly. The back of the plane touched the water first. Then, the front did. The flight attendants opened the front doors. They told the passengers what to do. "You people get into the *rafts!" And to the others they said, [　C　]

Now all the passengers were out of the airplane. But it was going down in the water. The people on the wings were standing in water up to their ⑨knees. The water was only ⑩2 degrees *Celsius. The air was even colder. It was minus ⑪7 degrees *Celsius. It was ⑫dangerous to stay there. But Captain Sully had made the right decision. Three minutes later, the first boat came to help. Many other boats came a little later.

Captain Sully was the last person to get out of the plane. Before he (⑬ leave), he walked up and down the plane twice. One hundred and fifty-five people were on that plane and all of them (⑭ get) off safely. It sounds like a movie, but it is a true story.

〔注〕　New York City：ニューヨーク市（アメリカ合衆国の都市）

Chesley Sullenberger：チェズレイ・サレンバーガー（人名）　通称 Sully

Central Park：セントラルパーク（ニューヨークにある都市公園）

the Hudson River：ハドソン川　　raft：いかだ　　Celsius：せっ氏（温度の単位）

問1　下線部①，⑥の意味として最も適切なものを1つずつ選び，記号で答えなさい。

①　in front of（　　　）

ア　～の横に　　イ　～の前に　　ウ　～の後ろに　　エ　～の真上に

⑥　looked for（　　　）

ア　～に会った　　イ　～に気を付けた　　ウ　～を探した　　エ　～を尊敬していた

問2　下線部②，③，⑧，⑨，⑫の意味を下から1つずつ選び，記号で答えなさい。

②（　　　）③（　　　）⑧（　　　）⑨（　　　）⑫（　　　）

ア　ひざ　　イ　難しい　　ウ　完璧に　　エ　危険な　　オ　突然

問3　　A　，　B　，　C　に入る最も適切なものを1つずつ選び，記号で答えなさい。

A（　　　）B（　　　）C（　　　）

ア　"You people go out on the wings and wait for help!"　　イ　"The engine is on fire!"

ウ　"I'm landing the plane in the Hudson River."

問4　（④）の反対語を答えなさい。ただし，sで始まる単語を記入すること。（　　　）

問5　下線部⑤が「飛行機はより低くなりました。」という意味になるように，（　　）内の語を適切な形にしなさい。（　　　）

問6　（⑦），（⑬），（⑭）を過去形にしなさい。⑦（　　　）⑬（　　　）⑭（　　　）

問7　下線部⑩，⑪の数字を英語で書きなさい。⑩（　　　）⑪（　　　）

問8　本文の内容に合うものを2つ選び，記号で答えなさい。（　　　）（　　　）

ア　ニューヨークよりもたくさんビルが建っている場所が世界中にある。

イ　セントラルパークにはビルはあまり建っていないが，木がたくさんある。

ウ　ニューヨークの道路はせまく，飛行機を着陸させることはできなかった。

エ　10分後に最初の救助ボートがきた。

オ　155名の乗客全員は無事だった。

③ 次のイラストを表す最も適切な英単語を下から選び，記号で答えなさい。

①（　　　）②（　　　）③（　　　）④（　　　）⑤（　　　）

①

②

③

④

⑤

ア　bridge　　イ　fruits　　ウ　hospital　　エ　soccer　　オ　train

④ 日本語の意味になるように［　　　］内の語(句)を並べかえたとき，（ ア ）〜（ コ ）に入る語(句)をそれぞれ番号で答えなさい。ただし，文頭に来る語も小文字で示してあります。

① トムは今，数学を勉強しています。

［1　is　　2　math　　3　studying　　4　Tom］now.

（　　）（ ア　）（　　）（ イ　）now.

② ケンとマイクは先週の日曜日楽しい時を過ごしました。

Ken and Mike［1　a　　2　had　　3　good　　4　time］last Sunday.

Ken and Mike（　　）（ ウ　）（　　）（ エ　）last Sunday.

③ もし晴れたら，私たちはラグビーをするでしょう。

If it［1　clear,　　2　is　　3　will play　　4　we］rugby.

If it（　　）（ オ　）（　　）（ カ　）rugby.

④ あなたはどのくらい京都に住んでいますか。

How［1　have　　2　lived　　3　tong　　4　you］in Kyoto?

How（ キ　）（　　）（ ク　）（　　）in Kyoto?

⑤ ヴァイオリンを弾いている男の子はジョンです。

The boy［1　is　　2　John　　3　playing　　4　the violin］.

The boy（ ケ　）（　　）（ コ　）（　　）.

〈放送原稿〉

2023年度京都文教中学校入学試験英語のリスニング問題を始めます。

問1　イラストを参考にして，聞こえてくる英文に対する受け答えとして，最も適切なものを1，2，3の中から1つずつ選びなさい。英文は2度読まれます。

No.1　You can sing very well.

　　1．My mother is a singer.　　2．Sure. He can.　　3．No, I am not.

（No.1 をくり返す）

No.2　Have a nice weekend, Mary.

　　1．Here you are.　　2．You, too.　　3．No problem.

（No.2 をくり返す）

No.3　What do you have for lunch today?

　　1．You're welcome.　　2．Sandwiches.　　3．You're great.

（No.3 をくり返す）

No.4　What's that bird over there?

　　1．I'm sorry. I don't know.　　2．I'm glad. I like this park.

　　3．Yes, me, too.

（No.4 をくり返す）

No.5　Can you open the door, please?

　　1．In the room.　　2．Yes, I do.　　3．Sure.

（No.5 をくり返す）

問2　絵の内容を最もよく表しているものを，次に読まれる3つの英文の中から1つずつ選びなさい。英文は2度読まれます。

No.1　1．Tom is on the bus.　　2．Tom is at the bus stop.

　　　3．Tom is in the bus.

（くり返す）

No.2　1．Kana and Saya are having a dog.

　　　2．Kana and Saya are playing with a dog.

　　　3．Kana and Saya are washing a dog.

（くり返す）

No.3　1．The ring costs two hundred dollars.

　　　2．The ring costs two thousand dollars.

　　　3．The ring costs two million dollars.

（くり返す）

No.4　1．Anne gets up at 8:40.　　2．Anne gets up at 8:55.

　　　3．Anne gets up at quarter to 9.

（くり返す）

No.5　1．Tom is reading a book.

   2．Tom is holding a dog and a cat.

   3．Tom likes animals.

（くり返す）

これでリスニング問題を終わります。

1 Read the following text and answer the questions.

Jason, my son, I wrote this letter this morning to explain how the world has changed in the twenty years, two months and three days you were asleep. Your mother's eyes are rain clouds with tears flowing like a waterfall. You had an accident while skiing, and you have been in the hospital since the age of twenty. We are ⬜1⬜ happy that you finally woke up.

Where do I begin? It is the year 2222. First of all, don't panic. The world (a)<u>went through</u> many changes, but there are no killer robots, aliens or flying cars. However, machines with artificial intelligence (AI) are everywhere, helping to produce food and everything we need to live comfortably. We live in a society where everything is shared among the citizens. You can think of it as a library where people can borrow tools, machines, and anything else they need. High speed trains and buses can take you anywhere. ⬜2⬜, each citizen does not own their own private car. However, we can reserve self-driven cars if needed. Electricity is produced from clean energy, such as solar and wind power. We have giant batteries that can store power for use even in winter months, when solar panels generate less power.

So, how did we get here? Our world leaders came together, stopped fighting, and (b)<u>came up with</u> a plan for a better world. They developed clean energy, a plan for free movement, and a system without money. We don't work for money. We work to help each other, doing jobs that we enjoy. Also, technology has reduced our working hours. The typical working hours of the past are now just a bad memory. In addition, people are free to live, work or travel wherever they want. There are no borders, so we don't need passports anymore. I want to forget the old world. The world is a happier place now.

People have stopped eating meat, and that has helped to make us and the planet healthier. Each citizen has their own garden, and with the help of robots they grow and trade food with their community members. ⬜3⬜, your favorite fast food restaurants have been replaced by nutrition clinics. However, they can check what your body needs and prepare healthy meals for you. ⬜4⬜, not only are people living longer, but many illnesses have disappeared. Furthermore, lands which were once cleared for raising cattle for meat are now covered with forests. Because of this, pollution has been cut worldwide, and the air is much cleaner. We won the fight against global warming. Now we can think of global warming as the heart-warming, friendly relationship among people around the world.

It's not a perfect world, but it's nearly perfect. We live in harmony with nature and with each other. There are no rich or poor people. We are living longer and healthier lives. We have missed you, but I think you are lucky to wake up in this world.

(1) Which three statements match the text? Choose from (A)～(H). (　　　) (　　　) (　　　)

  (A) The son is not getting enough sleep at night.

  (B) Before clean energy was developed, there was a time when life was perfect.

  (C) There is less disease and people are living healthier lives.

  (D) Humans no longer work since robots do everything.

  (E) Global warming is no longer a problem in this future world.

  (F) The writer prefers the life he used to live in the past.

  (G) People no longer have their own cars, but flying cars are available.

  (H) One of the reasons why the planet is cleaner is because people no longer eat meat.

(2) Choose the best answer from (A)～(D).

  ① What happened to Jason? (　　　)

    (A) He was having trouble sleeping, so his parents are worried about him.

    (B) He was injured and has finally woken up in the hospital.

    (C) It was his twentieth birthday, and his mother was crying tears of joy.

    (D) His mother was very angry at him for waking up late.

  ② How did the governments change the world? (　　　)

    (A) They introduced clean energy so that every citizen could have a car.

    (B) They created jobs so that people could work harder to make more money.

    (C) They decided to use clean energy and introduced a sharing system.

    (D) They created machines, so nobody works anymore.

  ③ Choose the best answer for 　1　. (　　　)

    (A) nearly   (B) enough   (C) extremely   (D) too

  ④ Choose the best answer for 　2　. (　　　)

    (A) However   (B) Eventually   (C) For example   (D) Therefore

  ⑤ Choose the best answer for 　3　. (　　　)

    (A) Especially   (B) Unfortunately   (C) Nearly   (D) Briefly

  ⑥ Choose the best answer for 　4　. (　　　)

    (A) As a result   (B) By no means   (C) All the way   (D) For nothing

  ⑦ Which is the best meaning for the underlined phrase, (a)went through? (　　　)

    (A) traveled   (B) experienced   (C) changed   (D) visited

  ⑧ Which is the best meaning for the underlined phrase, (b)came up with? (　　　)

    (A) created   (B) arrived   (C) performed   (D) climbed

(3) What are two big differences between the future world of 2222 and the current world? Write your answer in two sentences in English.

  (　　　　　　　　　　　　　　　　　　　　　　　　　　　　　　　　　　　　)

(4) Would you like to live in the world Jason woke up in, in the year 2222? Give at least two

reasons. Write your answer in two to three sentences in English.

(　　　)

2　Look at the words in columns A and B. Use the same rule to complete columns C and D.

1 (　　)　2 (　　)　3 (　　)　4 (　　)　5 (　　)

A	B	C	D
crime	criminal	theft	(1)
exit	entrance	(2)	import
increase	decrease	float	(3)
human	doctor	(4)	veterinarian
attack	defend	(5)	weaken

3　Read the following text and answer the questions.

　　The Christmas Bake Sale is a popular tradition at Ekac International School. It was started many years ago by the math teachers. The two-day bake sale happens in December right before the winter vacation, but posters for the event go up around school the day after the Halloween Festival on October 31st. Posters can be seen in the cafeteria, the library, the computer room, on doors of classrooms, and even in the bathrooms. The bake sale is a chance to *raise money, bake something delicious, and see what others have made.

　　　 1 　 the bake sale, tables in the cafeteria are lined up, and sweets such as cookies, cakes, cupcakes, and doughnuts are placed on tables. Prices are from 100 to 400 yen. The goal is to raise money to buy pencils, erasers, and textbooks. These items are sent to school children who don't have them in places throughout the world.

　　Teachers are an important part of the event. They not only arrange the bake sale, but they also bake. Last year, the science teachers had their own table with two types of cheesecake. They made cheesecake with strawberry sauce on top and another cheesecake with brown sugar and raisins inside. The gym teachers made cupcakes with buttercream frosting that had drawings of baseballs and basketballs on top. Students are also a part of the bake sale. The seventh graders made cinnamon apple pies. Everyone wanted to buy the eighth graders' brownies. The students were baking brownies all day. As soon as new brownies were brought to the table, they sold out. (a)This was amazing!

　　Last year's Christmas Bake Sale was a big success. 80,000 yen was raised. It is great to see students and teachers come together every year for this event.

　　*raise money : to collect money to help people

(1)　Choose the best answer from (A)~(D).

　①　When is the Christmas Bake Sale first advertised? (　　)

　　(A)　September　　(B)　October　　(C)　November　　(D)　December

② Choose the best answer for ☐ 1 ☐ . (　　　)

(A) Often　(B) After　(C) While　(D) During

③ Where is the bake sale held? (　　　)

(A) computer room　(B) library　(C) cafeteria　(D) classrooms

④ Why is the bake sale held? (　　　)

(A) to raise money for children's school uniforms in other countries

(B) to raise money to buy study materials for school children in other countries

(C) to raise money to build new schools for children in other countries

(D) to raise money for school children to eat desserts in other countries

⑤ Who had the most popular sweets last year? (　　　)

(A) the gym teachers　(B) the science teachers　(C) the seventh grade students

(D) the eighth grade students

⑥ What does (a)This was amazing! refer to? (　　　)

(A) how fast the brownies were made　(B) how tasty the brownies were

(C) how fast the eighth graders ate the brownies　(D) how fast the brownies were sold

(2) Write two ways that teachers have been a part of the Christmas Bake Sale, according to the text.

(　　　　　　　　　　　　　　　　　　　　　　　　　　　　　　　　　　　)

(3) Imagine your class wants to raise money to help people. Who would you help? Other than a bake sale, what would you do? How would you use the money? Answer in three sentences.

(　　　　　　　　　　　　　　　　　　　　　　　　　　　　　　　　　　　)

4　Choose the best answer from (A)〜(D) to complete each sentence.

(1) When George was looking for a book to read at the library, the librarian came to him and (　　　) a new book that had come out a few days before.

(A) recommended　(B) encouraged　(C) protected　(D) considered

(2) Since Laura's locker was messy, her teacher helped her to (　　　) it, so all the handouts could be kept in one file.

(A) require　(B) advertise　(C) organize　(D) recognize

(3) Sam belongs to a local baseball team which practices five times a week from 5 p.m. until 7 p.m., so he needs to (　　　) his time well to complete all his homework and get to bed on time.

(A) achieve　(B) manage　(C) encourage　(D) involve

(4) When you see a "Do Not (　　　)" sign on the door, it tells you not to interrupt the person inside.

(A) Disturb　(B) Deny　(C) Examine　(D) Consume

(5) At school, we are told to (　　　) open the windows and doors to keep the air in the room fresh.

(A) artificially　　(B) hardly　　(C) additionally　　(D) regularly

5　Choose the best word or phrase from (A)～(D) to complete each sentence.

(1) In the UK, solar power is (　　　) to be the best way to make clean energy for the future.

(A) saying　　(B) said　　(C) says　　(D) say

(2) Roald Dahl wrote many (　　　) stories, and he is still very popular, even today.

(A) interest　　(B) interesting　　(C) interested　　(D) interests

(3) The students in the class were so badly behaved, the new teacher struggled to make herself (　　　).

(A) hear　　(B) hearing　　(C) hears　　(D) heard

(4) The test was very long and the questions were very difficult, so the students were all happy when it finally came (　　　) an end.

(A) to　　(B) in　　(C) with　　(D) into

(5) My mother said she will drop you (　　　) at the station so you don't miss the train.

(A) in　　(B) on　　(C) off　　(D) under

(6) The bullet train is by far the (　　　) way to travel from Osaka to Kyoto.

(A) quick　　(B) quickly　　(C) quickness　　(D) quickest

(7) I couldn't help (　　　) that you've been late to school a lot recently. Is everything OK?

(A) notice　　(B) noticing　　(C) to notice　　(D) noticed

(8) (　　　) first sight, African elephants and Indian elephants look very similar, but if you look closely you can see many differences.

(A) In　　(B) With　　(C) Of　　(D) At

(9) Thank you for inviting us to dinner tonight. It's getting late, so I think it's time (　　　) home.

(A) to go　　(B) going　　(C) went　　(D) gone

(10) I never go to the cinema, but I do like to watch a movie on TV now and (　　　).

(A) then　　(B) there　　(C) that　　(D) those

1　次の各文の（　　）内に入るものを次の(ア)〜(エ)から一つ選び記号で答えなさい。

1．He always does his homework by himself. He (　　　) asks for help.

　(ア) very　(イ) ever　(ウ) never　(エ) not

2．It rained for a long time yesterday. (　　　) last, it stopped at midnight.

　(ア) Of　(イ) At　(ウ) On　(エ) For

3．All right, class. (　　　) out your textbook and look at page 7.

　(ア) Take　(イ) Speak　(ウ) Make　(エ) Close

4．Tadashi's digital camera is small (　　　) to put in his shirt pocket.

　(ア) yet　(イ) enough　(ウ) much　(エ) still

5．Yumi is studying Spanish. Last summer, she went to Spain and had a lot of (　　　) to speak Spanish with people there.

　(ア) kinds　(イ) seasons　(ウ) pieces　(エ) chances

2　次の会話文の（　　）内に入るものを次の(ア)〜(エ)から一つ選び記号で答えなさい。

1．A： John, let's go to the cafeteria.

　　B： I have to talk with Mr. Yamamoto first. (　　　) I'll meet you there.

　　A： OK.

　(ア) You go ahead.　(イ) Please try again.　(ウ) Please ask me.　(エ) You'll do well.

2．A： Excuse me. Where can I find a post office?

　　B： (　　　) The closest post office is next to Central Station.

　(ア) This is a letter for you.　(イ) This is a nice building.　(ウ) There aren't any stamps.

　(エ) There isn't one near here.

3．A： Why don't we go out to dinner tonight?

　　B： That's nice. (　　　)

　　A： Sounds good.

　(ア) What about Italian food?　(イ) Let's eat at home.　(ウ) Can you pass the salt?

　(エ) I'll clean the table.

4．A： Fred, the TV is too loud. (　　　), please?

　　B： All right, Mom.

　(ア) Will you pick it up　(イ) Will you buy it　(ウ) Will you turn it down

　(エ) Will you play it

5．A： I just finished reading this book. It's interesting.

　　B： (　　　) I'd like to read it, too.

(ア)　That's kind of you.　　(イ)　May I borrow it?　　(ウ)　That's all for now.

(エ)　May I help you?

3　次の各組の英文がほぼ同じ意味になるように（　　）内に入るものを次の(ア)～(エ)から一つ選び記号で答えなさい。

1．How many teachers are there in your school?

　　＝How many teachers do you（　　）in your school?

　　(ア)　teach　　(イ)　have　　(ウ)　know　　(エ)　think

2．My mother can't cook fish.

　　＝My mother doesn't know（　　）to cook fish.

　　(ア)　able　　(イ)　way　　(ウ)　what　　(エ)　how

3．Did your father take the pictures?

　　＝Were the pictures（　　）by your father?

　　(ア)　take　　(イ)　took　　(ウ)　taken　　(エ)　taking

4．He is the tallest boy in our class.

　　＝He is taller than（　　）other boy in our class.

　　(ア)　some　　(イ)　any　　(ウ)　no　　(エ)　each

5．She plays the guitar well.

　　＝She is good（　　）playing the guitar.

　　(ア)　at　　(イ)　in　　(ウ)　on　　(エ)　of

4　日本語にあうように［　　］内の語句を並べかえて英文を作るとき，（　A　）（　B　）に入るものをそれぞれ一つずつ選び記号で答えなさい。ただし，文頭に来る語も小文字で書いてあります。

1．これは50年前にアメリカで制作された映画です。

　　This is（　　）（　　）（　A　）（　　）（　B　）ago.

　　［ア．50 years　　イ．America　　ウ．made　　エ．in　　オ．a movie］

2．今日，2通の手紙が来ました。両方とも母あてのものでした。

　　Two letters came today.（　　）（　　）（　A　）（　　）（　B　）my mother.

　　［ア．both　　イ．were　　ウ．them　　エ．for　　オ．of］

3．駅で私を待つようにトムに言ってくれませんか。

　　Will you（　　）（　　）（　A　）（　　）（　B　）me at the station?

　　［ア．for　　イ．to　　ウ．wait　　エ．Tom　　オ．tell］

4．私はあなたがこの本を気に入ってくれたらいいと思います。

　　I（　　）（　　）（　A　）（　　）（　B　）.

　　［ア．like　　イ．will　　ウ．this book　　エ．you　　オ．hope］

5．家に着いたらできるだけ早く電話をください。

　　Please（　　）（　　）（　A　）（　　）（　B　）after you get home.

　　［ア．as　　イ．me　　ウ．possible　　エ．call　　オ．as soon］

5 次の英文を読んで，下の問いに答えなさい。

katydid	p.356	kernel
katydid	a large insect that makes a loud noise by rubbing its wings	
kayak	a small canoe a person paddles over water	
kazoo	a simple musical instrument that makes a buzzing sound	
kebab	small pieces of meat and vegetables cooked on a wooden stick	
keel	the long piece of wood along the bottom of a ship	
keen	wanting to do something very much	
keep	to continue to have something	
keepsake	a small object that somebody gets to remember a person or place	
keg	a round wooden container with a flat top	
kelp	a type of brown seaweed	
kelvin	a unit for measuring temperature	
kennel	a small shelter for dogs to sleep in	
kernel	the inner part of a nut or seed	

You are looking at a page in the dictionary.

問1 What is a kayak? （   ）

(ア) a kind of boat   (イ) a kind of bug   (ウ) a kind of instrument   (エ) a kind of food

問2 Which word is similar to "souvenir"? （   ）

(ア) kelp   (イ) keen   (ウ) keepsake   (エ) kernel

Making a Travel Scrapbook

When you travel, you gain once-in-a-lifetime experiences. Nowadays, most travelers take pictures to post online to instantly share with their friends. But, there is another way that is more unique to show your adventures. Make a travel scrapbook.

1. Purchase Your Scrapbook

A good scrapbook needs thick pages. This keeps the page flat without bending. Otherwise, everything that you glue in may fall out. Some have a plastic film that covers your photos so you don't need to use glue. You can find scrapbooks at photo shops or online. One good idea is to buy one on your trip, as long as you have room in your luggage.

2. Save Everything

While you travel, everything you get can go into your scrapbook. After visiting a museum and other attractions, you receive several ticket stubs. Hotels give out travel pamphlets. These can be used for pictures of the area or lettering. You can pick flowers on nature walks to dry and flatten. This can easily be done by putting them between your phone and its case.

3. Print Out Your Photos

When you get back home, look through all the photos you took. Each experience should be an opened pair of pages. This give you room for about four pictures. You might have many more that you like, but the limit will make you choose the best ones. As you put them in the scrapbook, add the things you collected at the same time on the page.

You are looking at a passage.

問3　Why does a scrapbook need thick pages? （　　　）

(ア)　So it doesn't bend.　　(イ)　So it can go in your luggage.

(ウ)　So everything you glue falls out.　　(エ)　So online shops can sell it.

問4　How can you dry and flatten flowers for your scrapbook? （　　　）

(ア)　By picking them on nature walks

(イ)　By using your phone and its case

(ウ)　By getting them after visiting museums

(エ)　By using them for lettering

問5　What makes you choose the best pictures for your scrapbook? （　　　）

(ア)　Having many favorite ones　　(イ)　Limiting the amount you can choose

(ウ)　Adding the things you collected　　(エ)　Choosing only four

6　次の英文を読んで，あとの問いに答えなさい。

Portland Public Library Community Events

　　The Portland Public Library has *served the *community since 1905, and our main purpose is the same now as it was at the beginning: to improve the lives of the people of Portland through free access to knowledge. For the last 10 years, we have opened our facility to public-interest events that fit our stated goals. Below are a few current events.

Notice：If you are interested in joining our staff as a volunteer, contact us at Volunteer@PPL.org

Computers for Beginners　　　　　　　　In-Person Only

　　Do you want to learn about computers? You can ask our staff about many different topics in one-on-one sessions. Learn to type, use the mouse, or use basic computer programs. We can show you how to use the internet. For example, （　　A　　）, and you can experience connecting to online meetings. Our staff is particularly good at helping elderly people whose （　　B　　）.

Youth Story Time　　　　　　　　In-Person Only

　　Join the librarian for story time for children aged 2 to 4 years and one parent. There will be books, songs, rhymes, and hands on activities, and （　　C　　）. Also, many children and parents in the community attend, so it's a great way for making more local friends.

　　Every Wednesday, the stories will be read in English and Spanish. The first 15 families to come may join.

Career Services　　　　　　　　In-Person or Online

　　You can meet with our amazing Career Coaches at the library or online through Zoom Chat. They can help you find your best skills and interests, and （　　D　　）. Each appointment provides feedback that is useful to the needs of each individual and is up to 50 minutes long.

　　Since 2020, we are also providing *multilingual assistance for people that speak languages other than English. Currently there are staff that can speak Spanish, Chinese, and Vietnamese.

> **English Conversation Group**　　　　Online Only
> Adult learners will meet online and have the opportunity to practice English by talking with library staff and other adults from around the world. Meet other people who are practicing English, just like you! For this program to work, （　　E　　）.

From：Juan Ortiz 〈Buen_Amigo @ qmail.com〉

To：Event Volunteers 〈Volunteer @ PPL.org〉

Date：January 21st

Subject：Joining as a Volunteer

Hello, my name is Juan Ortiz, and I am interested in giving back to the community. My parents moved to Portland from Puerto Rico when I was a small child, and I grew up speaking Spanish at home. I have many brothers and sisters, and they all say I am a good listener who gives good advice. I do not have a car to drive to the library, but I do have a computer to volunteer online with.

①Which current event would be best for me to participate in?

I can't wait to lend a helping hand,

　Juan

　注）*serve　役に立つ　*community　地域　*multilingual　多言語を話す

問1　（　A　）～（　E　）に入るものを下の㋐～㋔から一つ選び記号で答えなさい。ただし，それぞれ一度しか使えません。A（　　　）　B（　　　）　C（　　　）　D（　　　）E（　　　）

㋐　they will work with you to create a plan to achieve your professional goals

㋑　it is a great chance to develop reading skills for little ones

㋒　you can learn to connect your personal device to Wi-Fi

㋓　the people who join should speak some English and want to practice

㋔　grandchildren live far away and want to communicate online

問2　次の英文を本文の内容にあうように完成させた時，下線部に入るものを下の㋐～㋓から一つ選び記号で答えなさい。（　　　　）

　The main goal of the Portland Public Library is ＿＿＿.

㋐　to help the community for over 100 years

㋑　to give knowledge for free to help the community

㋒　to provide space for events for the community

㋓　to have programs in different languages so anyone can learn

問3　下線部①が指すものを下の㋐～㋓から一つ選び記号で答えなさい。（　　　　）

㋐　Computers for Beginners　　㋑　Career Services　　㋒　Youth Story Time

㋓　English Conversation Group

7　次の英文を読んで，下の問いに答えなさい。

　　In 2011, Boyan Slat went to Greece on vacation. When he was SCUBA diving, he found more plastic bags than fish in the sea, which *left him thinking "Why can't we just clean this up?" Returning to the Netherlands, this 16-year-old high school student made ocean plastic pollution the subject of his graduation research.

　　Boyan read that there were several large areas across the oceans of the world that are full of plastics and other garbage. The largest was known as The Great Pacific Garbage Patch. Experts said that it would take 80,000 years to clean up the oceans because the trash is always moving with the ocean currents. This makes collecting them with nets very hard. Boyan realized what others saw as a ① complication, he saw as part of the solution. He could use the currents to clean up the oceans.

　　In 2012, an international conference known as TEDx Talks was held in his hometown of Delft, and Boyan signed up to make a presentation. （　A　）his 11-minute speech, he discussed his idea to a large audience for the first time. He *confidently said that the oceans could clean themselves. He thought that the currents could be used to help clean up ocean plastic pollution and reduce the clean-up time to a few years.

　　In February 2013, Boyan founded The Ocean Cleanup, and its goal was to remove 90 percent of plastic waste in the Pacific Ocean. At first, there was not much interest. （　B　）, the video of his speech suddenly *went viral, and then many people around the world were interested in his idea.

　　Boyan left his university before graduating, and he only had $500 in his bank. He spent all his time building his organization. A team of volunteers joined him, and a （　C　）online campaign raised $2.2 million. This let Ocean Cleanup complete a year-long study, at the end of which they published a 528-page plan.

　　The organization has created a giant U-shaped system of nets that can catch trash as small as one centimeter. A large anchor is used to slow the system so that it moves slower than the ocean currents that carry the plastic and waste. In this way, the currents bring the trash to the nets to be gathered. Also, the system does not need power, and more can be added over time to speed up the process.

　　As of the end of 2022, Ocean Cleanup has removed over 200,000kg of trash from the ocean. Its future plan is to make new systems of nets. It will place them in the most polluted rivers in the world. This would prevent most of the trash from （　D　）the ocean.

　　注）*left　～のままにしておいた　　*confidently　自信を持って　　*went viral　広まった

問1　下線部①と同じ意味を表す語を下の(ア)～(エ)から一つ選び記号で答えなさい。（　　　　）

　(ア)　support　　(イ)　problem　　(ウ)　answer　　(エ)　advantage

問2　（　A　）に入る語を下の(ア)～(エ)から一つ選び記号で答えなさい。（　　　　）

　(ア)　During　　(イ)　Since　　(ウ)　From　　(エ)　By

問3　（ B ）に入る語を下の㋐〜㋓から一つ選び記号で答えなさい。（　　　　）

㋐　In addition　　㋑　Moreover　　㋒　However　　㋓　On the other hand

問4　（ C ）に入る語を下の㋐〜㋓から一つ選び記号で答えなさい。（　　　　）

㋐　success　　㋑　succeed　　㋒　successful　　㋓　successfully

問5　（ D ）に入る語を下の㋐〜㋓から一つ選び記号で答えなさい。（　　　　）

㋐　enter　　㋑　to enter　　㋒　entering　　㋓　entered

問6　本文の内容に合うものを下の㋐〜㋗から二つ選び記号で答えなさい。（　　　　）（　　　　）

㋐　Ocean Cleanup placed nets in polluted rivers before using them in the ocean.

㋑　A SCUBA diving trip in Greece made Boyan think about cleaning the oceans.

㋒　The year-long study that Ocean Cleanup did used money from Boyan's bank.

㋓　The U-shaped system gathers trash by moving faster than the ocean currents.

㋔　Boyan first discussed his ideas with a large audience at a TEDx Talks conference.

㋕　The Great Pacific Garbage Patch is the only area where trash gathers.

㋖　Boyan founded The Ocean Cleanup after his video went viral.

㋗　Boyan studied ocean plastic pollution for his university graduation project.

（注）　最初にリスニング問題①と②を行います。その後，③から⑧の筆記問題に取り組んでください。

（編集部注）　放送問題の放送原稿は問題の末尾に掲載しています。

① (A)から(D)の4つの英文を聞いて，それぞれ絵の内容を最も適切（てきせつ）に表しているものを1つ選び，記号で答えなさい。英文は印刷（いんさつ）されていません。音声（おんせい）のみです。英文は2度読まれます。(1)(　　　) (2)(　　　) (3)(　　　)

(1)　　　　　　　　　　　(2)　　　　　　　　　　　(3)

② 会話を聞いて，それぞれ最も適切（てきせつ）な応答（おうとう）を(A)から(C)より1つ選び記号で答えなさい。会話と応答（おうとう）は，印刷（いんさつ）されていません。音声（おんせい）のみです。英文は2度読まれます。

(1)　最も適切（てきせつ）な応答（おうとう）を(A)から(C)より1つ選び答えなさい。(　　　)

(2)　最も適切（てきせつ）な応答（おうとう）を(A)から(C)より1つ選び答えなさい。(　　　)

(3)　最も適切（てきせつ）な応答（おうとう）を(A)から(C)より1つ選び答えなさい。(　　　)

③ それぞれの絵にあう英単語を，下線の空所をうめて完成させなさい。下線1つ（＿）につき，1文字のアルファベットが入ります。

(1)　＿ in ＿ er　　(2)　＿＿ o　　(3)　ca ＿＿ ot　　(4)　u ＿＿ form

(5)　＿＿ ron　　(6)　＿＿ eep　　(7)　w ＿＿ dow　　(8)　＿＿ n

4 次の（　　）にあてはまる語を下の(ア)から(コ)より１つ選び，記号で答えなさい。(1)は⇒の順番に注目し，(2)と(3)は左の○⇔○と同じ関係になるよう右の（　　）を考えて答えなさい。

(1) June ⇒ July ⇒（　　）⇒ September

(2) summer ⇔ fireworks /（　　）⇔ Christmas

(3) on ⇔ under / above ⇔（　　）

　(ア) January　(イ) November　(ウ) August　(エ) spring　(オ) fall　(カ) winter
　(キ) through　(ク) circle　(ケ) around　(コ) below

5 (1)から(8)は日本語にあう英語を，(9)から(15)は英語にあう日本語を(ア)から(エ)より１つ選び，記号で答えなさい。

(1) はなれて（　　）

　(ア) again　(イ) away　(ウ) all　(エ) among

(2) 休憩（きゅうけい）（　　）

　(ア) band　(イ) bath　(ウ) break　(エ) beach

(3) 起こる／生じる（　　）

　(ア) hope　(イ) help　(ウ) have　(エ) happen

(4) 正しい／正確な（　　）

　(ア) right　(イ) round　(ウ) rich　(エ) real

(5) 職業／経歴（けいれき）（　　）

　(ア) cave　(イ) career　(ウ) canal　(エ) care

(6) 注意深い（　　）

　(ア) careful　(イ) clean　(ウ) clear　(エ) common

(7) 経験する（　　）

　(ア) earn　(イ) excite　(ウ) explain　(エ) experience

(8) しばしば（　　）

　(ア) off　(イ) often　(ウ) once　(エ) only

(9) then（　　）

　(ア) そこに（で）　(イ) 現在では　(ウ) そのとき　(エ) 明日は

(10) their（　　）

　(ア) 彼らは（が）　(イ) 彼らの　(ウ) 彼らを（に）　(エ) 彼らのもの

(11) past（　　）

　(ア) 過去　(イ) 人々　(ウ) 場所／ところ　(エ) 競技者／選手

(12) sick（　　）

　(ア) 病気の　(イ) 小さい　(ウ) 第２番目の　(エ) 内気な／はずかしがりやの

(13) thank（　　）

　(ア) ～にさわる／ふれる　(イ) 話す　(ウ) ～に感謝（かんしゃ）する　(エ) 考える／思う

(14) wrong（　　）

　　　㋐　素晴らしい　　㋑　歓迎（かんげい）されて　　㋒　弱い　　㋓　まちがった／ぐあいが悪い

⒂　show（　　　　）

　　　㋐　節約する　　㋑　座る／座っている　　㋒　〜を案内する／見せる

　　　㋓　〜を広げる／広める

⑥　（　　　）に入る最も適切（てきせつ）なものを㋐から㋓より１つ選び，記号で答えなさい。

⑴　A：　（　　　　）have a glass of apple juice, please?

　　B：　Sure.

　　㋐　Are you　　㋑　Can I　　㋒　Am I　　㋓　Do I

⑵　A：　Are you a baseball fan?

　　B：　No, I（　　　　）.

　　㋐　am　　㋑　am not　　㋒　is not　　㋓　do not

⑶　A：　This is my classmate.

　　B：　（　　　　）

　　㋐　Sorry, no idea.　　㋑　Certainly. No problem.　　㋒　That's too bad.

　　㋓　How do you do?

⑷　A：　（　　　　）are you today?

　　B：　I'm all right, thanks.

　　㋐　What　　㋑　How　　㋒　When　　㋓　Where

⑸　A：　（　　　　）classes do we have today?

　　B：　Well, we have six classes.

　　㋐　What　　㋑　How　　㋒　How many　　㋓　When

⑹　A：　Whose notebook is this?

　　B：　It is（　　　　）.

　　㋐　he　　㋑　his　　㋒　him　　㋓　her

⑺　A：　Oh, there is a phone call.

　　B：　I（　　　　）answer the call.

　　㋐　is going to　　㋑　are going to　　㋒　will　　㋓　had

⑻　A：　I don't know（　　　　）to do for the test next week.

　　B：　How about reading a textbook?

　　㋐　how　　㋑　when　　㋒　where　　㋓　what

⑼　（　　　　）you all enjoy the party last night?

　　㋐　Are　　㋑　Do　　㋒　Were　　㋓　Did

⑽　I don't like baseball very much（　　　　）it's so difficult for me.

　　㋐　when　　㋑　if　　㋒　because　　㋓　so

⑾　You（　　　　）have to pay for this lunch box. It is free.

　　㋐　isn't　　㋑　aren't　　㋒　don't　　㋓　doesn't

(12) I'm the tallest (　　) my family.

　(ア) in　　(イ) of　　(ウ) at　　(エ) on

(13) I think that Japanese anime is (　　) in the world.

　(ア) the vest　　(イ) as good as　　(ウ) better　　(エ) the best

(14) David (　　) not well yesterday.

　(ア) is　　(イ) was　　(ウ) are　　(エ) were

(15) I (　　) in Japanese history.

　(ア) interest　　(イ) interests　　(ウ) am interesting　　(エ) am interested

7 (　　) に入る最も適切（てきせつ）なものを(ア)から(エ)より1つ選び，記号で答えなさい。

(1) Boy： Let's go swimming in the river next Sunday.

　Girl：（　　）

　(ア) Sounds good!　　(イ) Guess what!　　(ウ) You don't like it?　　(エ) Nice to meet you.

(2) Boy： What club do you want to join when you enter Shoin?

　Girl：（　　）

　(ア) I want to join the archery club.

　(イ) The tennis club is the strongest.

　(ウ) I was in the swimming club last year.

　(エ) I really want to enter Shoin.

(3) Man： I'm looking for a pretty bag for my daughter's birthday.

　Clerk：（　　） This is a new model for teenagers.

　Man： Looks nice. I'll take it.

　(ア) This bag is for small children.

　(イ) How about this pink one?

　(ウ) How about this book?

　(エ) Your bag looks old.

(4) Boy： Why is a fire truck red?

　Girl：（　　）

　(ア) A fire truck comes faster than an ambulance.

　(イ) I like blue better than red.

　(ウ) Red and white becomes pink.

　(エ) Red means "dangerous."

(5) Mother： Tom, dinner is ready. Come and get it.

　Boy　：（　　） Can I have it later?

　(ア) I ate dinner yesterday.　　(イ) I'm not hungry now.　　(ウ) I cooked breakfast.

　(エ) I'm hungry now.

8　本文を読み，後の問いに答えなさい。*のついた語句は下に注があります。

　　　So-yun from Korea and Marie from New Zealand are exchange students. Makiko is their Japanese friend. They are talking about the Shoin sports festival this month.

So-yun ： Last week, we got a paper about the Shoin sports festival. I'm really looking forward to it, but I have some questions. The Shoin sports festival is very unique. It is very different from my school in Korea.

Marie ： Yes, I have some questions, too. The paper says that we have no classes in the afternoon next week. Why is that? Also, what are these four colors?

Makiko ： I was also confused at the beginning. One of the unique points is the Shoin *student council. They become leaders of the festival and ①manage everything. They control the whole program. They line up students and guide them for their sports games. Teachers just help a little.

So-yun ： That's great, but why do we have no classes in the afternoon next week?

Marie ： Is it for them to practice the festival?

Makiko ： Yes, Marie. Your answer is half-right. One is for the practice for student leaders, and the other is for practice for students. So, we will practice the festival in the afternoon. Students leaders practice how to manage the festival, and other students practice for their sports games.

So-yun ： That's a good chance for both of them. I want to win a game. I need to practice!

Marie ： How about these four colors: red, yellow, blue, and green?

Makiko ： They are the groups. Students belong to one of the four colors like ②*Harry Potter*'s housing system. I am red. Marie and So-yun are blue. We are rivals.

So-yun ： I see. I am good at running. I will join the running race and try to win for my blue team!

Marie ： That's good for you. I want to try this *Tamaire* game. I watched it on YouTube in New Zealand. That is also a unique game in Japan. It looks fun.

Makiko ： Both of those games are fun. You guys can try to do them on the practice day next week. I have some advice for you, Marie. Please hold as many *Tamaire* balls as possible, and throw them with both hands. That is one good way for *Tamaire*. Please try that.

Marie ： OK. I will.

　　※【注】　student council　生徒会（学校のことを考える生徒のグループ，小学校でいう児童会）

(1)　松蔭の体育祭（運動会）はいつ行われるかを下の記号より選びなさい。（　　　　）

　　㋐　9月　　㋑　10月　　㋒　今月　　㋓　来月

(2)　下線部①のmanage everythingの意味としてもっとも適切（てきせつ）なものを下の記号より選びなさい。（　　　　）

　　㋐　全てを任せる　　㋑　全てを運営する　　㋒　全てを並べる　　㋓　全てを準備する

(3) 来週の午後に授業がない理由を最も適切（てきせつ）に表しているものを下の記号より選びなさい。（　　　）

　　(ア)　生徒が体育祭の練習をするから

　　(イ)　生徒会のメンバーが体育祭の練習をするから

　　(ウ)　生徒と生徒会のメンバーが体育祭の練習をするから

　　(エ)　先生と生徒が体育祭の練習をするから

(4) 下線部②の *Harry Potter's housing system* とはどのようなものでしょうか，本文から読み取れる内容を下の記号より選びなさい。（　　　）

　　(ア)　ハリーはグリフィンドールになった。　　(イ)　帽子（ぼうし）を使った色分けがある。

　　(ウ)　グループごとにシンボルマークがある。　　(エ)　4つのグループがある。

(5) 玉入れ（*Tamaire*）のアドバイスとして提案されているものを下の記号より選び，答えなさい。

　　　　　　　　　　　　　　　　　　　　　　　　　　　　　　　　　　　（　　　）

　　(ア)　たくさんのボールを投げる。　　(イ)　できるだけ速くボールを投げる。

　　(ウ)　友達と協力する。　　(エ)　持てるだけ持ったボールを両手で投げる。

〈放送原稿〉

2023 年度松蔭中学校入学試験英語 I（DS）リスニング問題を始めます。

1　(A)から(D)の 4 つの英文を聞いて，それぞれ絵の内容を最も適切（てきせつ）に表しているものを 1
つ選び，記号で答えなさい。英文は印刷（いんさつ）されていません。音声（おんせい）のみです。
英文は 2 度読まれます。

(1)　(A)　There are two pencils in my pencil case.

　　(B)　There are no erasers in my pencil case.

　　(C)　There are two rulers in my pencil case.

　　(D)　There are some erasers in my pencil case.

（くり返す）

(2)　(A)　The boy is crying because Mom is angry.

　　(B)　The boy is happy because Mom is happy.

　　(C)　The boy is angry because Mom is busy.

　　(D)　The boy is hungry because Mom doesn't cook.

（くり返す）

(3)　(A)　Let's watch the soccer game next Sunday.

　　(B)　Let's play tennis next Sunday.

　　(C)　Let's go to the museum together next Sunday.

　　(D)　Let's go hiking in the mountain next Sunday.

（くり返す）

2　会話を聞いて，それぞれ最も適切（てきせつ）な応答（おうとう）を(A)から(C)より 1 つ選び記号
で答えなさい。会話と応答（おうとう）は，印刷（いんさつ）されていません。音声（おんせい）の
みです。英文は 2 度読まれます。

(1)　Woman ：　Hello?

　　Boy　　 ：　Hello. This is David. Can I talk to Amanda?

　　Woman ：　Hi, David. I'm sorry she is out now. Can I take a message?

　(A)　No, thank you. I'll call her again later.

　(B)　I know it's raining now.

　(C)　Are you Amanda?

((1)をくり返す)

(2)　Boy：　Which mountain is higher, Mt. Maya or Mt. Rokko?

　(A)　I like Mt. Rokko better than Mt. Maya.

　(B)　I think Mt. Rokko is higher than Mt. Maya.

　(C)　Mt. Rokko is far from here.

((2)をくり返す)

(3)　Girl：　My eraser is missing. Did you see it anywhere?

　(A)　Yes. It's mine.

⒝　No. My eraser is in my pencil case.

⒞　No. Let's look for it together.

((3)をくり返す)

これでリスニング問題を終わります。

（注）　最初にリスニング問題1から3を行います。その後，4から8の筆記問題に取り組んでください。

（編集部注）　放送問題の放送原稿は問題の末尾に掲載しています。

1　英文を聞いて解答らんの（　　）に入る英語を書きなさい。英文は2度読まれます。

　　Today, I will talk about one of my favorite animals, a starfish. Even though the word "fish" is in their name, they are (　　　　) (　　　　) a fish. Most people think starfish can (　　　　) (　　　　) five arms, but they can have (　　　　) (　　　　). They do not have a brain or even blood in their body. If you cut off a starfish's arm, it (　　　　) (　　　　) back. In some countries, people eat starfish. Do you want to (　　　　) (　　　　)?

2　(A)から(D)の4つの英文を聞いて，それぞれ絵の内容を最も適切（てきせつ）に表しているものを1つ選び，記号で答えなさい。英文は印刷（いんさつ）されていません。音声（おんせい）のみです。英文は2度読まれます。(1)(　　　)　(2)(　　　)　(3)(　　　)

（1）　　　　　　　　　　（2）　　　　　　　　　　（3）

3　会話を聞いて，それぞれ最も適切（てきせつ）な応答（おうとう）を(A)から(C)より1つ選び記号で答えなさい。会話と応答（おうとう）は，印刷（いんさつ）されていません。音声（おんせい）のみです。英文は2度読まれます。

（1）　最も適切（てきせつ）な応答（おうとう）を(A)から(C)より1つ選び答えなさい。（　　　　）

（2）　最も適切（てきせつ）な応答（おうとう）を(A)から(C)より1つ選び答えなさい。（　　　　）

（3）　最も適切（てきせつ）な応答（おうとう）を(A)から(C)より1つ選び答えなさい。（　　　　）

4　(1)から(8)は日本語にあう英語を，(9)から(15)は英語にあう日本語を(ア)から(エ)より1つ選び，記号で答えなさい。

（1）　はなれて（　　　　）

　　(ア) again　　(イ) away　　(ウ) all　　(エ) among

（2）　休憩（きゅうけい）（　　　　）

　　(ア) band　　(イ) bath　　(ウ) break　　(エ) beach

（3）　起こる／生じる（　　　　）

　　(ア) hope　　(イ) help　　(ウ) have　　(エ) happen

(4) 正しい／正確な（　　　）

　　(ア) right　　(イ) round　　(ウ) rich　　(エ) real

(5) 職業／経歴（けいれき）（　　　）

　　(ア) cave　　(イ) career　　(ウ) canal　　(エ) care

(6) 注意深い（　　　）

　　(ア) careful　　(イ) clean　　(ウ) clear　　(エ) common

(7) 経験する（　　　）

　　(ア) earn　　(イ) excite　　(ウ) explain　　(エ) experience

(8) しばしば（　　　）

　　(ア) off　　(イ) often　　(ウ) once　　(エ) only

(9) then（　　　）

　　(ア) そこに（で）　　(イ) 現在では　　(ウ) そのとき　　(エ) 明日は

(10) their（　　　）

　　(ア) 彼らは（が）　　(イ) 彼らの　　(ウ) 彼らを（に）　　(エ) 彼らのもの

(11) past（　　　）

　　(ア) 過去　　(イ) 人々　　(ウ) 場所／ところ　　(エ) 競技者／選手

(12) sick（　　　）

　　(ア) 病気の　　(イ) 小さい　　(ウ) 第2番目の　　(エ) 内気な／はずかしがりやの

(13) thank（　　　）

　　(ア) ～にさわる／ふれる　　(イ) 話す　　(ウ) ～に感謝（かんしゃ）する　　(エ) 考える／思う

(14) wrong（　　　）

　　(ア) 素晴らしい　　(イ) 歓迎（かんげい）されて　　(ウ) 弱い　　(エ) まちがった／ぐあいが悪い

(15) show（　　　）

　　(ア) 節約する　　(イ) 座る／座っている　　(ウ) ～を案内する／見せる

　　(エ) ～を広げる／広める

5　（　　　）に入る最も適切（てきせつ）なものを(ア)から(エ)より1つ選び，記号で答えなさい。

(1) A：（　　　）have a glass of apple juice, please?

　　B： Sure.

　　(ア) Are you　　(イ) Can I　　(ウ) Am I　　(エ) Do I

(2) A： Are you a baseball fan?

　　B： No, I（　　　）.

　　(ア) am　　(イ) am not　　(ウ) is not　　(エ) do not

(3) A： This is my classmate.

　　B：（　　　）

　　(ア) Sorry, no idea.　　(イ) Certainly. No problem.　　(ウ) That's too bad.

　　(エ) How do you do?

(4)　A：　(　　　) are you today?

　　　B：　I'm all right, thanks.

　　(ア)　What　　(イ)　How　　(ウ)　When　　(エ)　Where

(5)　A：　(　　　) classes do we have today?

　　　B：　Well, we have six classes.

　　(ア)　What　　(イ)　How　　(ウ)　How many　　(エ)　When

(6)　A：　Whose notebook is this?

　　　B：　It is (　　　).

　　(ア)　he　　(イ)　his　　(ウ)　him　　(エ)　her

(7)　A：　Oh, there is a phone call.

　　　B：　I (　　　) answer the call.

　　(ア)　is going to　　(イ)　are going to　　(ウ)　will　　(エ)　had

(8)　A：　I don't know (　　　) to do for the test next week.

　　　B：　How about reading a textbook?

　　(ア)　how　　(イ)　when　　(ウ)　where　　(エ)　what

(9)　(　　　) you all enjoy the party last night?

　　(ア)　Are　　(イ)　Do　　(ウ)　Were　　(エ)　Did

(10)　I don't like baseball very much (　　　) it's so difficult for me.

　　(ア)　when　　(イ)　if　　(ウ)　because　　(エ)　so

(11)　You (　　　) have to pay for this lunch box. It is free.

　　(ア)　isn't　　(イ)　aren't　　(ウ)　don't　　(エ)　doesn't

(12)　I'm the tallest (　　　) my family.

　　(ア)　in　　(イ)　of　　(ウ)　at　　(エ)　on

(13)　I think that Japanese anime is (　　　) in the world.

　　(ア)　the vest　　(イ)　as good as　　(ウ)　better　　(エ)　the best

(14)　David (　　　) not well yesterday.

　　(ア)　is　　(イ)　was　　(ウ)　are　　(エ)　were

(15)　I (　　　) in Japanese history.

　　(ア)　interest　　(イ)　interests　　(ウ)　am interesting　　(エ)　am interested

6　本文を読み，後の問いに答えなさい。*のついた語句は下に注があります。

　　　So-yun from Korea and Marie from New Zealand are exchange students. Makiko is their Japanese friend. They are talking about the Shoin sports festival this month.

So-yun：　Last week, we got a paper about the Shoin sports festival. I'm really looking forward to it, but I have some questions. The Shoin sports festival is very unique. It is very different from my school in Korea.

Marie　：　Yes, I have ①some questions, too. The paper says that we have no classes in the afternoon next week. Why is that? Also, what are these four colors?

Makiko： I was also confused at the beginning. One of the unique points is the Shoin *student council. They become leaders of the festival and ②manage everything. They control the whole program. They line up students and guide them for their sports games. Teachers just help a little.

So-yun： That's great, but why do we have no classes in the afternoon next week?

Marie ： Is it for them to practice the festival?

Makiko： Yes, Marie. Your answer is half-right. One is for the practice for student leaders, and the other is for practice for students. So, we will practice the festival in the afternoon. Students leaders practice how to manage the festival, and other students practice for their sports games.

So-yun： That's a good chance for both of them. I want to win a game. I need to practice!

Marie ： How about these four colors: red, yellow, blue, and green?

Makiko： They are the groups. Students belong to one of the four colors like *Harry Potter*'s housing system. I am red. Marie and So-yun are blue. We are rivals.

So-yun： I see. I am good at running. I will join the running race and try to win for my blue team!

Marie ： That's good for you. ③I want to try this *Tamaire* game. I watched it on YouTube in New Zealand. That is also a unique game in Japan. It looks fun.

Makiko： Both of those games are fun. You guys can try to do them on the practice day next week. I have some advice for you, Marie. Please hold as many *Tamaire* balls as possible, and throw them with both hands. That is one good way for *Tamaire*. Please try that.

Marie ： OK. I will.

※【注】 student council　生徒会（学校のことを考える生徒のグループ，小学校でいう児童会）

次の問いに全て日本語で答えなさい。漢字が分からなければひらがなで答えてかまいません。

⑴ 下線部①のsome questionsとはどういう質問ですか，2つ答えなさい。
（　　　　　　　　　　）（　　　　　　　　　　）

⑵ 下線部②のmanageはどういう意味ですか，前後の内容を読み，その意味を答えなさい。
（　　　　）

⑶ Makiko たちは，来週の午後に授業がありません。その理由をそれぞれ10字以上で2つ答えなさい。（　　　　　　　　　　）（　　　　　　　　　　）

⑷ 下線部③の理由を下の（　　）をうめて答えなさい。
ニュージーランドで（　　　　　　　），玉入れは（　　　　　　　）であり，（　　　　　　　）。

⑸ Makiko が提案している玉入れ（*Tamaire*）のアドバイスを15字以上で答えなさい。
（　　　　　　　　　　　　　　　　　　　　　　　　　　）

7　次の会話について（　　）に入る英語を4語以上の英文で，答えなさい。単語のみではなく，必ず英文で答えること。2文以上になってもかまいません。以下のような答えは減点とします。

① 全く同じ答えを(1)から(4)で用いているもの。

② I don't know.や I have no idea.といった『わからない』という答え。

③ 会話をそのままくり返しただけの解答。

　　例：Did you have an English test yesterday?

　　⇒解答△（Yes, I had an English test.）　　○ Yes, I did. It was difficult.

(1)　Mother ：　I'm thinking about going to USJ next week.

　　　Girl　　：　（　　　　　　　　　　　　　　　　　　　　　　　　　　　　　　）

(2)　Boy ：　Japan won the soccer game yesterday. I cannot believe it.

　　　Girl ：　（　　　　　　　　　　　　　　　　　　　　　　　　　　　　　　　　）

(3)　Mother ：　（　　　　　　　　　　　　　　　　　　　　　　　　　　　　　　　）

　　　Boy　　：　I am very sorry. I will not do it anymore.

(4)　Girl ：　（　　　　　　　　　　　　　　　　　　　　　　　　　　　　　　　　）

　　　Boy ：　I really like it. It is very good!

8　下のトピック（題）について，40語以上の英文で答えなさい。

What is your dream in the future?　将来の夢は何ですか。

〔　　　　　　　　　　　　　　　　　　　　　　　　　　　　　　　　　　　　〕

〈放送原稿〉

2023 年度松蔭中学校入学試験英語Ⅰ（GS）リスニング問題を始めます。

1 英文を聞いて解答用紙の（　　）に入る英語を書きなさい。英文は 2 度読まれます。

　　　Today, I will talk about one of my favorite animals, a starfish. Even though the word "fish" is in their name, they are (not) (really) a fish. Most people think starfish can (only) (have) five arms, but they can have (even) (more). They do not have a brain or even blood in their body. If you cut off a starfish's arm, it (will) (grow) back. In some countries, people eat starfish. Do you want to (try) (it)?

（くり返す）

2 (A)から(D)の 4 つの英文を聞いて，それぞれ絵の内容を最も適切（てきせつ）に表しているものを 1 つ選び，記号で答えなさい。英文は印刷（いんさつ）されていません。音声（おんせい）のみです。英文は 2 度読まれます。

(1) (A)　There are two pencils in my pencil case.

　　(B)　There are no erasers in my pencil case.

　　(C)　There are two rulers in my pencil case.

　　(D)　There are some erasers in my pencil case.

（くり返す）

(2) (A)　The boy is crying because Mom is angry.

　　(B)　The boy is happy because Mom is happy.

　　(C)　The boy is angry because Mom is busy.

　　(D)　The boy is hungry because Mom doesn't cook.

（くり返す）

(3) (A)　Let's watch the soccer game next Sunday.

　　(B)　Let's play tennis next Sunday.

　　(C)　Let's go to the museum together next Sunday.

　　(D)　Let's go hiking in the mountain next Sunday.

（くり返す）

3 会話を聞いて，それぞれ最も適切（てきせつ）な応答（おうとう）を(A)から(C)より 1 つ選び記号で答えなさい。会話と応答（おうとう）は，印刷（いんさつ）されていません。音声（おんせい）のみです。英文は 2 度読まれます。

(1) Woman：　Hello?

　　Boy　：　Hello. This is David. Can I talk to Amanda?

　　Woman：　Hi, David. I'm sorry she is out now. Can I take a message?

　(A)　No, thank you. I'll call her again later.

　(B)　I know it's raining now.

　(C)　Are you Amanda?

((1)をくり返す)

(2)　Boy： Which mountain is higher, Mt. Maya or Mt. Rokko?

　(A)　I like Mt. Rokko better than Mt. Maya.

　(B)　I think Mt. Rokko is higher than Mt. Maya.

　(C)　Mt. Rokko is far from here.

((2)をくり返す)

(3)　Girl： My eraser is missing. Did you see it anywhere?

　(A)　Yes. It's mine.

　(B)　No. My eraser is in my pencil case.

　(C)　No. Let's look for it together.

((3)をくり返す)

これでリスニング問題を終わります。

1 次の英文を読んで，あとの設問に答えなさい。

Once upon a time, all the animals in the forest got together and decided to create a school. They sat down together to write a school program, and discussed what subjects to include.

The rabbit was a great runner, so he suggested that they should include running. The bird loved to fly, so she suggested that flying should be taught. The fish lived in water, so he wanted swimming to be a school subject. The *squirrel lived in the trees, so she said that they must include a class on tree climbing.

All of the other animals wanted their special skills to be taught as well, so they put these in the school program, too. Then, they made the mistake of saying that all the animals should study all the courses in it.

The rabbit was an amazing runner. But the other animals said that he should first learn to fly. So, they put him high up in a tree and told him to jump. The poor rabbit fell to the ground and broke his leg. As a result, he could no longer run well. Instead of getting an *A in running, he got a *C$^+$. However, he got a *C in flying because he tried.

The bird was confident that she'd get an *A in flying class. However, the other animals said that she should first learn to dig a hole in the ground like a *gopher. When digging the hole, she broke one of her wings, so she could no longer fly well. As a result, she only got a *B$^-$ in flying.

The same thing happened with everyone else. At the end of the school term, half of the animals were injured in hospital, while the other half were tired and unhappy. The top student with the best marks was the *eel who wasn't particularly good at any subject but could do almost everything a little.

What's the point of this story? Should schools make all the students learn the same thing? The story of the animal school tells us that [　　　].

〈注〉squirrel　リス　　A, B$^-$, C$^+$, C　成績を表す記号　　gopher　ホリネズミ　　eel　ウナギ

問1　英文を完成させるのに最も適切なものを，ア～ウより1つ選び，記号で答えなさい。

(1)　The rabbit couldn't get a good mark in running because [　　　].

　ア　he couldn't run well because he was tired　　イ　he was better at flying than running

　ウ　he was injured before running

(2)　The bird broke one of her wings when [　　　].

　ア　she tried to dig a hole　　イ　she fell out of a tree　　ウ　she went swimming

(3)　At the end of the school term, the eel was the top student because [　　　].

　ア　he was good at all subjects　　イ　he was not poor at any subject

ウ　he studied very hard

問2　質問に対する答えとして最も適切なものを，ア～ウより1つ選び，記号で答えなさい。

What was the mistake about the school program?（　　　）

ア　It included very tiring subjects.

イ　It had difficult skills such as swimming and digging.

ウ　It forced all the students to study everything.

問3　問題文中の［　　　］に入れるのに最も適切なものを，ア～ウより1つ選び，記号で答えなさい。

（　　　）

ア　schools should give students the same knowledge and skills

イ　schools should not discuss what subjects to include

ウ　school classes should help students with their unique skills

2　次の英文の（　　　）に入れるのに最も適当なものを，ア～エの中から1つ選び，記号で答えなさい。

(1)　I think Tom will be back（　　　）time for dinner.

ア　after　　イ　at　　ウ　in　　エ　of

(2)　In Japan,（　　　）people eat rice for breakfast, others eat bread.

ア　any　　イ　each　　ウ　every　　エ　some

(3)　My grandmother often falls（　　　）while watching TV.

ア　asleep　　イ　sleep　　ウ　sleeping　　エ　sleepy

(4)　Nancy walked away（　　　）looking back at me.

ア　across　　イ　beside　　ウ　between　　エ　without

(5)　I feel（　　　）when I'm listening to classical music.

ア　to relax　　イ　relax　　ウ　relaxed　　エ　relaxing

(6)　Many people have visited the museum（　　　）it opened.

ア　during　　イ　from　　ウ　in　　エ　since

(7)　Tom is（　　　）of the two. He has blond hair like his mother.

ア　taller　　イ　the tall　　ウ　the taller　　エ　the tallest

(8)　A：　Did you like this book?

　　B：　No, it was（　　　）for me.

ア　boring　　イ　busy　　ウ　free　　エ　interesting

(9)　A：　Helen went to the famous French singer's concert yesterday,（　　　）she?

　　B：　Yes, she went with her boyfriend.

ア　didn't　　イ　don't　　ウ　wasn't　　エ　won't

(10)　A：　Do you have（　　　）special to do tomorrow?

　　B：　No, not really.

ア　anything　　イ　anytime　　ウ　everything　　エ　everywhere

③ 次の各組の文がほぼ同じ意味になるように，（　　）に適する語を入れなさい。

(1) She read the letter from Tom and became very happy.

The letter from Tom （　　　）（　　　） very happy.

(2) Kumi can't play the piano as well as Jane.

Jane can play the piano （　　　）（　　　） Kumi.

(3) This will be her first trip to Tokyo.

She （　　　） never （　　　） to Tokyo before.

(4) Naomi wrote a letter. It was very long.

The letter （　　　） by Naomi （　　　） very long.

(5) I have a sister teaching English at high school.

I have a sister （　　　）（　　　） English at high school.

④ 以下の質問についてあなたの考えとその理由を 25 語〜35 語の英語で説明しなさい。ただし，ピリオドやコンマは語数には含めません。

Which do you like better, playing inside or outside?

（　　　　　　　　　　　　　　　　　　　　　　　　　　　　　　）

（編集部注）　放送問題の放送原稿は問題の末尾に掲載しています。

（注）　リスニングは，試験開始15分後に流れます。

1　次のそれぞれの絵を表す英単語が，しりとりでつながるように，並べかえて記号で答えなさい。

(1)(　　　)(　　　)(　　　)　(2)(　　　)(　　　)(　　　)　(3)(　　　)(　　　)(　　　)

(1)　最初（コンピュータ）　　　　ア　　　　　　　イ　　　　　　　ウ

(2)　　　最初（机）　　　　　　ア　　　　　　　イ　　　　　　　ウ

(3)　　　最初（船）　　　　　　ア　　　　　　　イ　　　　　　　ウ

2　次のア～エの4つから，種類が他と違うものを1つずつ選び，記号で答えなさい。

(1)(　　　)　(2)(　　　)　(3)(　　　)

(1)　ア　fishing　　イ　hiking　　ウ　camping　　エ　evening

(2)　ア　juice　　イ　plate　　ウ　coffee　　エ　tea

(3)　ア　teacher　　イ　cook　　ウ　hospital　　エ　astronaut

3　次の各問いに答えなさい。

問1　次の日本文に合うように，（　　　）内の語を並べかえ，順に記号で答えなさい。ただし，文頭の語も小文字で書かれている場合があります。

(1)　コウジはネコを一匹も飼っていません。

（ア　not　　イ　Koji　　ウ　have　　エ　cats　　オ　any　　カ　does）.

（　　　）（　　　）（　　　）（　　　）（　　　）（　　　）.

(2) テニスは私にとってわくわくするスポーツです。

Tennis（ア　for　　イ　me　　ウ　exciting　　エ　is　　オ　sport　　カ　an）.

（　　　）（　　　）（　　　）（　　　）（　　　）（　　　）.

(3) この近くに図書館はありますか。

（ア　near　　イ　library　　ウ　is　　エ　a　　オ　here　　カ　there）?

（　　　）（　　　）（　　　）（　　　）（　　　）（　　　）?

問2　次のＡとＢの会話について，（　　）に入る語または語句を選び，記号で答えなさい。

(1) A：　Where are you from?

B：　I'm from（　　　）.

ア　London　　イ　7:00 a.m.　　ウ　Monday　　エ　baseball

(2) A：　Why did you go to the aquarium?

B：　To（　　　）.

ア　play the piano　　イ　watch TV　　ウ　see the turtles　　エ　take a bath

4　次のお知らせを読んで，あとに続く質問に対する正しい答えを(1)～(3)の3つから1つずつ選び，番号で答えなさい。

MUKOGAWA DEPARTMENT STORE

Store guide
　　　　Open:　9:30 to 18:30 Tuesdays to Saturdays
　　　　　　　　11:00 to 17:00 Sundays
　　　　　　　　Closed Mondays

Floor Guide

Floor	Department			
6	Sportswear	Sports equipment	Camping equipment	
5	Tableware	Furniture	Bedding	Electronics
4	Men's clothes	Men's shoes	Watches & Clocks	
3	Teenage fashions	Women's shoes		Restaurant
2	Women's fashions	Handbags	Jewelry	
1	Cosmetics	Information desk		
B1	Food	Hardware		Coffee shop

1．John wants to buy a tennis racket. Which floor does he go to?（　　　）

(1) B1　　(2) 4　　(3) 6

2．Sarah wants to go to the department store at 9:30 in the morning. What day can she go?（　　　）

(1) Monday　　(2) Tuesday　　(3) Sunday

3．You go shopping with your friends. You want to buy some clothes. Which is the best floor for you?（　　　）

(1) 1　　(2) 3　　(3) 5

5　次の各問いに答えなさい。

問1　以下の(1)～(5)の文章は，ある果物について説明しています。イラストを参考に，(1)～(5)の果物をそれぞれ下のA～Gから1つずつ選び，記号で答えなさい。なお，イラストは2つ余ります。

(1)(　　　)　(2)(　　　)　(3)(　　　)　(4)(　　　)　(5)(　　　)

(1)　This fruit is green outside and red inside. We usually eat it in summer. Some people enjoy hitting it with a stick on the beach before eating.

(2)　This fruit is small and very sweet. We often put this on top of shortcake and on Christmas cake as well. You can enjoy picking this fruit at the farm with your family.

(3)　This fruit is grown in cold places and you can pick it from a tree. It may be green or red. It is made into juice and pies.

(4)　This fruit is yellow and grows in hot places. We imagine monkeys eating this fruit, but in fact, it is not very good for their health.

(5)　This fruit is round. It is rich in vitamins and is good to eat when you catch a cold. You can peel it with your fingers to eat.

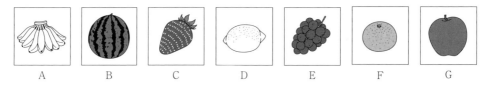

A　　　　B　　　　C　　　　D　　　　E　　　　F　　　　G

問2　次の表を見て，以下の問いに答えなさい。

The Production of Fruit in Japan
(Unit：thousands of tons)

【Apples】

1st	Aomori	409.8
2nd	Nagano	127.6
3rd	Iwate	45.9
4th	Yamagata	40.5
5th	Fukushima	23.2

【Grapes】

1st	Yamanashi	36.9
2nd	Nagano	31.7
3rd	Yamagata	16.4
4th	Okayama	15.8
5th	Fukuoka	7.6

【Strawberries】

1st	Tochigi	25.4
2nd	Fukuoka	16.7
3rd	Kumamoto	12.5
4th	Nagasaki	11.1
5th	Shizuoka	10.6

【Melons】

1st	Ibaraki	37.6
2nd	Kumamoto	24.4
3rd	Hokkaido	23.4
4th	Yamagata	11.2
5th	Aomori	10.6

【Peaches】

1st	Yamanashi	30.7
2nd	Fukushima	27.0
3rd	Nagano	12.0
4th	Yamagata	9.4
5th	Wakayama	7.1

1．それぞれの文が表の内容に合っていればT，まちがっていればFで答えなさい。

(1)　Kumamoto produces more melons than strawberries. (　　　)

(2)　Iwate is third place in apple production. (　　　)

(3)　Yamanashi is the top producer of grapes and peaches. (　　　)

(4) Yamagata is a top five producer of all five fruits. (   )

2．次の質問に答えるとき，（   ）に入る英語1語を答えなさい。ただし，数を答えるときは数字でもかまいません。

(1) Which prefecture produces the most melons?

(   ).

(2) How many tons of peaches does Wakayama produce?

It produces（   ）thousand tons.

(3) Fukuoka is a top three producer of which fruit?

(   ).

(4) Which prefecture is the top producer of apples and the no. 5 producer of melons?

(   ).

6 次の絵について，3つの文を英語で書きなさい。

(   )

(   )

(   )

7 リスニングテスト

Part 1 : Look at the pictures and listen to the questions. Write one-word answers in English.

次の絵を見て，その絵についての質問にそれぞれ英語1語で答えなさい。ただし，数を答える時は数字でもかまいません。問題は2度放送されます。最初に例題（Example）が放送されます。

Picture A 1（   ） 2（   ） Picture B 1（   ） 2（   ） 3（   ）

Example：

<u>The answer is Yes.</u>

Picture A：

Picture B：

Part 2：Listen to the speaker. Choose the best response from A, B or C.

　　放送される英語に対する応答として最も適するものをA，B，Cから選び，記号で答えなさい。英文と，それに対する答えはすべて2度放送されます。

　　1（　　　）2（　　　）3（　　　）4（　　　）5（　　　）

Part 3：Look at the pictures. Choose the best answer from A, B, or C.

　　次の絵を正しく表している英語を，放送されるA，B，Cから選び，それぞれ記号で答えなさい。問題は1度のみ放送されます。なお，最初に例題が放送されます。

　　1（　　　）2（　　　）3（　　　）4（　　　）5（　　　）

Example：

1

2

3

4

5

〈放送原稿〉

2023 年度武庫川女子大学附属中学校入学試験英語リスニングテストを始めます。

Part 1 : Look at the pictures and listen to the questions. Write one-word answers in English.

Example : Are they on the train?

The answer is : Yes

Picture A :

　　1．Where are they?

　　2．Is it raining?

（くり返す）

Picture B :

　　1．How many people are there?

　　2．What is the customer buying?

　　3．What is the customer holding?

（くり返す）

Part 2 : Listen to the speaker. Choose the best response from A, B, or C.

　　1．How old is your brother, Shota?

　　A．He's short.　　B．He's here.　　C．He's twelve.

（1 をくり返す）

　　2．Who's your English teacher, Naomi?

　　A．We have Ms. Butcher for English.

　　B．We have English on Monday, Wednesday and Friday.

　　C．We have to study English very hard.

（2 をくり返す）

　　3．Can you tell us something about yourself, Peter?

　　A．I am 15 years old and I come from New York.

　　B．She's 17 years old and she's at high school.

　　C．It's 12 years old. My parents bought it for me.

（3 をくり返す）

　　4．What did you do yesterday, Graham?

　　A．I went shopping with my mom and dad.

　　B．Tomorrow is OK. I have English class today.

　　C．My birthday is January 15th.

（4 をくり返す）

　　5．What's the weather like now in London, Robin?

　　A．London is a very big city.　　B．Cold and wet, probably.

　　C．It's not as big as Tokyo.

（5 をくり返す）

Part 3：Look at the pictures. Choose the best answer from A, B, or C.

Example：

  A．They are sleeping.   B．They are studying.   C．They are playing.

The answer is：B.

1．A．The woman is cleaning the house.   B．The woman is cooking dinner.

  C．The woman is watching TV.

2．A．The woman is selling plants.   B．The woman is selling clothes.

  C．The woman is selling vegetables.

3．A．The truck is full of flowers.   B．The truck is full of cars.

  C．The truck is full of boxes.

4．A．The people are at school.   B．The people are at the theater.

  C．The people are at an amusement park.

5．A．The man is playing the guitar.   B．The man is making a speech.

  C．The man is reading a book in the library.

これでリスニングテストを終わります。

（編集部注）　放送問題の放送原稿は問題の末尾に掲載しています。

（注）　①〜③はリスニング問題です。

　　　　①〜③のそれぞれで英文は2回放送されます。

① 放送を聞いて，AとBの各問いに答えなさい。

　A　Aは問1と問2の2問です。それぞれの問いについて対話を聞き，その内容に合う絵として最も適切なものを，ア〜エの中から一つずつ選び，記号で答えなさい。

　　　問1（　　　）　問2（　　　）

　B　Bは問1〜問3までの3問です。それぞれの問いの絵や表についての質問を聞き，その正しい答えとして最も適切なものを，ア〜エの中から一つずつ選び，記号で答えなさい。

　　　問1（　　　）　問2（　　　）　問3（　　　）

問1

　ア　On Thursday and Friday

　イ　On Sunday and Tuesday

　ウ　On Monday and Wednesday

　エ　Only on Saturday

問2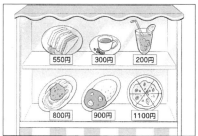

　ア　Curry and rice and juice

　イ　Pizza and juice

　ウ　Sandwiches and coffee

　エ　Spaghetti and coffee

問3

本日の上映スケジュール

タイトル	上映時刻	
Dogs and Cats	10:10〜10:55	14:20〜15:05
Living in a Forest	10:40〜12:00	16:00〜17:20
A Funny House	13:45〜15:45	17:10〜19:10
White Birds	9:30〜11:00	15:25〜16:55

　ア　Dogs and Cats　　イ　Living in a Forest　　ウ　A Funny House　　エ　White Birds

2　放送を聞いて，ＡとＢの各問いに答えなさい。

A　Aは問1〜問3までの3問です。それぞれの問いについて対話を聞き，最後の発言に対する相手の反応として最も適切なものを，ア〜エの中から一つずつ選び，記号で答えなさい。なお，該当の箇所でベルが鳴ります。問1（　　　）　問2（　　　）　問3（　　　）

＊最初に例題を1問放送します。

Man　　：　Where are you from?

Woman：　Moriyama, in Shiga.

Man　　：　Do you like your city?

Woman：　（the sound of a bell）ベルの音が鳴ります。

　ア　Yes, I love it!　　※アが正答となります。

　イ　Yes, your city is a nice place.

　ウ　No. I'm from Otsu.

　エ　No. I have never been there.

問1　ア　I ate it last night, too.　　イ　I'll cook spaghetti.　　ウ　Please cook it.

　　　エ　Let's go there tonight.

問2　ア　Look. His name is written here.　　イ　I bought it at the shop last week.

　　　　　ウ　Sorry, but I don't know where he is.　　エ　I know his favorite subject is music.

問3　ア　Yes. He studies science as a student there.

　　　イ　Yes. He works at a restaurant as a cook.

　　　ウ　No. He is a popular Japanese teacher at a school there.

　　　エ　No. He started working there last year.

B　Bは問1～問3までの3問です。それぞれの対話とその内容についての質問を聞き，その正しい答えとして最も適切なものを，ア～エの中から一つずつ選び，記号で答えなさい。

　　問1（　　　）　問2（　　　）　問3（　　　）

問1　ア　She will buy eggs and apples.

　　　イ　She will buy milk and sugar.

　　　ウ　She will buy eggs, apples, and salt.

　　　エ　She will buy eggs, apples, sugar, and milk.

問2　ア　At his house　　イ　At Amy's house　　ウ　At the library

　　　エ　At the bookstore

問3　ア　It's next to the science room on the 2nd floor.

　　　イ　It's next to the teachers' room on the 2nd floor.

　　　ウ　It's next to the science room on the 3rd floor.

　　　エ　It's next to the teachers' room on the 3rd floor.

③　放送を聞いて答えなさい。

　ある生徒が，5枚の写真を使いながら英語でスピーチをしています。生徒は，最初の写真に続けて，ほかの写真をどのような順番で見せたのでしょうか。正しい順番となるように写真を並べかえ，記号で答えなさい。ただし，ア～オの中には不要な写真が1枚含まれています。

　　　　　　　　　　　　　　　　　　　　　　（　　　→　　　→　　　→　　　）

最初の写真

ア

イ

ウ

4 問１　次の1〜4の英文の（　　）内に入る語句として最も適切なものを，下のア〜エの中から一つずつ選び，記号で答えなさい。

1．Mai runs faster than（　　）other student in this class.

　ア　many　　イ　some　　ウ　few　　エ　any

2．My sister is looking forward to（　　）the new student.

　ア　will meet　　イ　met　　ウ　meeting　　エ　meets

3．That glass bottle can（　　）easily.

　ア　breaks　　イ　broke　　ウ　be broken　　エ　be breaking

4．My family lives in a house（　　）was built 50 years ago.

　ア　what　　イ　when　　ウ　where　　エ　which

問２　次の1と2の英文の（　　）内に入る語句として最も適切なものを，下のア〜エの中から一つずつ選び，記号で答えなさい。

1．When we do something for the first time, we should ask someone for（　　）.

　ア　beginner　　イ　advice　　ウ　decoration　　エ　business

2．Yesterday, I went shopping with my brother, but he left his wallet at home. He said to me, "Can you（　　）some money to me?"

　ア　lend　　イ　follow　　ウ　borrow　　エ　cost

問３　次の1と2の対話文の内容と合うように，質問に対する答えとして最も適切なものを，下のア〜エの中から一つずつ選び，記号で答えなさい。1（　　）　2（　　）

1．Judy　　：Is this a picture of your family, Megumi?

　Megumi：Yes. These are my parents, these two boys are my brothers, and these are our three dogs.

　Judy　　：Who is this woman? I think you don't have any sisters....

　Megumi：It's my aunt. She lives near my house and often visits us.

　Judy　　：Oh, she looks young.

　Question：Which picture are the two girls looking at?

ア　　　　　　　　イ　　　　　　　　ウ　　　　　　　　エ

2．Jim ： Mike, can you answer this question? It's too difficult for me.

Mike： I can't either, Jim. Let's ask Sam. He is good at math.

Jim ： No. He's absent from school today. How about going to the library?

Mike： That takes time. Let's go and ask our math teacher, Mr. White.

Jim ： Sure. Is he in the teachers' room?

Mike： It's 4 p.m. I think he's in the computer room now.

Question：What will Jim and Mike do next?

5 問1　次の1～3の対話文の（　　）内に入る英文として最も適切なものを，下のア～エの中から一つずつ選び，記号で答えなさい。

1．A： Can you come to the party next Saturday, Meg?

B： Sorry, I can't. （　　）

A： Oh, that's too bad. Maybe, next time.

ア　I have nothing to do that day.　イ　I'm going to join another party that day.

ウ　I hope we will have a good time then.　エ　I'm going to go there with you.

2．A： I can't find my pencil case. Jimmy, did you see it?

B： （　　） I think it is yours.

A： Thank you. I'll go there and look for it.

ア　Shall I bring a new one for you?　イ　Sorry, I didn't see it at school today.

ウ　I saw a red one in the classroom.　エ　You're holding it in your right hand.

3．A： I don't want to practice the piano today, Mom. It's boring to do the same thing every day.

B： I understand you. （　　） You want to be good at it, right?

A： Well..., you're right. I'll start practicing soon.

ア　So you have to go to bed soon today, and get up early tomorrow.

イ　But I believe that you must stop practicing today.

ウ　So we should sometimes stop practicing and take a rest.

エ　But I think you'll be a better pianist by practicing every day.

問2　次の1～3の対話文の（ ⓐ ），（ ⓑ ）内に入る英文として最も適切なものを，それぞれア～エの中から一つずつ選び，記号で答えなさい。

1．A： It's almost noon. What would you like to have for lunch, Liz?

B： （ⓐ　　）

A ： Oh, what's wrong? Are you sick?

B ： No, Dad. I'm OK. （ⓑ　　）

A ： Oh, really? That's not good.

B ： Yes, I know. I won't do it again.

ⓐ 　ア　I need some eggs for it. 　　イ　I don't want to eat anything now.

　　ウ　Oh, I have to go shopping now. 　　エ　I'd like some sandwiches.

ⓑ 　ア　I don't want to cook anything now. 　　イ　There is nothing to eat at home now.

　　ウ　I don't know how to make them. 　　エ　I have just had too many snacks.

2．A ： What will you do this weekend, Mary?

　　B ： （ⓐ　　）This is my first time doing it with him.

　　A ： Sounds good. Where are you going to do that?

　　B ： （ⓑ　　）

　　A ： Why did you decide to go there?

　　B ： Because we want to enjoy fishing, too.

ⓐ 　ア　I'll watch a new movie at home. 　　イ　I'm going to visit my aunt alone.

　　ウ　I have been to the museum before. 　　エ　I'll go camping with my father.

ⓑ 　ア　We're going to go to a river. 　　イ　He won't tell it to me.

　　ウ　We haven't decided it yet. 　　エ　I'll do that during the vacation.

3．A ： I hear you are good at playing basketball.

　　B ： Yes. I think I'm the best player on my team.

　　A ： Oh, you're great. （ⓐ　　）

　　B ： I started it when I was ten. So, I have played it for five years.

　　A ： I see. （ⓑ　　）

　　B ： Ah..., I have no idea about that, but I'll be happy if I can.

ⓐ 　ア　How many members are there? 　　イ　How often do you practice it?

　　ウ　How long have you played it? 　　エ　When will you start basketball?

ⓑ 　ア　When can I play in a game?

　　イ　Do you want to be a professional player?

　　ウ　Are you interested in today's game?

　　エ　How should I practice to be a better player?

6　次のちらしをよく読んで，以下の問いに答えなさい。

Let's Enjoy Walking!

It's winter. It's not fun to stay home every day.
Let's go out and enjoy walking together!
We have prepared four courses.

Course	Route	Distance	Date / Start Time
A	Saint Junior High School → Central Park → West Art Museum	4 km	January 14th / 10:30 a.m.
B	Central Park → South Beach → Ocean Aquarium	6 km	January 15th / 10:00 a.m.
C	Saint Junior High School → Central Park → South Hill	12 km	January 15th / 10:00 a.m.
D	Green Station → Mt. Rocky → North Station	20 km	January 22nd / 6:30 a.m.

☆ Please come to the starting point on time.

☆ Please bring money for the entrance fee if you join Course A or B.

☆ You will walk a long way on each course. Please bring something to drink.

☆ If you want to join Course D, please wear clothes and shoes for climbing.

· For more information, please check our website, https//www.××××.us.

· If you have a question, please ask by e-mail. We will send you an e-mail back in two days.

問1　ちらしの内容に合うように，次の文の（　　）内に入る語句として最も適切なものを，下の
ア〜エの中から一つ選び，記号で答えなさい。（　　　）

　　People who will join Course B （　　）.

　　ア　are going to start from a station　　　イ　will walk the shortest way

　　ウ　don't need any drinks　　　エ　can't join Course C

問2　ちらしの内容に合うように，次の1，2の質問に対する答えとして最も適切なものを，あとの

ア〜エの中から一つずつ選び，記号で答えなさい。

1．If you want to see sea animals, which course should you take？（　　　）

　　ア　Course A　　イ　Course B　　ウ　Course C　　エ　Course D

2．Which is true about this event？（　　　）

　　ア　If you join Course A and D, you will visit the same place.

　　イ　If you join Course C, you will need money to enter the museum.

　　ウ　People who join Course D have to be at the starting point the earliest.

　　エ　If you ask a question by e-mail, a staff member will answer it on the phone.

⑦　次の英文をよく読んで，以下の問いに答えなさい。

　　Today, we can enjoy eating many kinds of vegetables. We know they are important for our health. Do you know some of them were not seen as food a long time ago?

　　In the 15th and 16th century, people in Europe went to South America and took back many kinds of food. Rich people in Europe started to grow tomatoes and potatoes in their gardens, but they didn't eat them. They just enjoyed looking at the flowers.

　　However, some poor people in Italy stole tomatoes and started eating them in the 17th century because they didn't have enough food. They improved tomatoes to make them delicious. Tomatoes became popular in the 18th century.

　　Potatoes have poison. Some people got sick after eating potatoes. People in Europe thought they were food for their sheep and pigs and would not eat them for a long time. However, a few people tried to introduce potatoes as food because they grew well in almost any place. They explained that many times and tried many different ways. In the 18th century, potatoes became popular in Europe. They saved a lot of hungry people.

　　Like this, we now eat vegetables that were not seen as food before. Some scientists say that there will not be enough food in the future. We need to find new food. For example, some people are trying to use insects for food. In fact, snacks made with insects are sold at some shops. If you find them, why don't you try one?

問1　本文の内容に合うように，次の質問に対する答えとして最も適切なものを，下のア〜エの中から一つ選び，記号で答えなさい。（　　　）

　　Which is true about potatoes?

　ア　People took them to South America from Europe and started to grow them about 400 years ago.

　イ　In Europe, rich people grew them in their gardens to study them and make them delicious.

　ウ　Their flowers looked beautiful, so people in Europe started to eat them.

　エ　We don't have to choose good places to grow them because it's easy to grow them in any place.

問2　食べ物の移り変わりについて，本文の内容と合わないものはどれですか。次のア〜エの中から一つ選び，記号で答えなさい。（　　　）

問3　本文の内容と合わないものはどれですか。次のア〜エの中から一つ選び，記号で答えなさい。

（　　　）

〈放送原稿〉

　これから，2023年度立命館守山中学校入学試験英語リスニング問題を始めます。

　リスニング問題には，第①問から第③問まであります。第①問から第③問のそれぞれで，英文は2回放送されます。リスニング問題の放送中，問題用紙の余白にメモを取っても構いません。

　では，第①問を始めます。第①問にはＡとＢの2つがあります。放送を聞いて，ＡとＢの各問いに答えなさい。

　まず，Ａの問題を放送します。Ａは問1と問2の2問です。それぞれの問いについて対話を聞き，その内容に合う絵として最も適切なものを，ア，イ，ウ，エの中から一つずつ選び，記号で答えなさい。

　では，問題を始めます。

問1　Woman ☆：　What did you do yesterday?

　　　Man ★　：　I went swimming with my brother.（5秒）

　くり返します。

　　　Woman ☆：　What did you do yesterday?

　　　Man ★　：　I went swimming with my brother.（5秒）

問2　Woman ☆：　Kenta, I hear you want to be a teacher. Is that right?

　　　Man ★　：　I wanted to, but I have another dream now.

　　　Woman ☆：　What is it? Do you want to work at a hospital like your parents?

　　　Man ★　：　Their jobs are great, but I want to be a police officer.（5秒）

　くり返します。

　　　Woman ☆：　Kenta, I hear you want to be a teacher. Is that right?

　　　Man ★　：　I wanted to, but I have another dream now.

　　　Woman ☆：　What is it? Do you want to work at a hospital like your parents?

　　　Man ★　：　Their jobs are great, but I want to be a police officer.（5秒）

　次に，Ｂの問題を放送します。Ｂは問1から問3までの3問です。それぞれの問いの絵や表についての質問を聞き，その正しい答えとして最も適切なものを，ア，イ，ウ，エの中から一つずつ選び，記号で答えなさい。

　では，問題を始めます。

問1　Woman ☆：　When will the girl be free this week?（5秒）

　　　くり返します。

　　　Woman ☆：　When will the girl be free this week?（7秒）

問2　Woman ☆：　You have 1,000 yen. Which can you order?（5秒）

　　　くり返します。

　　　Woman ☆：　You have 1,000 yen. Which can you order?（7秒）

問3　Woman ☆：　If you have an hour in the morning, which movie can you see?（5秒）

　　　くり返します。

　　　Woman ☆：　If you have an hour in the morning, which movie can you see?（7秒）

　次に，第②問を始めます。第②問にはＡとＢの2つがあります。放送を聞いて，ＡとＢの各問い

に答えなさい。

　まず，A の問題を放送します。A は問 1 から問 3 までの 3 問です。それぞれの問いについて対話を聞き，最後の発言に対する相手の反応として最も適切なものを，ア，イ，ウ，エの中から一つずつ選び，記号で答えなさい。なお，該当の箇所でベルがなります。

　最初に例題を 1 問放送します。

Man ★　　　：　Where are you from?

Woman ☆：　Moriyama, in Shiga.

Man ★　　　：　Do you like your city?

Woman ☆：　（ベル）

（5 秒）

　問題用紙のア，イ，ウ，エの中から，ベルがなった部分に入る英文として，最も適切なものを選びます。

（2 秒）

　この問題では，アが正答となります。

（2 秒）

　では，問題を始めます。

問 1　Woman ☆：　How about going out for dinner, Bob?

　　　Man ★　　　：　Sounds good. I want to eat Italian food.

　　　Woman ☆：　OK. I hear the new restaurant near the station is good.

　　　Man ★　　　：　（ベル）（5 秒）

　くり返します。

　　　Woman ☆：　How about going out for dinner, Bob?

　　　Man ★　　　：　Sounds good. I want to eat Italian food.

　　　Woman ☆：　OK. I hear the new restaurant near the station is good.

　　　Man ★　　　：　（ベル）（7 秒）

問 2　Man ★　　　：　Meg, do you know whose notebook this is? I found it in the music room.

　　　Woman ☆：　Oh, it's Jimmy's. Can you take it to him?

　　　Man ★　　　：　Sure, but how did you know that?

　　　Woman ☆：　（ベル）（5 秒）

　くり返します。

　　　Man ★　　　：　Meg, do you know whose notebook this is? I found it in the music room.

　　　Woman ☆：　Oh, it's Jimmy's. Can you take it to him?

　　　Man ★　　　：　Sure, but how did you know that?

　　　Woman ☆：　（ベル）（7 秒）

問 3　Woman ☆：　Yohei, I hear your brother lives in America.

　　　Man ★　　　：　Yes, Nancy. He has lived there since 2020.

　　　Woman ☆：　So he has been there for about two years. Does he work there?

Man ★ ： （ベル）（5 秒）

くり返します。

Woman ☆ ： Yohei, I hear your brother lives in America.

Man ★ ： Yes, Nancy. He has lived there since 2020.

Woman ☆ ： So he has been there for about two years. Does he work there?

Man ★ ： （ベル）（7 秒）

次に，Ｂの問題を放送します。Ｂは問 1 から問 3 までの 3 問です。それぞれの対話とその内容について の質問を聞き，その正しい答えとして最も適切なものを，ア，イ，ウ，エの中から一つずつ選び，記号で答えなさい。

では，問題を始めます。

問 1 Man ★ ： Can you go shopping for lunch, Liz? We need some eggs and apples.

Woman ☆ ： OK, Dad. Shall I buy some milk and sugar, too?

Man ★ ： No. We have enough of those. Oh, and some salt, please.

Woman ☆ ： Sure. I'll be back soon. （2 秒）

Question：What will Liz buy? （5 秒）

くり返します。

Man ★ ： Can you go shopping for lunch, Liz? We need some eggs and apples.

Woman ☆ ： OK, Dad. Shall I buy some milk and sugar, too?

Man ★ ： No. We have enough of those. Oh, and some salt, please.

Woman ☆ ： Sure. I'll be back soon. （2 秒）

Question：What will Liz buy? （7 秒）

問 2 Man ★ ： Hello, Amy. Did you call me an hour ago? I'm sorry I couldn't answer it.

Woman ☆ ： Hello, Koji. That's all right. I want you to help me with my homework. Do you have time today?

Man ★ ： Well, I'm going to go to a bookstore at two. So I can help you after three.

Woman ☆ ： Thank you. Then, please come to the library at three. See you then. （2 秒）

Question：Where will Koji help Amy with her homework? （5 秒）

くり返します。

Man ★ ： Hello, Amy. Did you call me an hour ago? I'm sorry I couldn't answer it.

Woman ☆ ： Hello, Koji. That's all right. I want you to help me with my homework. Do you have time today?

Man ★ ： Well, I'm going to go to a bookstore at two. So I can help you after three.

Woman ☆ ： Thank you. Then, please come to the library at three. See you then. （2 秒）

Question：Where will Koji help Amy with her homework? （7 秒）

問 3 Woman ☆ ： Excuse me. I'm a new student, Amy Smith.

Man ★ ： Hi, Amy. I'm Tanaka Satoshi, a science teacher. What's the matter?

Woman ☆ ： I think the music room is on this floor, but I can't find it.

Man ★　　：　We're on the second floor now.　It's on the third floor and next to the teachers' room.

Woman ☆：　Oh, I'm on the wrong floor. Thank you very much!

Man ★　　：　You're welcome. You should hurry. The class starts soon.（2 秒）

Question：Where is the music room?（5 秒）

くり返します。

Woman ☆：　Excuse me. I'm a new student, Amy Smith.

Man ★　　：　Hi, Amy. I'm Tanaka Satoshi, a science teacher. What's the matter?

Woman ☆：　I think the music room is on this floor, but I can't find it.

Man ★　　：　We're on the second floor now.　It's on the third floor and next to the teachers' room.

Woman ☆：　Oh, I'm on the wrong floor. Thank you very much!

Man ★　　：　You're welcome. You should hurry. The class starts soon.（2 秒）

Question：Where is the music room?（7 秒）

最後に，第③問を始めます。ある生徒が，5 枚の写真を使いながら英語でスピーチをしています。生徒は，最初の写真に続けて，ほかの写真をどのような順番で見せたのでしょうか。正しい順番となるように写真を並べかえ，記号で答えなさい。ただし，ア，イ，ウ，エ，オの中には不要な写真が 1 枚含まれています。

では，問題を始めます。

Man ★：

　　This summer, I went to a festival in Japan for the first time. During the festival, I took many pictures. That day, I met my Japanese friends in front of the park and we walked around. First, we had some Japanese foods such as takoyaki and yakisoba. My friends said, "We eat them at this summer festival every year." They were delicious. After that, we took part in a traditional Japanese dance. It was too difficult for me to dance it well. While I was trying hard, one of my friends was playing the Japanese drum for the dance. It had a strong sound, and I was excited! At the end of the festival, we watched the fireworks. They were so beautiful that I had no words to explain them. On my way home, I went to the station to take a train. It was full of people going home from the festival, so I missed three trains. When I was getting on the train, I was pushed into it. It was also my first experience.

　　The next day, I enjoyed choosing the pictures to send my family in America. I had a really good time.

（10 秒）

くり返します。

　　This summer, I went to a festival in Japan for the first time. During the festival, I took many pictures. That day, I met my Japanese friends in front of the park and we walked around. First, we had some Japanese foods such as takoyaki and yakisoba. My friends said,

"We eat them at this summer festival every year." They were delicious. After that, we took part in a traditional Japanese dance. It was too difficult for me to dance it well. While I was trying hard, one of my friends was playing the Japanese drum for the dance. It had a strong sound, and I was excited! At the end of the festival, we watched the fireworks. They were so beautiful that I had no words to explain them. On my way home, I went to the station to take a train. It was full of people going home from the festival, so I missed three trains. When I was getting on the train, I was pushed into it. It was also my first experience.

The next day, I enjoyed choosing the pictures to send my family in America. I had a really good time.

（10秒）

これで，リスニングテストを終わります。筆記問題を始めなさい。

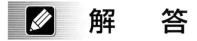

1．大阪薫英女中（Ａ1日程）

問題 P. 3〜11

1 **答** 1. e 2. c 3. d 4. a 5. f

◀全訳▶ 1. お金　2. 太陽　3. パンケーキ　4. コーチ　5. 魚

2 1. 子どもたちは楽しんでいる。

　 2. 2人の少年が帽子をかぶっているので正しい。

　 3. 学校の上に鳥はいない。

　 4. 少年たちは運動場にいるので正しい。

　 5. 絵の中に犬がいるので正しい。

　 答 1. × 2. ○ 3. × 4. ○ 5. ○

◀全訳▶ 1. 子どもたちは楽しんでいません。

　 2. 2人の少年が帽子をかぶっています。

　 3. 学校の上に1羽の鳥がいます。

　 4. 少年たちは運動場にいます。

　 5. あなたは絵の中に犬を見ることができます。

3 1. ソファの上で2人の子どもが本を読んでいる。

　 2. 1人の少女がロープを登っている。climb 〜 =「〜を登る」。

　 3. 男性が車を運転している。drive 〜 =「〜を運転する」。

　 4. 森の中に熊，象，ライオンなど多くの動物がいる絵である。

　 5. 男性が食べ物を買っている。

　 答 1. a 2. c 3. a 4. b 5. b

◀全訳▶ 1.

a. ソファの上に2人の子どもがいます。　 b. 1人の少女が眠っています。

c. 子どもたちはテレビを見ています。

2.

a. みんなが帽子をかぶっています。　 b. 1人の少女がメガネをかけています。

c. 1人の少女がロープを登っています。

3.

a. 男性が車を運転しています。　 b. 男性がバスに乗っています。

c. 車の中に犬がいます。

4.

a. 彼らは森の中にいません。　 b. この絵の中に多くの動物がいます。

c. 絵の中に熊はいません。

5.

a. たなの上にあまり野菜はありません。　 b. 誰かが食べ物を買い求めています。

c. その人は電話を使っています。

4 1. 「それは楽しい場所か？」とたずねられている。

　 2. 「一緒に来るか，家にいるか」のどちらかを選んで答える文が適切。

　 3. Why not?は，相手が否定形で言っていることに対して「なぜ〜をしないの？」と理由を聞き返すときに使う。

4. 車について話す内容が適切。

5. 沖縄で何をすべきかわからないという相手にアドバイスする文が適切。Why don't you 〜?＝「あなたは〜してはどうですか？」。

答 1. b　2. c　3. a　4. c　5. b

◀全訳▶　《例題》

A：あなたは土曜日に学校へ行きますか？

B：a. いいえ，違います。　　b. はい，行きます。　　c. はい，そうです。

1.

A：それは行って楽しい場所ですか？

B：a. はい，それは私の休暇ではありません。　　b. いいえ，私はそう思いません。

　　c. もちろん，それはディズニーランドなのでよくありません。

2.

A：あなたは私と一緒に来るか，家にいるか，どちらかです。あなたはどちらがいいですか？

B：a. どちらか，両方。　　b. どちらを選んでも私はあなたと行きます。　　c. 私は家に残ろうと思います。

3.

A：私は土曜日に彼らのコンサートに行くつもりはありません。

B：a. なぜ行かないのですか？　私はあなたが彼らの音楽が好きだと思っていました。

　　b. なぜあなたは行くのですか？　土曜日は完璧だと私は思います！

　　c. 私は十分なお金を持っていません。

4.

A：彼女は新しい車を持っていますか？

B：a. 私はそれを知りませんでした。彼女はどこに行っているのですか？　　b. はい，私はそうです。

　　c. はい，それは小さくて青いです。私はそれが気に入っています！

5.

A：私は沖縄に行く予定ですが，そこで何をすべきかわかりません。

B：a. あなたは旅行本を買うべきではありません。

　　b. あなたはあなたの友達のユカにたずねてはどうですか？　彼女は沖縄に3年間住んでいました。

　　c. それならばあなたは沖縄に行ってはどうですか？

5 **答** 1. tomato　2. reading　3. show　4. fruits　5. message

◀全訳▶　1. トマト　　2. 読書　　3. ショー　　4. 果物　　5. メッセージ

6 (1) 複数の子どもの絵である。「子どもたち」＝ kids。

(2) 教室の絵である。「教室」＝ classroom。

(3) 音楽を演奏している人たちの絵である。「音楽の演奏家」＝ musicians。

(4) 女性が快適なソファでくつろいでいる絵である。「快適な」＝ comfortable。

(5) 海辺の絵である。「海辺」＝ beach。

答 (1) 1　(2) 3　(3) 2　(4) 3　(5) 2

7 (1)「水族館で多くの種類の魚を見ることはとても楽しいです」。「水族館」＝ aquarium。

(2)「私の姉は全く眠れなかったので，彼女は今とても眠いです」。「眠い」＝ sleepy。

(3)「もしあなたが京都美術館を訪れたいのなら，この駅で降りてください」。「(乗り物から) 降りる」＝ get off。

(4)「私は病気の人を助けたいです。私は将来，看護師になることができたらいいなと思います」。「看護師」＝ nurse。

(5)「私は通りで財布を落としたので，悲しく感じています」。「悲しい」＝ sad。

答 (1) 3　(2) 1　(3) 2　(4) 1　(5) 3

⑧ (1) 郵便局への道を教え，「あなたはそれが右に見えるでしょう」と言っている。「あなたの右に」= on your right。

(2) 試合に勝った相手に「おめでとう！」と言っている。「おめでとう！」= Congratulations!。

(3) Did you ～?に対しては，did を使って答える。

(4) 「富士山は日本で最も高い山です」。「最も高い」は最上級で，the highest と表す。

(5) 店の場所を教えている。「A と B の間に」= between A and B。

答 (1) 2　(2) 2　(3) 3　(4) 3　(5) 2

⑨ (1) 質問は「ナオは今までに何を一度も見たことがありませんでしたか？」。第1段落の3文目を見る。彼女は海を見たことがなかった。

(2) 質問は「彼女らはなぜ海辺にシャベルを持っていきましたか？」。第2段落の3文目を見る。彼女らは砂のお城を作るためシャベルを持っていった。

(3) 質問は「波はどれくらい大きかったのですか？」。第3段落の3文目を見る。それらはちょうどよい大きさだった。

(4) 質問は「彼女たちは泳いだあと何をしましたか？」。第3段落の後半を見る。彼女たちは体を乾かした。

(5) 質問は「サプライズは何でしたか？」。第4段落の2文目を見る。ポテトチップスとクッキーだった。

答 (1) 2　(2) 2　(3) 1　(4) 3　(5) 2

◀全訳▶

ナオの海辺の冒険

　ナオはとても楽しい女の子です。彼女は海から離れた大都市に住んでいます。彼女は海の写真やビデオを見たことがありましたが，自分自身の目でそれを見たことは一度もありませんでした。彼女は海にとても興味があったので，夏休み中に，彼女と彼女の友達のアンナをそこに連れていくよう両親に頼みました。ナオは両親が「わかった！　今度の土曜日に行こう」と言うのを聞いてとてもうれしかったです。

　土曜日の朝が来て，みんなが行く準備をしていました。彼女らは海辺で遊ぶための道具やおもちゃの入ったかばんを持っていくことに決めました。かばんの中に，彼女らは砂のお城を作るためのシャベルと海の上でくつろぐための浮き輪を入れました。彼女らはまたサンドイッチと水でいっぱいのピクニックバスケットも持っていきました。

　アンナとナオは2人とも泳ぐことができたので，海辺に着くとすぐに水の中で遊びました。海の波が怖くなるほど大きすぎず，退屈するほど小さすぎなかったので，とても楽しかったです。海の波はちょうどよい大きさでした。彼女たちは泳いだあと，体を乾かし，砂のお城を作りました。それは約1時間かかり，彼女たちは海の王と女王のための美しいお城を作りました！

　そのあと，彼女たちはとても空腹で，おいしいサンドイッチを持参したことに感謝しました。彼女たちはナオのお母さんがサプライズとして持ってきた1袋のポテトチップスとチョコレートチップクッキーと一緒に，ハムサンドイッチと卵サラダサンドイッチを食べました。海辺でのその日は完璧で，全員が一緒に素晴らしい時間を過ごしました。

---

⑩ (1) 質問は「フェスティバルはいつですか？」。広告の「日付と時間」を見る。9月3日。

(2) 質問は「どこで私たちはフェスティバルに参加できますか？」。広告の「場所」を見る。公園で。

(3) 質問は「場所Cで私たちは何ができますか？」。広告の「場所C」を見る。日本食を買って食べることができる。

(4) 質問は「ゆかたを着ていれば，あなたは何が得られますか？」。広告の後半を見る。割引が受けられる。

(5) 質問は「どれが正しいですか？」。1.「フェスティバルは午前10時に始まる」。広告の「日付と時間」を見る。正しい。2. ゆかたを着ている人が場所Cで割引を受けられる。3. 料理コンテストは行われない。

答 (1) 3　(2) 2　(3) 3　(4) 1　(5) 1

◀全訳▶

ジャパン　フェスティバル

あなたは日本文化に興味がありますか？

来月やってくる特別なイベントがあります。

どうぞ参加して下さい，そして一緒に楽しみましょう！

◎日付と時間：9月3日，日曜日，午前10時から

◎場所：カオリ公園

場所	プログラム	値段
場所 A	ゆかた着付け体験	10 ドル
場所 B	かるた（日本のカードゲーム）体験	5 ドル
場所 C	日本食市場	5 ドルから 10 ドル
場所 D	美しい日本の写真展示	2 ドル

●ゆかた着用者への特別割引！

あなたがゆかたを着ていれば，場所 C の日本食市場で 10 ％の割引を受けることができます。

●写真展示コンテストに参加してください！

美しい日本の写真を持ってきて，場所 D の壁にそれらを貼ってください。審査は午後1時に始まり，上位3人の勝者は特別な賞がもらえます。

---

⑪「自己紹介をする」= introduce oneself。「～することが得意である」= be good at ～ing。「～することが苦手である」= be poor at ～ing。「～したい」= want to ～。「買い物に行く」= go shopping。「～することを楽しみにする」= look forward to ～ing。

答 （例）Let me introduce myself. I live in Shiga. I like to talk with people. I am good at playing the piano. I am poor at exercising. I want to go shopping with my host family in Canada. Do you have any pets? Is the school near your house? I am looking forward to seeing you soon.

⑫ 質問は「あなたはテレビを見るのが好きですか？」。Yes, I do.または，No, I don't.で答えたあと，その理由などを書く。

答 （例）Yes, I do. I like to watch music and news programs. I can learn many things around the world. I watch TV with my family after dinner every day. （29 語）

2．大阪信愛学院中（A日程）　　　　　　　　　　　　　問題 P. 12～16

① (1)「あの男性はだれですか？」—「彼は私の先生です」。「～はだれですか？」= Who is ～?。1人の人物のことをたずねているので，be 動詞は is となる。

(2)「私は自分自身の部屋を持っていません」。have のような一般動詞の否定文は〈don't ＋動詞の原形〉の語順になる

(3)「今日は何曜日ですか？」—「水曜日です」。曜日をたずねるときに使う疑問詞は What day。

(4)「私の母は父より背が高いです」。「～より背が高い」= taller than ～。

(5)「私に駅への道を教えてくださいませんか？」—「いいですよ」。「もちろん，いいですよ」= Sure。

答 (1) イ　(2) ウ　(3) ウ　(4) エ　(5) ア

② (1) 数をたずねるときに使う疑問詞は How many，そのあとに一般動詞の疑問文〈do ＋主語＋動詞の原形〉を続ける。How many pencils do you have?となる。

(2)「サッカーをしに，サッカーをするために」= to play soccer。They went to the park to play soccer yesterday.となる。

(3)「〜がいた」= There was/were 〜。「たくさんの〜」= a lot of 〜。There were a lot of people there.となる。

(4)「どの色」= What color。「一番」= the best。What color do you like the best?となる。

(5) 天候を表す文の主語は it。「(天気が) 晴れている」= fine。「〜しましょう」= let's 〜。「泳ぎに行く」= go swimming。If it is fine tomorrow, let's go swimming.となる。

答 (1) エ　(2) ア　(3) エ　(4) イ　(5) ウ

3 1. ① 筆者の母親の具合を悪くさせるのは「毛のある」動物。次の文で母親が「(イヌやネコではなく) 魚かカメを手に入れていい」と言っている。② カメが持っているものは「こうら」。③ 筆者のカメが住んでいるのは「水そう」。次の文に「彼が泳ぐのを見ることは楽しい」とある。④ 筆者が行こうと言った場所は「庭」。次の文で「豆をとることができる」と言っている。⑤ 筆者がカメを置いたのは涼しい「草」の中。

2. ア．最初の文を見る。筆者の友達はみんな，イヌやネコを飼っている。イ．8 文目を見る。合っている。ウ．9〜11 文目を見る。ダンが水そうを叩くと，トムはこうらの中に隠れた。エ．12〜13 文目を見る。合っている。オ．最後から 2〜4 文目を見る。トムはひなたぼっこが好きである。

答 1. ① エ　② イ　③ オ　④ ア　⑤ ウ　2. ア．×　イ．○　ウ．×　エ．○　オ．×

◀**全訳**▶　私の友達はみんな，イヌやネコを飼っています。私はそれを飼うことができません。毛のある動物は私のお母さんの具合を悪くします。

「あなたは魚かカメを手に入れてもいいわ」と彼女は言います。

そこで私は小さなカメを手に入れます。彼はかわいいこうらを持っています。

私のカメのトムは大きな水そうに住んでいます。彼が泳ぐのを見ることは楽しいです。

私の友達のダンが水そうを叩きます。「トムはそれが好きではないわ」と私は言います。彼はこうらの中に隠れます。

私はトムに豆を食べさせます。ダンは彼にレタスを与えます。

「庭に行きましょう」と私が言います。

「私たちはトムのためにもっと多くの豆をとることができるわ」

私はトムを外に運び出します。暑いです。私はトムを涼しい草の中に置きます。私はトムのための水たまりがあることを確認します。彼はゆっくりとそれに向かって歩きます。

私は岩の上に座ります。私はトムを手の中にかかえます。「彼はひなたぼっこをするのが好きね」と私はダンに言います。

ダン，トム，そして私は豆とニンジンを食べます。

4 〈Part 1〉(1) ヒナタはネコではなく，ヒナタとジャスミンは初対面。low voice =「低い声」。

(2) スズは 2 番目のせりふで「理科を勉強したい。来週テストがある」と言っている。

(3)「ニシムラ先生は数学の先生だ」と言っている。

(4) ヒマリは出身をたずねられている。I'm from 〜 =「私は〜出身です」。

(5) マイクは最後のせりふで「僕は昨年サッカーをした」と言っている。

〈Part 2〉(6) 2 人が一緒にピアノを弾いている絵。I like 〜ing =「私は〜することが好きだ」。

(7) 少年が窓を開けている絵。Will you 〜? =「〜してくれますか？」。

(8) 2 人がダンスを練習している絵。members of 〜 =「〜のメンバー」。

(9) 家族が一緒にテレビを見ている絵。good for 〜 =「〜にとってよい」。

(10) 4 人の大人と 2 人の子どもが描かれた絵。動物は絵の中に描かれていない。

答 〈Part 1〉(1) 2　(2) 1　(3) 3　(4) 2　(5) 3　〈Part 2〉(6) 2　(7) 1　(8) 3　(9) 2　(10) 3

◀全訳▶　〈Part 1〉

(1)

A：こんにちは，ヒナタ。私はジャスミンよ。

B：ごめんなさい，私はヒナタではありません。

C：私がヒナタです。

A：ああ，あなたがヒナタですね。初めまして。

質問：どの文が正しいですか？

(2)

A：こんにちは，スズ。僕は今日，図書館で勉強するつもりだよ。

B：あなたといっしょに行きましょうか？

A：君は何の教科を勉強したいの？

B：私は理科を勉強したいわ。私は来週テストがあるの。

質問：スズは何の教科を勉強するつもりですか？

(3)

A：向こうにいるあの美しい女性たちはだれ？

B：彼女たちは私の先生，タナハラ先生とニシムラ先生よ。

A：彼女たちは何の教科を教えているの？

B：タナハラ先生は音楽を教えていて，ニシムラ先生は数学の先生よ。

質問：だれが数学を教えていますか？

(4)

A：やあ，マオ。君のそばにいる少女はだれ？

B：こんにちは，マコト。彼女は私のいとこのヒマリよ。

C：初めまして，マコト。私はヒマリです。

A：こちらこそ，初めまして。君はどこの出身なの？

質問：ヒマリは次に何を言うでしょうか？

(5)

A：あなたはいつ野球を練習するの，マイク？

B：僕は野球をしないよ。僕は毎週火曜日にテニスをするんだ。

A：本当？　あなたは昨年野球をしていなかった？

B：いや，しなかった。僕は昨年サッカーをしたよ。

質問：マコトは昨年何をしましたか？

〈Part 2〉

(6)

1．私は自分ひとりでピアノを弾く練習をします。　　2．私は母とピアノを弾くことが好きです。

3．私はまったく音楽が好きではありません。

(7)

1．A：窓を開けてくれますか？　　B：いいですよ。

2．A：ドアを開けましょうか？　　B：大丈夫です。

3．A：あなたは山の写真を持っていますか？　　B：いいえ，持っていません。

(8)

1．私はいつか手品師になりたいです。　　2．2人の少女が通りに座っています。

3．私たちはダンスクラブのメンバーです。

(9)

1. 彼らは異なる部屋で異なる映画を見ています。　　2. このテレビ番組は家族にとってよいです。

3. 少年はうれしそうではありません。

(10)

1. この絵の中には9人の人がいます。　　2. この絵の中にいる全ての人が子どもです。

3. 私たちはこの絵の中に動物を見ることはできません。

3．樟蔭中（A入試）　　　　　　　　　　　　　　　　　問題 P．17〜22

1 1. is not 〜 =「〜ではない」。cook =「料理人」。

　2. under 〜 =「〜の下に」。

　3. classroom =「教室」。

　4. three =「3」。

　5. January =「1月」。1st = first =「1日」。

　答 1. 3)　2. 2)　3. 1)　4. 2)　5. 1)

◀全訳▶　1.

1) 女性はよい先生ではありません。　2) 女性はよい料理人です。　3) 女性はよい料理人ではありません。

2.

1) 少年が机の上にいます。　2) 少年が机の下にいます。　3) 少年が机の中にいます。

3.

1) 私たちは教室で勉強しています。　2) 私たちは公園で掃除をしています。

3) 私たちはプールで泳いでいます。

4.

1) 私は2本のバラを持っています。　2) 私は3本のバラを持っています。

3) 私は4本のバラを持っています。

5.

1) 今日は1月1日です。　2) 今日は7月7日です。　3) 今日は12月25日です。

2 1. Bは，「毎日バスケットボールを練習するのか」という質問に「はい」と答えている。

　2. Aは「今日はとても寒い」と言っている。

　3. Aは「映画が3時に始まる」と言っている。

　4. 少年は「野球の練習がある」と言っている。

　5. マイクは，そのかばんが「僕の友達のピーターのものだ」と言っている。

　答 1. 1)　2. 4)　3. 2)　4. 4)　5. 2)

◀全訳▶　1.

A：あなたは毎日バスケットボールを練習しますか？

B：はい。僕はそれが大好きです。

質問：彼はいつそれを練習しますか？

2.

A：ドアを閉めてくれませんか？　今日はとても寒いです。

B：いいですよ。

質問：どの季節ですか？

3.

A：映画は3時に始まります。

B：わかりました。1 時 30 分に昼食を食べましょう。

質問：映画は何時に始まりますか？

4.

A：私は毎週火曜日にピアノのレッスンがあります。

B：本当ですか？　僕は毎週火曜日に野球の練習があります。

質問：少年は毎週火曜日に何をしますか？

5.

A：これはあなたのかばんですか，マイク？

B：いいえ，ケイコ。それは僕の友達のピーターのです。

質問：それは誰のかばんですか？

③ 1.「あなたはサッカーが好きですか？」—「はい，好きです。いっしょにサッカーをしましょう」。「～をしま
しょう」= let's ～。

2.「私の机は小さすぎます。私は大きいのが必要です」。「～すぎる」= too ～。

3.「あなたは何の『スポーツ』が好きですか？」—「そうですね。私はたいていテニスをします。それは楽しい
です」。

4.「私たちの町には多くの公園があります」。「～がある」= There is/are ～。

5.「見て！　雨が降っています」—「あなたは『傘』を持っていますか？」。

6.「彼はたいていどうやって学校に行きますか？」—「電車でです」。交通手段をたずねるときは how を使う。

7.「大阪の人口は福岡の人口より大きいです」。「～より大きい」= larger than ～。that は前の名詞，ここで
は population の代わりに置かれている。

8.「ケンは大阪出身です」。「～出身です」= be from ～。

9.「あなたは帰宅したとき，手を『洗い』なさい」。

10.「あなたは疲れていますか？」。「疲れている」= be tired。

11.「『5 月』は 1 年の 5 番目の月です」。

12.「スーザンはとても『上手に』テニスをすることができます」。

13.「ハナコは毎週日曜日にたいてい 9 時ごろ寝ます」。「寝る」= go to bed。

14.「この鉛筆は『あなたのもの』ではありません」。

15.「マイクは昨夜，自分の部屋でテレビを見ました」。過去の出来事なので過去形が入る。

16.「タロウはコンピュータを持っています。彼は事務所でそれを使います」。前に出てきた a computer を受
ける代名詞は it。

17.「このバスは東京から大阪へ行きます」。「～から…まで」= from ～ to …。

18.「タロウはよい泳者です」—「はい。彼はとても『速く』泳ぎます」。

19.「アキラはどこですか？」—「彼は向こうにいます。彼はあなたを待っています」。「向こうに」= over there。

20.「あなたは疲れているように見えます。座ってください」—「ありがとう」。「座る」= have a seat。

答 1. ウ　2. エ　3. ア　4. ウ　5. エ　6. イ　7. イ　8. エ　9. ウ　10. イ　11. ウ　12. ウ
　　13. ア　14. ウ　15. イ　16. ア　17. ウ　18. ア　19. エ　20. ア

④ 1. 疑問詞の who が主語になる疑問文。who は三人称単数扱いなので，続く動詞は cooks。

2.「どうやって」= how。「～へ行く，～に到着する」= get to ～。

3. 時間の長さをたずねるときは how long を使う。

4.「どの教科」= which subject。

5. 天気を表すとき，主語は it。「大阪（で）は」= in Osaka。

6. 主語の「あなたとテニスをすること」を動名詞（～ing）で表す。

7. 曜日をたずねるときは what day を使う。

8. 数をたずねるときは how many を使う。

9. 未来のことを表すときは will ～。「買い物に行く」= go shopping。

10. such は「そのような」という意味。後ろに単数名詞を置く場合，such a/an ～ という語順になる。

答 1. Who cooks dinner every day　2. How can I get　3. How long is your

4. subject do you like　5. It is cloudy in　6. Playing tennis with you

7. What day of the week　8. How many cats do　9. I will go shopping　10. not such a student

⑤ 1. 「～が…する時」は 〈when ＋～（主語）＋…（動詞）〉。

2. 「どんな種類の日本食」と考える。「どんな種類の～」= what kind of ～。

3. 「最も人気のある～」は最上級で，the most popular ～。

4. 「天気」= weather。

5. Nice to meet you.は初対面の相手に対するあいさつ。

6. 「かぜをひいている」= have a cold。

7. 「するべきこと」は不定詞の形容詞的用法で，something to do と表す。

8. You're welcome.はお礼に対する応答。

9. 直前の be 動詞や直後の名詞が複数形であることから，「あの」の that を複数形にする。

10. 「あとで会いましょう」とする。

答 1. when　2. kind　3. most　4. weather　5. Nice　6. have　7. to　8. welcome　9. those

10. See

4．高槻中（英語選択型入試）　問題 P. 23～28

① (1)「メアリーは 30 分前に家を出たと彼女の母親が言いました。彼女は 5 分後にここにいるはずです」。「～後に」= in ～。

(2)「トビー，ここに自転車を置かないで」―「ああ，じゃまになっていますか？」。「じゃまになる」= get in one's way。

(3)「ライアン，パーティーのあとで，車で私を家まで送ってくれますか？」―「いいですよ」。「車で～を家まで送る」= drive ～ back home。

(4)「あの兄弟，ナオキとトモキは本当によく似ていますね？」―「はい，離れて見ると彼らはとても似ているように見えます。でも近くで見ると，彼らの顔は実際のところ，とても違っています」。「離れて，距離を置いて」= at a distance。

(5)「ホテルに行く途中，私は給水塔のそばを通り過ぎましたが，それは街全体に水を供給しています」。「～に…を供給する」= supply ～ with …。

(6)「他人の迷惑になるため，図書館内での飲食は控えてください」。「～することを控える」= refrain from ～ ing。

(7)「豪華客船の乗務員はいつも，乗客の旅をよりよくするために何かできることはないかと乗客に尋ねます。乗務員にとってその仕事がどれほど大変なのかを，乗客の何人が本当に理解しているか，私にはわかりません」。「～がどれほど大変なのか」= how hard ～ is。

答 (1) 4　(2) 2　(3) 1　(4) 1　(5) 3　(6) 1　(7) 2

② A．読書リストの中から視覚情報がある本を選ぶ。「私たちの小さなキッチン」の中の「さまざまなキャラクターたちが刻んだり，スライスしたり，泡立てたりするのを見ると」，「チャンス：ホロコーストからの脱出」の中の「彼女自身の絵で描かれています」などの表現から，2 と 3 に視覚情報があることがわかる。

B．図書館の中のどこで「私たちの小さなキッチン」を見つけられる可能性が最も高いか選ぶ。「私たちの小さ

なキッチン」は著者のボランティア活動に基づく本であることから考える。Non-Fiction とは，現実にあった事実に基づく物語のこと。

答 A．2・3　B．③

◀全訳▶

> 読書リスト
>
> 「もし地球を訪れるなら」（ジョン・ブラック著）
>
> 「宇宙空間からの訪問者へ」と子どものナビゲータが語り始めます。「もし地球に来るのであれば，知っておくべきことがここにあります」。この素晴らしい本は，地球上の自然からのさまざまな贈り物をとても易しい言葉で説明しているため，自然科学に関する予備知識を持たない生徒が簡単にそれらを学ぶことができるとブラックは約束しています。
>
> 「私たちの小さなキッチン」（ケビン・ホワイト著）
>
> この本は，貧しい人たちに食事を提供する小さなコミュニティ・キッチンにおけるボランティア活動での著者の経験に基づいています。さまざまなキャラクターたちが刻んだり，スライスしたり，泡立てたりするのを見ると，色鮮やかでおいしい食事はあなたに多くの元気を与えてくれるでしょう。
>
> 「チャンス：ホロコーストからの脱出」（ナンシー・グリーン著）
>
> 4歳に始まった，ワルシャワからロシア，トルキスタンまでの両親との旅に関する著者のこの感動的な物語は，驚くべき子ども時代の原画を含む彼女自身の絵で描かれています。

③ A．ウェブサイトから判断して，文を完成させるのに最も適切なものを選ぶ。サマー・プログラムの説明の中ほどにある「生徒たちが自信をつけ，他の人とコミュニケーションをとり，リーダーシップをとる方法を学ぶ手助けをする」という表現から考える。「サマー・プログラムの主要な目的は『生徒たちが社会的な技能を身につける手助けをすることだ』」。

B．ツアーに関して正しいものを選ぶ。「ツアー・スケジュール」のボストン美術館訪問の部分を見る。chances to purchase gifts ＝「お土産を買う機会」。2 は「生徒たちは博物館で友人に何か買うことができる」という意味。

C．6月1日に科学コースに申し込むと，いくら支払わなければならないかという質問。費用を表す表の下に「本日より1週間以内に申し込むと，早期割引料金（10パーセント割引）が適用されます」と書かれている。ウェブサイトの日付が5月28日なので，6月1日に申し込めば400ドルから10パーセント割引になる。

答 A．4　B．2　C．2

◀全訳▶

2023 年 5 月 28 日

> ABC スクールは生徒たちを歓迎します。
>
> 私たちの1週間のサマー・プログラムに参加してください！
>
> 7月3日から7日まで

　ABC スクールでサマー・プログラムを提供できることを私たちは誇りに思います。音楽，科学，そして歴史に興味のある生徒にとって，これは素晴らしい機会です。私たちのコースは，立派な学校施設の中で，生徒たちが自信をつけ，他の人とコミュニケーションをとり，リーダーシップをとる方法を学ぶ手助けをします。初日には，すべての参加者がボストンを巡るバス・ツアーに参加します。

ツアー・スケジュール

午前8時30分　　サウス・ステーションのバス・ターミナルに集合

午前9時　　　　ボストン市周遊バスに乗り，街について学習

午前 10 時	ボストン美術館訪問
	（お土産を買う機会）
午前 11 時 30 分	ハーバード大学訪問
	（写真撮影_{さつえい}のよい機会）
午後 1 時	キャンパス内のカフェにて昼食

本日より登録開始

各コースの費用		
音楽コース	300 ドル	昼食を含む
科学コース	400 ドル	
歴史コース	500 ドル （＋ 130 ドル　校外学習）	

＊本日より 1 週間以内に申し込むと，早期割引料金（10 パーセント割引）が適用されます。

連絡または参加するには，ここをクリックしてください。

④ A．2003 年の大停電が起きた際に最も重要だったのはどれかという質問。第 2 段落を見る。2003 年の北アメリカ大停電は，多数の発電所が止まり，電力の供給がストップしたことによって起きた。

B．2003 年の北アメリカ大停電について正しいものを選ぶ。第 2 段落の 1〜3 文目を見る。コンピュータ・ソフトウェアのバグによって，アメリカとカナダに影響_{きょう}が出たことが述べられている。4 は「技術的な問題が事故を引き起こし，2 か国に影響した」という意味。

C．災害から著者が学んだことを選ぶ。停電中に筆者の家族が，溶_とけてしまいそうな大量のアイスクリームを食べようとしている様子が第 4 段落に述べられていることから考える。3 は「大きな問題に直面しても，生活を楽しむことができる」という意味。

D．「家族と一緒_{しょ}に過ごした夏の最高の思い出について書いてください。いつ，どこで，家族と何をしたか，そしてなぜそれが最高の思い出であるかを必ず含むこと。少なくとも 40 語で書くこと」という指示。解答例は「2 年前，家族と私は淡路島に行き，素敵なホテルに泊_とまりました。夜にはそこの温泉，バーベキューパーティー，そして花火を楽しみました。夜遅_{おそ}くまで楽しい時間を過ごすのが初めてのことだったため，それは私の最高の経験です」という意味。

答 A．3　B．4　C．3

D．（例）Two years ago, my family and I went to Awaji Island and stayed at a nice hotel. We enjoyed its hot spring, barbecue party and fireworks at night. It is my best experience because it was my first time having a great time until late at night.（47 語）

◀全訳▶ [1] 私が育ったミシガンでは，年に数回，停電がありました。しかし，停電は限られた地域で発生し，数時間しか続きませんでした。その原因は，ほとんどの場合，電線を切断してしまう大雪でした。電力会社は，電線がどこで切断されたかを正確に発見し，線を素早く修理するために作業員を派遣_{けん}するのをかなり得意にしていました。

[2] 2003 年の北アメリカ大停電はまったく別ものでした。それはアメリカの 8 つの州とカナダのオンタリオ州全体への電力供給を担っている 256 の地元の発電所を止めてしまいました。その原因は最終的に，ローカル・システムの制御_{ぎょ}を不可能にしたコンピュータ・ソフトウェアのバグであると突き止められました。混乱は非常に大きく，ポンプを動かすための電力不足により，公共の水の供給が停止することも引き起こしました。そのうえ，ラジオやテレビの放送を妨_{さまた}げました。

[3] その停電は 8 月 14 日に起きたのですが，それはちょうどその年で最も暑い日のあたりでした。私はエアコンが最初に止まり，家がゆっくりと暑くなっていったことを覚えています。私たちは田舎町に住んでいたので，水道が使えなかったため，地下から水を引く庭の自宅用井戸_{たよ}に頼っていました。しかし，その井戸は水を

くみ上げるために電力を必要としました。最寄りのスーパーマーケットまで車で 30 分以上かかったため，私たちはふつう，食料品を月に 1 度くらいまとめ買いしていました。その結果，私たちは食品でいっぱいになった冷凍庫や冷蔵庫をいくつか所有していました。電力が止まったとき，これら全ての温度も上がり始めました。

[4] 私は特に，母が数ガロンのアイスクリームの容器（それぞれ約 3.8 リットル）を買っていたのを覚えています。冷凍庫の中でそれらが溶け始めているのを見るとすぐ，それらがその晩もたないということが私たちにはわかりました。母は私たちそれぞれに容器とスプーンを渡し，まだ凍っているうちに食べたいものを食べるよう私たちに言いました！　正直なところこのことが，どんな暑さによる不快感や水不足による不便さよりも私が覚えていることです。

[5] 母は困難な状況で最大限に努力する方法を私たちに教えてくれ，そして私は簡単に手に入るものがなくなってしまったとき，それがいかに価値のあるものなのかを実感しました。

5　A．文を完成させるのに最も適切なものを選ぶ問題。第 2 段落を見る。「歩行者優先」の実験では，交通量への影響はほとんどなく，すべての歩行者が平均的な横断歩道で 1 日あたり 1.3 時間を節約した。1 は「ほとんどの車や歩行者は横断歩道をスムーズに移動した」という意味。

　　B．第 3・4 段落に関して正しいものを選ぶ。第 3 段落の 2 文目に「市が歩行者の死亡をゼロにすることを目指している」ことが述べられ，第 4 段落の 3・4 文目に「公害を引き起こす多量の物質を排出する車両の禁止」，「そのような車両の進入を禁止するゾーンの拡大」について述べられている。4 は「ロンドンの目標を達成するため，一部の車の進入を禁止する区域が拡大された」という意味。

　　C．第 5 段落に関して正しいものを選ぶ。2 文目に「すべての道路利用者のための規則が今年初めに更新され，道路上の人に注意を払う最大の責任は，道路に最大のリスクをもたらす人に課せられている」と述べられている。1 は「新しい規則では，運転者が最大の責任を負わなければならない」という意味。

答　A．1　B．4　C．1

◀全訳▶　[1] 街を歩くことは，歩行者にとって非常にストレスのかかる体験です。交通サービス提供者であるロンドン交通局（TfL）は最近，市内の 18 の横断歩道で試験的に新しいルールを導入しました。歩行者が道路を横断するために「男性の青信号」マークが点灯するのを待つのではなく，横断歩道の信号は最初から青色になっています。接近する車両をセンサーが検知した場合にのみ，信号が赤に変わります。

[2] この「歩行者優先」試験はイギリス初の試みですが，9 か月のテスト期間が有望なデータを示しました。交通量への影響はほとんどなく，すべての歩行者は平均的な横断歩道で 1 日あたり合計 1.3 時間を節約しました。また，歩行者が信号を無視しない可能性が 13 ％高くなります。

[3] 2020 年には，868 人の歩行者が死亡したり重傷を負ったりしました。現在，市は，同年に歩行者の死亡がゼロだったオスロやヘルシンキに並ぶことを目指しています。道路交通における人の死傷をなくすために世界中の国々で採択されている交通安全の理念である「ビジョン・ゼロ」において成功するため，TfL は自転車レーンを導入しています。このような道路を作ることによって，車両数が減り，走行速度が低くなりつつあります。

[4] 過去 20 年間，ロンドンは歩行者の体験を改善することよりも，車の通行との戦いにより多くの努力を注いできました。約 20 年前の 2003 年に，私たちは自動車の渋滞課金システムを導入しました。次の規制では，公害を引き起こす多くの物質を排出する車両を禁止しました。2021 年の 10 月に，そのような車両の進入を禁止するゾーンを拡大しました。規制を実施するために，1,500 台以上のカメラが使用され，交通の流れや管理状況をよりよく理解するために，特別なセンサーが使用されています。

[5] 現在，歩行者優先の取り組みが勢いを得つつあります。英国道路交通法規（すべての道路利用者のための規則）が今年初めに更新され，道路上の人に注意を払う最大の責任は，道路に最大のリスクをもたらす人に課せられています。ロンドンで，TfL は歩行者優先交差点の設置を拡大したいと思っています。政治指導者の支援があれば，小さな変化は，一般市民が街をより歩きやすくするのに役立つということをテスト期間のデータが示しています。

5．東海大付大阪仰星高中等部（A日程）　　　　　　　　　　問題 P．29〜37

① (1)「元気ですか？」とたずねられている。「元気です，ありがとう」が適切。

　(2)「コーヒーがほしいですか？」とたずねられている。「いいえ，結構です」が適切。

　(3)「あなたは何歳ですか？」とたずねられている。「僕は 11 歳です」が適切。

　(4)「明日は雨が降りますか？」とたずねられている。「わかりません」が適切。

　答 (1) 3　(2) 1　(3) 1　(4) 2

　◀全訳▶　(1) 女の子：こんにちは，元気ですか？

　　1．僕は男の子です。　　2．今日は雨が降っています。　　3．元気です，ありがとう。

　(2) 男の子：あなたはコーヒーがほしいですか？

　　1．いいえ，結構です。　　2．はい，どうぞ。　　3．私はハンバーガーが好きです。

　(3) 女の子：あなたは何歳ですか？

　　1．僕は 11 歳です。　　2．12 時です。　　3．僕は 10 本のペンを持っています。

　(4) 女の子：明日は雨が降りますか？

　　1．僕はあなたの助けが必要です。　　2．わかりません。　　3．僕は雨が好きではありません。

② (1) 男性は「私は映画館に行くつもりです」と言っているので，「彼は映画を見ます」が適切。

　(2) 中国語を話すことができないと言う男性に対して，女性が「あなたは『英語』を話すのが上手です」と言っている。be good at 〜ing ＝「〜するのが上手だ」。

　(3) 次のバスは 12 時 30 分に来るという返答を聞いて，女性は「10 分しかありません」と言っている。

　(4) 男性は 10 本のバナナを買った。そのうちの 3 本を女性にあげている。

　(5) 男性は兄がこの帽子をくれたと言っている。

　(6) 男性はたいてい家でテレビゲームをしていると言っている。

　(7) 男性はたいていアイススケートに行くと言っている。

　(8) 男性は 5 年間京都に住んでいると言っている。How long ＝「どれぐらいの間」。

　(9) あの建物は病院かとたずねられ，男性は「はい，そしてそのとなりの建物は『図書館』です」と返している。

　(10) 毎週 3 冊の本を読むという男性に対して，女性は「私は『2 冊の』本を読みます」と言っている。How many 〜 ＝「どれだけ多くの〜」。

　答 (1) 1　(2) 3　(3) 3　(4) 3　(5) 4　(6) 4　(7) 2　(8) 3　(9) 1　(10) 1

　◀全訳▶　(1)

　男性：あなたは土曜日に何をするつもりですか？

　女性：私は動物園に行きたいです。あなたはどうですか？

　男性：私は映画館に行くつもりです。

　質問：男性は土曜日に何をするつもりですか？

　(2)

　女性：私は中国語を話すことができますが，それを読むことはできません。

　男性：私は中国語を話すことができません。それはとても難しいです。

　女性：はい，でもあなたは英語を話すのが上手です。

　質問：男性は何語を話すことができますか？

　(3)

　女性：すみません，次のバスは何時ですか？

　男性：12 時 30 分に来ます。

　女性：ああ，10 分しかありません。私は急がなければなりません。

　質問：今何時ですか？

(4)

男性：今日，私は市場で 10 本のバナナを買いました。

女性：3 本もらえますか？

男性：もちろん。はい，どうぞ。

質問：男性は今何本のバナナを持っていますか？

(5)

女性：それは素敵な自転車ですね。だれがそれをあなたにくれたのですか？

男性：私の友達がそれを私にくれました。私の兄がこの帽子を私にくれました。

女性：それはあなたに似合っています。

質問：だれがその帽子を男性にあげましたか？

(6)

男性：あなたは日曜日には何をしますか？

女性：私は姉とサイクリングに行きます。あなたはどうですか？

男性：私はたいてい家でテレビゲームをします。

女性：それはいいですが，あなたも運動をするべきです。

質問：男性は日曜日には何をしますか？

(7)

女性：私は秋と春が好きです。その天候はピクニックにいいです。

男性：あなたは夏が好きですか？

女性：いいえ，暑すぎます。あなたはどうですか？

男性：私は冬が好きです。私はたいていアイススケートに行きます。

質問：男性は冬に何をしますか？

(8)

男性：私は京都に 5 年間住んでいました。

女性：まあ，本当ですか？　私はそこに 7 年間住んでいました。

男性：あなたはいつ大阪に来ましたか？

女性：私は昨年ここに引っ越してきました。

質問：男性は京都にどれぐらいの間住んでいましたか？

(9)

女性：あの建物は病院ですか？

男性：はい，そしてそのとなりの建物は図書館です。

女性：警察署のそばのあの建物は何ですか？

男性：ああ，あれは郵便局です。

質問：病院のとなりには何がありますか？

(10)

男性：私は本が大好きです。私は毎週 3 冊の本を読みます。

女性：私は 2 冊の本を読みます。私の父は 5 冊読みます！

男性：わあ。あなたのお父さんは読むのがはやいですね。

質問：女性は毎週何冊の本を読みますか？

③ (1) 質問は「男の子は雨の日に何をしますか？」。男の子は「雨の日にはテレビでサッカーの試合を見るのが好きです」と説明している。

(2) 質問は「男性はどうすれば病院に行くことができますか？」。男性は「2 番目の角で右に曲がれば左手にそれ（病院）を見つけることができます」と説明している。second =「2 番目の」。

(3) 質問は「どの絵が男の子を説明していますか？」。男の子は10時に寝て，8時間眠り，早起きをすると説明しているので，6時に起きるイラストを選ぶ。

(4) 質問は「女性はカフェで何を食べましたか？」。女性は「アイスコーヒーと卵サンドイッチを食べ，デザートを買いませんでした」と説明している。

答 (1) 3　(2) 4　(3) 3　(4) 2

◀**全訳▶** (1) 僕はサッカー部に入っています。僕はよく放課後に学校でサッカーの練習をします。僕は雨の日にはテレビでサッカーの試合を見るのが好きです。僕は将来，スタジアムでサッカーの試合を見たいです。

(2) これは地図です。私は今，駅にいます。私は病院に行きたいです。私は2番目の角で右に曲がるべきです，そうすれば私は左手にそれを見つけることができます。

(3) 僕はしばしば10時に寝ます。僕は8時間眠るので，毎朝早く起きることができます。僕の母は朝に僕を起こす必要がありません。

(4) 私は昨夜，素敵なカフェに行きました。私はアイスコーヒーと卵サンドイッチを食べました。私はデザートを買いませんでした。

④ (1) 「私は家で時々ギターをひきます」。「家で」= at home。

(2) Bが「2月14日です」と答えていることから，「今日は何日ですか？」と日付を聞いている。

(3) 「『昼食』の時間です。カフェテリアに行きましょう」。

(4) 「ヒロシはしばしば京都にいる彼のおじを『訪れます』」。

(5) 「この手紙は私の『友人』からです」。

(6) 「このシャツは小さいです。私は『大きい』ものがほしいです」。

(7) 「スズキ先生はあなたの理科の先生ですか？」—「はい，そうです。私は『彼女を』とても好きです」。動詞likeの目的語なので，目的格が入る。

(8) 「私の猫はあそこにいます」。「あそこに」= over there。

(9) 「あなたはトマトが好きですか？」—「はい，しかし私の兄は好きではありません」。主語が三人称単数なので，一般動詞の否定文では doesn't を使う。

(10) Bが「彼の身長は175センチメートルです」と答えていることから，「あなたのお兄さんは身長が『どれぐらい』ですか？」とたずねている。「どれぐらい〜」= how 〜。

答 (1) 1　(2) 4　(3) 2　(4) 4　(5) 1　(6) 3　(7) 2　(8) 4　(9) 2　(10) 3

⑤ (1) 「ナンシー，プレゼントをどうもありがとう」—「どういたしまして。あなたがそれを気に入ってくれるとうれしいです」。

(2) 「すみません。駅はどこですか？」—「まっすぐ行ってください。そうすればあなたはそれを見つけることができます」。

(3) 「それは何時に始まるの？」—「5時30分よ」。

(4) 「一緒にテレビゲームをしましょう」—「ごめんなさい，私は今忙しいです」。

(5) 「あなたはお水がほしいですか？」—「はい，お願いします」。

答 (1) 2　(2) 2　(3) 1　(4) 1　(5) 4

⑥ (1) 「たくさんの〜」= a lot of 〜。Our city has a lot of old shrines and temples.となる。

(2) 「どんな種類の〜」= what kind of 〜。What kind of music do you like?となる。

(3) 「〜しましょう」= Let's 〜.。Let's study for the test at the library.となる。

(4) 「〜している」は現在進行形〈be動詞の現在形＋〜ing〉で表す。My father is reading the newspaper in the living room.となる。

(5) 「〜するのが好き」= like 〜ing。副詞の often は一般動詞の前に入る。Bob likes swimming and often goes to the pool.となる。

答 (1) 2　(2) 1　(3) 4　(4) 1　(5) 1

7 (1)「ウォーカー先生はどこの出身ですか？」。本文の第2段落の2文目を見る。1の「彼はオーストラリア出身
　　です」が適切。be from 〜 =「〜の出身である」。

　(2)「トムはどのようにして日本語を勉強しますか？」。本文の第3段落の最後から2文目を見る。4の「彼はラ
　　ジオを聞いてテレビゲームをします」が適切。

　(3)「ウォーカー先生はいつか何をしたいと思っていますか？」。本文の第4段落の4文目を見る。3の「彼は富
　　士山に行きたいと思っています」が適切。

答 (1) 1　(2) 4　(3) 3

◀全訳▶

差出人：デビッド・ウォーカー あて先：タナカ健 日付：1月14日 件名：英語を楽しみましょう！
こんにちは，健 私はデビッドです。私はオーストラリア出身です。私は2年間カナダに住み，そして3年間フランスに住みました。今，私は日本に住んでいます。私は28歳です。私は英語とフランス語を話します。私はあなたの新しい英語の先生です。あなたは英語が好きですか？　英語を楽しみましょう！ さて，私は日本語が好きで，それを勉強しています。日本語は難しいですが，興味深いです！　私はマンガを読み，日本語の映画を見ます。私の弟のトムも日本語を勉強しています。彼はしばしば日本語でラジオを聞いてテレビゲームをします。あなたはどのようにして英語を勉強しますか？ あなたの趣味は何ですか？　私は山登りが大好きなので，週末には山に行きます。それはとてもおもしろいです！　私はいつか富士山に行きたいです。私はその眺めを楽しんで，そこで写真をとりたいです。あなたの趣味についても私に教えてください！ 私はあなたとたくさん話したいです。英語で私に話しかけてください！ ありがとう。 デビッド

8 質問1.(1)「エリーは昨年どこに行きましたか？」。第2段落を見る。昨年，彼女は「イタリア」を訪れた。(2)
　　「エリーはニュージーランドで何をしましたか？」。第3段落の最後の文を見る。彼女は「ハイキング」に
　　行った。

　質問2.①「〜へ行きたい」は want to go to 〜 を使うとよい。② 選んだ国の好きなものや，その国でしたい
　　ことなど，選んだ理由を述べる。

答 質問1. (1) 2　(2) 3　質問2.（例）① want to go to Australia　② I like koalas

◀全訳▶　エリーは休みに多くのいろいろな国を訪れるのが好きです。彼女のお気に入りの国はエジプトとイギリスです。エジプトで，彼女はラクダに乗りました。イギリスで，彼女はハリーポッターの店で買い物を楽しみました。

　　昨年，彼女はイタリアを訪れて美しい建物を見ました。

　　今年，彼女はニュージーランドへの休みでたくさんの写真をとりました。彼女はそれらを彼女の友人に見せました。彼女はそこでたくさんの楽しい経験をしました。彼女はハイキングやダイビングに行きました。

　　来年，彼女はケニアを訪れます。彼女は国立公園に行ってたくさんの野生動物を見るつもりです。

---

6. 梅花中（A１日程・E入試）　　　　　　　　　　　問題 P．38～45

1 1. 食べものがほしいかたずねられているので，「私はホットドッグをいただきます」が適切。

　2. Is there ～?に対しては，there is/isn't で答える。図書館に行く目的として「本を読んだり勉強したりするために」が適切。

　3. 昨日したことがたずねられているので，過去形で答える。this morning は「今朝」という意味。

　4. Will it ～?でたずねられているので，Yes, it will.または No, it will not.で答える。

　5. are there を使って家族の人数がたずねられているので，there are ～で数を答える。

　🈂 1．C　2．A　3．B　4．B　5．C

◀全訳▶　1．食べものはいかがですか？

　　A．ミディアムでお願いします。　　B．それで全てです。　　C．私はホットドッグをいただきます。

　2．あなたの町には図書館がありますか？

　　A．はい，あります。私は本を読んだり勉強したりするためにそこへ行くのが好きです。

　　B．はい，そうです。そこには多くの本があります。

　　C．はい，あります。私はそこに買い物に行くのが好きです。

　3．あなたは昨夜何をしましたか？

　　A．私はテレビを見ていました。　　B．私は英語を勉強しました。　　C．私は今朝，音楽を聞きました。

　4．明日は晴れるでしょうか？

　　A．いいえ，違います。明日は雨になるでしょう。

　　B．はい，そうでしょう。私は公園で遊ぶつもりです。

　　C．明日は晴れるでしょう。

　5．あなたの家族には何人いますか？

　　A．私には４つの家族があります。　　B．それらは４です。　　C．私の家族には４人います。

2 1. BはAが皿を洗わなかったので自分が洗ったと言っている。Aが「皿が誰のものか」や「皿を洗った理由」をたずねる文は不適切。

　2. 卵を見つけることができないと言っているので，卵のある場所を教えている選択肢Aが適切。

　3.「タイガースの試合を見に行った」に対する応答として，「私は試合があった」や「それは試合でしたか？」は不適切。

　4. 駅への行き方をたずねているので，行き方を教えている選択肢Bが適切。

　5.「終えるのにどれくらい時間がかかるか」と作業中のAにたずねた文の応答として，「終えている」や「それはとても長いです」と答えるのは不適切。

　🈂 1．B　2．A　3．C　4．B　5．C

◀全訳▶　1．

A：誰が皿を洗いましたか？

B：私がしました。あなたは決してそれらを洗わなかったので，私がそれらを洗いました。

　　A．それらはトムの皿です。　　B．ああ，すみません。私は忙しかったのです。

　　C．あなたはなぜそれらを洗ったのですか？

2．

A：あなたは何を作るつもりですか？

B：私はパンケーキを作りたいのですが，卵を見つけることができません。

　　A．それらはこちら，牛乳の後ろにあります。　　B．彼らは卵を持っています。

　　C．それはパンケーキの中にあります。

3.

A：あなたは先週末どこに行きましたか？

B：私はタイガースの試合に行きました。

　　A．私は試合がありました。　　B．それは試合でしたか？　　C．彼らは勝ちましたか？

4.

A：あなたは助けが必要ですか？

B：ええ，私はここから駅にどうやって行くことができますか？

　　A．あなたはここ，駅に着いています。それは駅の中にあります。

　　B．まず，この通りを角まで歩いて右に曲がってください。あなたはそれが目の前に見えるでしょう。

　　C．駅から電車に乗りなさい。それはとても簡単です。

5.

A：私は今それに取り組んでいるところです。

B：あなたは終えるのにどれくらい時間がかかりますか？

　　A．私は終えています。　　B．それはとても長いです。　　C．私は3時にそれをあなたにあげましょう。

③　1．2人が会話をしているのが月曜日。トムは自分の誕生日は2日前だったと言っていることから，彼の誕生日
　　は土曜日。

2．トムが「明日，雨が降れば家にいるつもりだ」と言っていることと，「明日の天気は雨らしい」という内容
　　から，「彼は明日家にいるだろう」が適切。

3．トムは英語が大好きで，お気に入りだと言っている。favorite ＝「お気に入りの」。

4．フランクは自分の母の父親だとトムは言っている。

5．トムは6時に勉強をし始めて，11時まで勉強している。

答　1．C　2．A　3．B　4．A　5．B

◀全訳▶　1．

男性1：僕は月曜日が大嫌いだ。

男性2：ああ，そうだね。今日は君の誕生日だ。誕生日おめでとう，トム。

男性1：ありがとう，ビル！　でも僕の誕生日は2日前だったよ。

男性2：わあ，ごめん，トム。僕はそれが今日だと思ったよ。

質問：トムの誕生日はいつでしたか？

　　A．それは月曜日でした。　　B．それは日曜日でした。　　C．それは土曜日でした。

2．

男性1：君は明日何をするの，トム？

男性2：そうだな，雨が降れば，僕は家にいるつもりだ。そうでなければ，僕は公園へ行ってテニスをするよ。

男性1：あのね，トム，僕は携帯電話で天気をちょうど調べたのだけれど，明日は雨が降るらしいよ。

質問：トムは明日おそらくどこにいるでしょうか？

　　A．彼は家にいるでしょう。　　B．彼はテニスコートにいるでしょう。　　C．彼は公園にいるでしょう。

3．

男性1：君は数学と理科に興味がある，トム？

男性2：うん，僕はそれらがとても好きだよ。でも僕は英語が大好きだよ。それは僕のお気に入りさ。

男性1：君はそれをいつ勉強するの？

男性2：僕はそれを金曜日に勉強するよ。

質問：どの教科がトムにとって最も興味があるものですか？

　　A．理科です。　　B．英語です。　　C．数学です。

4.

男性1：すてきな写真だね！ この男性は誰なの，トム？

男性2：そちらは僕の母の父親だよ。彼の名前はフランクだ。

男性1：へえ，なるほど。彼は何歳（さい）なの？

質問：フランクとは誰ですか？

 A．フランクはトムの祖父です。 B．フランクはトムの父です。 C．フランクはトムのおじです。

5.

男性1：11時だよ。勉強するのをやめて，トム。寝（ね）る時間だ。

男性2：ああ！ わあ，遅（おそ）くなった。

男性1：君はいつ勉強し始めたの？

男性2：6時だよ。

質問：トムはどれくらい勉強をしていますか？

 A．11時間。 B．5時間。 C．6時間。

④ 1．祖母が誕生日にペンケースをくれたと言っている。

 2．ペンケースは彼の祖母によって作られたものだと言っている。

 3．ケンジの祖母は遠く離（はな）れて住んでいるので，毎年彼女に会うことはできないと言っている。

 4．中学生になったときにペンケースを使うと言っている。

 5．ペンケースは今，ケンジの部屋にあると言っている。

答 1．C 2．A 3．B 4．B 5．C

◀全訳▶ 僕の名前はケンジで，僕は特別なプレゼントについてあなたたちに話をします。それは店で購入（こう）されたのではありません。それは僕の祖母によって作られました。先月，彼女は大阪を訪ねてきたとき，僕の誕生日にそれを僕にくれました。それはペンケースです。彼女は僕の妹にセーターをあげました。僕の祖母は沖縄に住んでいます。沖縄はとても遠く離れているので，僕は毎年彼女に会うことができません。僕は彼女がいなくて寂（さ）しいです。祖母は僕にとってとても特別なので，そのペンケースは僕にはとても大切です。でも僕は今それを使っていません。僕はこの春，中学生になったときにそれを使うつもりです。今，それは僕の部屋にあります。僕は祖母が大好きで，僕のペンケースも大好きです。

 1．誰がケンジの誕生日に彼にペンケースをあげましたか？

  A．彼の妹があげました。 B．彼の母があげました。 C．彼の祖母があげました。

 2．祖母はどこでプレゼントを買いましたか？

  A．彼女はそれを買いませんでした。彼女はそれをケンジのために作りました。

  B．彼女はそれを沖縄で買いました。

  C．彼女はそれを大阪の店で買いました。

 3．ケンジはなぜあまり頻繁（ひんぱん）に祖母に会うことができないのですか？

  A．彼女が忙しすぎるからです。 B．彼女がケンジの近くに住んでいないからです。

  C．彼女が大阪に住んでいるからです。

 4．彼はいつペンケースを使うつもりですか？

  A．彼は沖縄に行くとき，それを使うつもりです。 B．彼は中学校でそれを使うつもりです。

  C．彼は自分の誕生日にそれを使うつもりです。

 5．そのペンケースは今どこにありますか？

  A．それは沖縄にあります。 B．それはケンジの学校にあります。 C．それは彼の部屋にあります。

⑤ 1．複数形を答える。

 2．「アメリカ」に対して「アメリカの，アメリカ人」。「日本」に対して「日本の，日本人」。

 3．反意語を答える。

4. 「1」に対して「1番目（の）」。「5」に対して「5番目（の）」。

5. 「彼は」に対して「彼を（に）」。「私たちは」に対して「私たちを（に）」。

答 1. men　2. Japanese　3. close　4. fifth　5. us

⑥ 1. 「今日は何日ですか？」。日付をたずねるときは，What を使う。

2. 「私たちは飛行機に乗るために空港へ行きます」。to take an airplane は，目的を表す副詞的用法の不定詞で「飛行機に乗るために」という意味になる。「空港」= airplane。

3. 「ニューヨークは世界で最も大きな都市のうちの1つです」。〈one of ＋最上級＋複数名詞〉で，「最も～な…のうちの1つ」という意味になる。

4. 「試合は終わりです！　私たちが勝ちました！」。「終わっている」= be over。

5. 「私の姉は祖母のように見えます」。「～のように見える」= look like ～。

6. 「あなたは昨夜，私の部屋で何をしていましたか？」。過去進行形の文。what のあとは，疑問文の語順〈was/were ＋主語＋～ing〉にする。

7. 「コウジはハナコと同じくらいの背の高さです。彼らは2人とも1.6メートルの背の高さです」。「～と同じくらいの背の高さである」= be as tall as ～。

8. 「私はこれを試着してもいいですか？」―「もちろんです。試着室は向こうです」。「これを試着する」= try this on。

9. 「私は明日始発の電車に乗るために早く起きます」。will で未来にすることを表す。

10. 「それはいくらですか？」―「それは20ドルになります」。値段をたずねるときは，How much を使う。

答 1. エ　2. ウ　3. イ　4. ウ　5. エ　6. ウ　7. イ　8. ウ　9. イ　10. イ

⑦ 1. 現在進行形の否定文の語順〈主語＋ is/am/are ＋ not ＋～ing〉にする。John is not writing an e-mail. となる。

2. 「とても上手に」= very well。She plays basketball very well. となる。

3. 紙は，a piece of ～（または，pieces of ～）で数える。I want a piece of paper. となる。

4. 「誰のペン」は，whose pen で文頭に置く。あとは疑問文の語順になる。Whose pen did you use? となる。

5. 「何か飲むもの」は形容詞的用法の不定詞を使って，something to drink と表す。動詞で文を始めて命令文にする。Bring something to drink tomorrow. となる。

答 （A，Bの順に）1. ア，ウ　2. オ，エ　3. ウ，カ　4. イ，オ　5. ウ，ア

⑧ 1. 問いは「タマコは何が好きですか？」。タマコはいちごが好きで，トムがそれを覚えていてうれしいと書いている。

2. 問いは「カフェには何がありますか？」。トムは，カフェには多くのさまざまな種類のお茶があると書いている。

3. 問いは「トムとタマコはいつカフェに行く予定ですか？」。2人は今度の土曜日に行こうとしている。Eメールでやり取りをしているのが木曜日なので，「あさって」行く予定だとわかる。the day after tomorrow =「あさって」。

4. 問いは「彼らはどこで会う予定ですか？」。タマコは，豊中駅の北改札口で会おうと書いている。

5. 問いは「タマコは駅で何をするでしょうか？」。タマコは，駅に着いたらトムにEメールを送ると書いている。

答 1. ウ　2. ア　3. ウ　4. イ　5. エ

◀全訳▶

送信元：トム・ジョンソン
宛先：タマコ　オカモト

日付：2022 年 5 月 26 日，木曜日
件名：午後のお茶

- -

こんにちは，タマコ，

元気かい？　君は今週末に何か予定がある？

僕の友達がすてきな午後のお茶を飲むことができるカフェについて僕に教えてくれたんだ。

僕と一緒に行かない？

君はいちごが好きだよね？　今いちごフェアをやっていると僕は聞いたよ。

僕は君がそれをきっと気に入ると思う。

僕はインターネットで調べて，彼らはおいしいお茶も提供しているとわかったんだ。

そこには多くのさまざまな種類のお茶があるよ。それには好きなだけお茶を飲むことができると書いてある！

土曜日の 3 時に豊中駅で会おう。

そこから徒歩約 10 分だよ。

送信元：タマコ　オカモト
宛先：トム・ジョンソン
日付：2022 年 5 月 26 日，木曜日
件名：Re：午後のお茶

- -

こんにちは，トム，

私を招待してくれてどうもありがとう。

私は今週の土曜日はひまよ。私はあなたと午後のお茶を飲みに行きたいわ！

私はいちごが好きだとあなたが覚えていてくれてうれしいな。

いちごフェアをやっているなんて私は信じられない。それは素晴らしいわ！

どんな種類のお茶があるのかしら？　私はお茶にもとても興味があるの。

私にそのカフェの名前を教えてくれる？　私もインターネットでそれを調べたいわ。

私は 3 時に豊中駅であなたに会うわ。北改札口でいいかしら？

私はそこに着いたら，あなたに E メールを送るわ。

私はそれをとても楽しみにしているわ。

---

⑨ 1. 問いは「この物語の筆者は誰ですか？」。「私」と「祖母」のやり取りを通して書かれている。「私」は「孫」にあたる。「孫娘」= granddaughter。

　 2. 問いは「祖母は誰に買い物袋をあげていましたか？」。第 3 段落の前半を見る。祖母は「駅で会ったただの近所の人」だと言っている。「見知らぬ男性」= strange man。

　 3. 問いは「筆者についてどれが正しいですか？」。第 2 段落の後半を見る。筆者はその見知らぬ男性をこわがっていた。

　 4. 問いは「この物語に合う題名はどれですか？」。物語は，他人を助ける祖母の思いや行動を中心に書かれている。イの「他人のために何かよいことをすること」が適切。

　 5. 問いは「彼女は今，毎日何をしようとしていますか？」。最終段落の後半を見る。筆者は祖母の言葉を聞いて以来，毎日 1 つよいことをしようと決めたと書いている。イの「他人のために何か役に立つことをすること」が適切。

答 1. エ　2. ウ　3. ウ　4. イ　5. イ

◀全訳▶　私が幼い子どもだったとき，週末によく祖母と曾祖父母に会いに行きました。彼らはとてもやさしく，私に親切にしてくれたので，私は彼らが大好きでした。私たちが自分たちの家から彼らの家まで行くのにたいてい約1時間かかりました。彼女と私はスーパーマーケットからの多くの買い物袋を持って車に乗りました。それらは曾祖父母のための多くの食料とおやつでいっぱいでした。彼らが買い物に行くのは容易ではなかったので，私の祖母が彼らの世話をしていました。私はその袋は全て曾祖父母のためのものだと思っていましたが，私たちがそこに行くたびに，祖母は買い物袋の1つを取り出して，私にしばらく車にいるように言いました。しばらくして，彼女はその袋を持たないで戻ってきて，私たちは一緒に曾祖父母の家に入っていきました。「彼女は誰にその袋をあげたのだろう？」　私にはわかりませんでした。

　ある日，彼女と曾祖父母に会いに行ったとき，私は彼女のあとをついていきました。祖母は私がそこにいることを知りませんでした。私は彼らの家の近くの電車の駅で彼女がベンチに座っている見知らぬ男性と話をしているのを見つけました。彼は古い服を身につけていて，見た目はよくありませんでした。私は彼女にそのような見知らぬ男性のために何かしてほしくありませんでした。私は彼女をとめたかったのですが，あまりにこわすぎました。私は祖母に何も言うことができませんでしたが，その男性が好きではありませんでした。私はとてもショックでした。その日から，私は彼女と一緒に曾祖父母に会いに行くのをやめました。

　数年後，夕食の食卓で，私は祖母に「おばあちゃんが駅で買い物袋をあげていたのは誰だったの？」とたずねました。彼女は私にほほえんで，彼は自分が駅で会ったただの近所の人だと言いました。彼女は私に，彼は脚が悪く，彼にとって歩くことは難しいと言いました。彼女はその男性を助けるため彼に食料をあげていたのです。彼女は私に，「私たちはいつでもおたがいに助け合うことが必要よ。助けることは他人のためだけでなく，あなた自身のためでもあるの。もしあなたが他人に親切にすれば，彼らもあなたに親切にしてくれるでしょう」と言いました。私は男性について悪く思っていたことを申し訳なく感じました。私は祖母の言葉を何度も何度も繰り返しました。私はとても重要なことを理解することができました。今度は，私が祖母や助けが必要な人に親切にする番です。それ以来ずっと，私は毎日1つよいことをしようと決めました。

7．履正社学園豊中中（前期1次午前）　　　　問題 P. 46～49

1　(6)「私たちはプールで泳ぐことができます」。「プール」＝ pool。

　(7)「3月は1年の3番目の月です」。「3月」＝ March。

　(8)「月は夜に輝きます」。「夜」＝ night。

　(9)「太陽は西に沈みます」。「西」＝ west。

　(10)「私はたいてい皿を洗います」。「洗う」＝ wash。

答 (1) eraser　(2) game　(3) Friday　(4) bag　(5) bike（または，bicycle）　(6) イ　(7) エ　(8) ア　(9) エ　(10) イ

2　(1)「冬休みはどうでしたか？」—「素晴らしかったです」。how ＝「どう」。

　(2)「あなたはいつ勉強しますか？」—「夕食後」。when ＝「いつ」。

　(3)「新しい学校はどうですか？」—「私はそれがとても気に入っています」。How do you like ～?は「～はどうですか？」と相手の感想をたずねる言い方。

　(4)「その牛肉はどこからきていますか？」—「オーストラリア」。where ＝「どこ」。

　(5)「あなたは私を探していましたか？」—「はい，あなたはどこにいましたか？」。Were you ～?に対する答えとして，No, I didn't.や Yes, you were.は当てはまらない。

答 (1) エ　(2) ア　(3) エ　(4) ア　(5) イ

3　(1)「～と同じくらい新しい」＝ as new as ～。

　(2)「～をしています」は現在進行形〈be 動詞の現在形＋～ing〉で表す。

(3) 疑問詞の who が主語となる疑問文。who は三人称単数扱いなので，動詞に s をつける。

(4)「このあたりに」= around here。

(5)「何も〜ない」= not 〜 anything。nothing は 1 語で「何も〜ない」という意味。

答 (1) ウ　(2) エ　(3) ウ　(4) イ　(5) エ

4 (1)「卵を買いに」を副詞的用法の不定詞で表す。Paul went to the supermarket to buy some eggs.となる。

(2) 疑問詞の why を文頭に置く。一般動詞で時制が過去のときの疑問文の語順〈did ＋主語＋動詞の原形〉が続く。Why did you learn Chinese?となる。

(3)「たくさんの本」= a lot of books。「〜についての」= about 〜。She reads a lot of books about history.となる。

(4) 数をたずねるときは how many を文頭に置き，直後に数を問う名詞の複数形がくる。How many students came here?となる。

(5)「誰の〜」= whose 〜。あとは be 動詞の疑問文の語順〈be 動詞＋主語〉が続く。Whose sister is this beautiful lady?となる。

答 (A，B の順に) (1) イ，エ　(2) ウ，エ　(3) エ，ウ　(4) ウ，イ　(5) ウ，オ

5 (1) 主語が複数になると，be 動詞は are になる。album も複数形にする。

(2)「これは誰のものですか？」という文にする。「誰のもの」= whose。

(3)「私たちは」を「私は」にする。主語が I のとき，be 動詞は am。

(4) 一般動詞で時制が現在を表し，主語が三人称単数のときの疑問文は〈Does ＋主語＋動詞の原形〉の語順になる。

(5)「〜することができない」=〈can't ＋動詞の原形〉。

答 (1) They are your albums　(2) Whose is this　(3) I am your friend

(4) Does he climb Mt. Fuji every year　(5) I can't play the piano

6 (1) 問いは「タクヤは英語を勉強するためにどこに行きましたか？」。第 2 段落の前半を見る。彼はアメリカのテキサスに行った。

(2) 問いは「ブラウンさんとは誰ですか？」。第 2 段落の中ほどを見る。彼は担任の先生だった。

(3) 問いは「授業が終わったとき，タクヤはどのように感じましたか？」。第 2 段落の最後の文を見る。タクヤはうれしく感じていなかった。

(4) 問いは「チェンはどこの出身ですか？」。第 4 段落の前半を見る。彼は中国出身だった。

(5) 問いは「タクヤが学校でブラウン先生に会って彼に話しかけたとき，タクヤはどのように感じましたか？」。最終段落を見る。彼はうれしく感じた。

答 (1) ウ　(2) イ　(3) エ　(4) ア　(5) ウ

◀**全訳**▶　こんにちは，みなさん。ぼくの名前はタクヤです。ぼくはみなさんにぼくの経験について話したいです。

　昨年の夏，ぼくは英語を勉強するためにアメリカに行きました。ぼくはそれが英語を話すよい機会だと思いました。ぼくはテキサスの高校で英語を勉強しました。担任のブラウン先生がぼくをクラスの生徒たちに紹介しました。ぼくは彼らに自己紹介をしましたが，それをうまくすることができませんでした。授業が終わったとき，ぼくはうれしくありませんでした。

　次の日，ブラウン先生はぼくに質問をしました。ぼくは彼の英語を理解しましたが，何も言うことができませんでした。彼はぼくがどのように感じているかを理解したので，ぼくに違う方法でその質問をしました。ぼくは数語だけしか言うことができませんでした。ぼくは次回もっと英語を話すようにしたいと思いました。

　数日後，ぼくは中国出身の生徒と話す機会がありました。彼の名前はチェンでした。彼はちょうどぼくと同じようにそこで勉強していました。彼は英語で自己紹介をして「ぼくの英語は上手ではないけれど，ぼくは君と話したい」と言いました。ぼくは「ぼくの英語も上手ではないけれど，ぼくもやってみるよ」と言いました。

最初，ぼくたちが英語を話すことは簡単ではありませんでしたが，少しずつより簡単になりました。ぼくたちは家族，友達，そして学校について話しました。ぼくたちはおたがいに理解するため最善を尽くしました。ぼくたちは英語で話すことをとても楽しみ，よい友達になりました。

　次の日，ぼくは学校でブラウン先生に会い，英語で彼に話しかけました。彼は微笑んで「君は上手に英語を話すね」と言いました。ぼくはとてもうれしかったです。

8．履正社学園豊中中（前期2次）　　　　　　　　　　　問題 P. 50～53

① (6)「私たちは病気のとき，病院に行きます」。「病院」= hospital。

(7)「私は3人の声が聞こえます」。people は複数の意味を表す単語。「人々の」は people's。

(8)「私は歌手になりたいです」。「歌手」= singer。

(9)「このオレンジはいくらですか？」—「それは100円です」。値段をたずねるときは how much を使う。

(10)「母の兄弟は私のおじです」。「おじ」= uncle。

答 (1) frog　(2) tea　(3) Thursday　(4) July　(5) Korea　(6) ア　(7) イ　(8) イ　(9) エ　(10) エ

② (1)「その少年はいつサッカーをしますか？」—「放課後」。when =「いつ」。

(2)「机の上に何冊の本がありますか？」—「2冊あります」。本の数を答える。

(3)「これは誰の車ですか？」—「それは私のものです」。mine =「私のもの」。「これは」は答えるときには「それは」にかえる。

(4)「こちらはクミです」と答えていることから「どちら様ですか？」。Who's speaking, please? は，電話で話し手が誰かをたずねる言い方。

(5) A は B にペンを借りたかったが「すみません。私はそれを使っています」と断られた場面。「大丈夫です」の No problem. が適切。

答 (1) エ　(2) エ　(3) ウ　(4) ア　(5) ウ

③ (1) very は否定文で使われると「あまり〜ない」という意味になる。

(2)「〜に遅刻する」= be late for 〜。

(3)「早く起きる」= get up early。

(4)「（乗り物）で」= by 〜。

(5) 一般動詞の文で時制が現在を表し，主語が三人称単数のとき，動詞に s をつける。want は進行形にしない。

答 (1) ウ　(2) ア　(3) ア　(4) ウ　(5) イ

④ (1)「（時間が）かかる」というときは，It takes 〜で表す。「駅まで」= to the station。It takes about ten minutes to the station. となる。

(2)「毎月」= every month。I see a movie every month. となる。

(3)「一週間は7日持っています」とする。A week has seven days. となる。

(4)「雨が降る」は It を主語にして，It rains で表す。「たくさん」= a lot。It rains a lot here. となる。

(5)「あなたは上手な英語の話し手です」とする。You are a good speaker of English. となる。

答 (A，Bの順に) (1) ア，オ　(2) イ，エ　(3) オ，ウ　(4) ウ，イ　(5) ウ，ア

⑤ (1) 一般動詞で時制が現在を表し，主語が三人称単数のときの否定文は〈主語 + doesn't + 動詞の原形〉の語順になる。

(2)「私たちはスポーツが好きです」という文にする。

(3) 年齢をたずねる疑問文にする。how old を文頭に置く。後は be 動詞の疑問文の語順〈be 動詞 + 主語〉になる。

(4)「そのペン」を代名詞にかえると「それ」になる。

(5)「〜出身です」=〈be 動詞 + from 〜〉。

答 (1) He doesn't study English　(2) We like sports　(3) How old is his sister　(4) It is good

(5) I am from Osaka

6 (1) 問いは「タカシのおばはどこに住んでいますか？」。第2段落を見る。彼女はバンクーバーに住んでいる。

(2) 問いは「タカシはいつ野球をしますか？」。第1段落の最後の文を見る。彼は週に2回野球をする。

(3) 問いは「タカシはおばの家にどれくらい滞在しましたか？」。第2段落の2文目を見る。彼は1週間滞在した。how long =「どれくらいの間」。

(4) 問いは「バンクーバーで何がタカシにとって最もわくわくさせるものでしたか？」。第3段落の後半を見る。アイスホッケーの試合を見たことが最もわくわくさせた。

(5) 問いは「タカシのおばはなぜバンクーバーに住む決心をしましたか？」。第2段落の最後の文を見る。スキーをすることが好きだから。

答 (1) エ　(2) ウ　(3) イ　(4) ウ　(5) エ

◀全訳▶　こんにちは，みなさん。ぼくはタカシです。ぼくは中学生です。ぼくの好きなスポーツは野球です。ぼくは週に2回，放課後野球をします。

この冬，ぼくは家族とバンクーバーに行きました。ぼくたちは1週間，おばのところに滞在しました。彼女はバンクーバーの大学に行きました。そして彼女は今その大学で働いています。彼女はスキーをすることが大好きなので，バンクーバーに住むことを決心しました。

彼女はぼくたちを美しい山に連れていってくれました。そしてぼくたちはそこでスキーをすることを楽しみました。それはぼくたちにとってとてもわくわくさせるものでした。ぼくたちはアイスホッケーの試合も見に行きました。ぼくはそれを初めて見ましたが，ぼくにとって最もわくわくさせるものでした。

バンクーバーはすてきな都市です。ぼくはそこにまた行きたいです。

---

9. 履正社学園豊中中（後期） 問題 P. 54〜56

1 (6)「朝食前に手を洗いなさい」。「手」= hand。

(7)「彼は学校のテニスチームのメンバーです」。「〜のメンバー」= a member of 〜。

(8)「日本で入学式は春に行われます」。「春」= spring。

(9)「私は正午ごろに昼食を食べます」。「昼食」= lunch。noon =「正午」。

(10)「私は空腹のときにパンケーキを食べます」。「パンケーキ」= pancake。medicine は「薬」。

答 (1) grandfather　(2) melon　(3) August　(4) music　(5) lion　(6) ア　(7) イ　(8) ア　(9) イ　(10) イ

2 (1)「あなたの学校には何人の生徒がいますか？」—「約300人の生徒です」。数をたずねるときは，how many を使う。

(2)「あなたはどの季節が最も好きですか？」—「私は夏が最も好きです」。which 〜 =「どの〜」。

(3)「この赤いかばんはあなたのものですか，それともあなたのお姉さんのものですか？」—「それは私のものではありません。それは彼女のものです」。hers =「彼女のもの」。

(4)「あなたの消しゴムをなくしました」—「心配しないで。別のを持っています」。Don't worry. =「心配しないで」。

(5)「チョコレートケーキがほしいです」—「すみません。チョコレートケーキは1つもありません」。I'm sorry. =「すみません」。

答 (1) ア　(2) イ　(3) ウ　(4) エ　(5) ウ

3 (1)「〜の近くに」= near 〜。

(2)「〜に遅刻する」= be late for 〜。〈命令文, or 〜〉=「…しなさい，さもないと〜」。

(3)「いくらかの」= some。

(4)「一番高い」は最上級で，the highest と表す。

(5) have ～で「～がある」という意味を表すことができる。

答 (1) ア　(2) イ　(3) エ　(4) ウ　(5) イ

④ (1) 「A に B を見せる」= show A B。Please show me your English notebook.となる。

(2) 「～することが得意である」= be good at ～ing。Are you good at playing the piano?となる。

(3) 「～について」= about ～。「たくさん」= a lot。Ben knows a lot about Japanese history.となる。

(4) 「～をしているところです」は現在進行形〈be 動詞の現在形＋～ing〉で表す。I am writing a letter to my friend.となる。

(5) 年齢をたずねるときは，how old を文頭に置く。後は be 動詞の疑問文の語順〈be 動詞＋主語〉になる。How old is your mother?となる。

答 (A，B の順に) (1) エ，ア　(2) ア，エ　(3) ウ，オ　(4) エ，ウ　(5) イ，オ

⑤ (1) 一般動詞で時制が現在を表し，主語が三人称単数のときの疑問文は〈Does ＋主語＋動詞の原形〉の語順になる。

(2) 「ミエコは自分のカメラで写真をまったく撮らない」とする。一般動詞で時制が現在を表し，主語が三人称単数のときの否定文は〈主語＋ doesn't ＋動詞の原形〉の語順になる。some は any にする。否定文中の any は「少しも～ない」の意味になる。

(3) 「誰」とたずねるときは，who を文頭に置く。あとは be 動詞の疑問文の語順〈be 動詞＋主語〉になる。

(4) 「タイチと私」を代名詞にかえると「私たち」になる。

(5) 「～出身」は from ～で表す。疑問文の語順〈be 動詞＋主語〉にする。

答 (1) Does Ken study French　(2) Mieko doesn't take any pictures with her camera　(3) Who is he
(4) We are good friends　(5) Are you from Japan

⑥ (1) 問いは「スズキケイタはどこで大学に通っていますか？」。第1段落の中ほどを見る。彼は大阪の大学に通っている。

(2) 問いは「スズキケイタの最も困難な科目は何ですか？」。第1段落の後半を見る。英語である。

(3) 問いは「誰がスズキケイタと家を共有していますか？」。第2段落の中ほどを見る。シュンスケ，ケイゴ，そしてヨウタロウと共有している。

(4) 問いは「スズキケイタの弟は何歳ですか？」。第3段落の前半を見る。16 歳である。

(5) 問いは「スズキケイタを訪問するとき，彼の母は彼に何を持ってきますか？」。第3段落の後半を見る。お菓子や果物を持ってくる。

答 (1) エ　(2) ウ　(3) イ　(4) ウ　(5) ア

◀全訳▶　こんにちは！　初めまして！　ぼくの名前はスズキケイタです。ぼくは 19 歳，大学生です。ぼくは大阪の大学に通っています。ぼくのお気に入りの科目は経済学，フランス語，そして歴史です。英語はぼくの最も困難な科目です。ぼくの教授たちはとても親しみやすく，頭がいいです。今大学の2年目です。ぼくはそれが大好きです！

　ぼくは国道 176 号線沿いの大きな家に住んでいます。それは大学のキャンパスの近くです。ぼくは3人の他の学生と家を共有しています。彼らの名前はシュンスケ，ケイゴ，そしてヨウタロウです。ぼくたちはおたがいに宿題を手伝います。毎週末，ぼくたちはいっしょにサッカーをします。

　ぼくには弟のカンタがいます。彼は高校を始めたばかりです。彼は 16 歳で，両親と生活しています。彼らは京都の四条通沿いに住んでいます。彼らはときどき大阪にいるぼくを訪問します。彼らがぼくを訪問すると，ぼくはうれしいです。彼らが来るとき，母がいつもぼくにお菓子や果物を持ってきてくれます。ぼくは彼らが本当に恋しいです。

10. 大谷中〈京都〉（A3）

問題 P. 57〜61

[1] 問1. (1) オーストラリアの情報がほしい理由が入る。first trip to 〜＝「〜への初めての旅行」。(2) 衣服について確認している。bring 〜＝「〜を持ってくる」。(3) アレックスに会いに行くリョウのメールの終わりの言葉。look forward to 〜ing ＝「〜することを楽しみにする」。(4) メールのお礼が入る。Thank you for 〜ing ＝「〜してくれてありがとう」。(5) オーストラリアの気候について書いている。I don't think 〜＝「私は〜ではないと思う」。as 〜 as …＝「…と同じくらい〜で」。(6) 祖父母の農場で楽しめることを書いている。take care of 〜＝「〜の世話をする」。(7) リョウを迎えるアレックスのメールの終わりの言葉。can't wait to 〜＝「〜することが待ちきれない」。

問2. ア. リョウのメールの前半を見る。リョウはオーストラリアへ旅行に行く。イ. 「アレックスの祖父母は農家である」。アレックスのメールの中ほどを見る。本文の内容に合っている。ウ. アレックスのメールの前半を見る。アレックスは, 日本ほどオーストラリアは寒くないと書いている。エ. リョウのメールの中ほどを見る。リョウは, 今回がオーストラリアへの初めての旅行だと書いている。

答　問1. (1) エ　(2) キ　(3) ウ　(4) オ　(5) イ　(6) カ　(7) ア　問2. イ

◀**全訳**▶

送信元：リョウ
宛先：アレックス
日付：2022 年 6 月 20 日, 午後 1 時 30 分
件名：僕のオーストラリア旅行

- -

こんにちは, アレックス,

僕は君の国への旅行の準備をしているところだよ。父が昨日, オーストラリアまでの飛行機のチケットを買ってくれたんだ。僕は 7 月 2 日の午前 10 時 20 分にシドニー国際空港に着くよ。空港で僕を迎えてくれない？　これが君の国への初めての旅行なんだ。だから僕は情報がほしいよ。日本の 7 月は夏だから, ここはとても暑くて, 僕は T シャツを着ているんだ。でも僕は 7 月の君の国は冬だと知っているから, きっと寒いに違いない。僕は何を持っていかなければいけない？　僕はあたたかなジャケットやセーターが必要かな？　とにかく, 僕は君の国に行って, 君にまた会うことを楽しみにしているよ。

返事を書いてね,

リョウ

送信元：アレックス
宛先：リョウ
日付：2022 年 6 月 21 日, 午後 3 時 43 分
件名：Re: 僕のオーストラリア旅行

- -

親愛なるリョウ,

僕にメールをくれてありがとう。父と僕が君を迎えるために空港にいるよ。知っての通り, 7 月のオーストラリアは冬になるけど, 日本ほどオーストラリアは寒くないと僕は思う。僕たちは僕の祖父母を訪問する予定だよ。彼らはケアンズに住んでいて, 大きな農場を持っているんだ。そこはよりあたたかいよ。そこには多くの牛や羊がいるんだ。僕たちはそれらの世話することを楽しめるね。そして僕たちは祖父母の

家の近くの川に釣りに行くよ。多くの魚を捕まえられるといいな。僕は君に会うのが待ちきれないよ。

すぐに会おう，

アレックス

2 (1) by myself＝「私自身で」。「私はそれを自分で作りました」。

(2) 父親は子どもに遅い時刻であることを告げ，「あなたは寝るべきです」と言っている。

(3) Bは髪を切ってもらった。「私は短い髪が好きです」。

(4) 店での会話。店員の「お手伝いしましょうか？」に対して，客が「私は見ているだけです」と答えている。

(5) お礼に対する応答。No problem.＝「どういたしまして」。

(6) between A and B＝「AとBの間」。「水曜日と金曜日の間の日は何ですか？」。

(7) 天候を答える文が入る。It was humid.＝「ジメジメしていました」。

(8) 遅刻してきたことを謝る相手に対して，「気にしないで」と答えている。

答 (1) ウ　(2) イ　(3) ウ　(4) イ　(5) ア　(6) イ　(7) ア　(8) ア

3 (1) 「男性がゴルフをしています。男性のそばに女性がいます」。「～のそばに」＝ by ～。

(2) 「少女がオンライン授業を受けています。彼女の前にコンピュータがあります」。「授業を受ける」＝ take a class。「～の前に」＝ in front of ～。

(3) 「女性が朝食を食べています。彼女は右手に箸をもっています」。「彼女の手（の中）に」＝ in her hand。

(4) 「男性がステージで歌っています。ステージのまわりに何人かの人がいます」。「～のまわりに」＝ around ～。

(5) 「男性が本を読んでいます。彼はソファーに座っています」。「ソファー（の上）に」＝ on the sofa。

答 (1) ウ，サ　(2) キ，ス　(3) イ，シ　(4) カ，ケ　(5) エ，セ

4 (1) 「彼はどの映画を見ますか？」。時制が未来の疑問文は〈will ＋主語＋動詞の原形〉となる。

(2) 「私の兄はたいてい早く起きますが，今朝は遅く起きました」。「遅く」＝ late。

(3) 「マスダ先生はこの学校のすべての先生の中で最も人気があります」。最上級の文。「最も人気がある」＝ the most popular。

(4) 「彼女にはアメリカに友達が少しいます」。「少しの～」＝ a few ～。

(5) 「今日はたくさん雨が降っているので，ゆっくり運転してください」。「ゆっくり」＝ slowly。

答 (1) ウ　(2) イ　(3) エ　(4) ウ　(5) ア

5 (1) 1. ジョンが電話に出る。Speaking.は本人であることを伝える電話表現。2. 電話の用件を話す。Why don't we ～？＝「～しませんか？」。3. 集合時刻を提案する。How about ～？＝「～はどうですか？」。4. 提案を了承する。That sounds ～.＝「～のように聞こえる，～のようだ」。

(2) 1. 父親が，外出してもよいかとたずねる子どもに確認をしている。take an exam＝「テストを受ける」。2. 子どもはテストのことはわかっているが，それでも買い物に行きたいと言っている。go shopping＝「買い物に行く」。3. 父親は家で勉強するよう言っている。4. 子どもは今晩勉強すると約束している。promise＝「約束する」。

答 (1) 1. ウ　2. ア　3. イ　4. エ　(2) 1. ウ　2. ア　3. エ　4. イ

◀全訳▶　(1) 電話で

A：こんにちは，マイクです。ジョンと話したいのですが，お願いできますか？

B：僕だよ。どうしたの？

A：君は明日ひま？　映画に行かない？

B：いいよ。何時に会おうか？

A：10時30分はどう？

B：よさそうだね。

　　A：そのときに会おう。

(2) 家で

　　A：お父さん，今日友達と出かけてもいい？

　　B：明日テストを受けるんだよな？

　　A：わかってるわ。でも買い物に行きたいの。

　　B：それなら家にいて勉強しないといけないな。

　　A：今晩一生懸命(けん)勉強するわ。約束する。

　　B：わかった，でも早く帰って来るんだよ。

6 (1)「A の〜を手伝う」＝ help A with 〜。sometimes は主語と一般動詞の間に置く。

　(2) 代名詞を主語にして，have much rain で「雨がたくさん降る」という意味になる。

　(3)「〜が一番好きだ」＝ like 〜 the best。

　(4)「〜する必要はない」＝ don't have to 〜。

　(5) 数をたずねる疑問詞は how many。「〜がいますか，ありますか？」＝ are there 〜?。

　(6)「〜してくれませんか？」＝ Could you 〜?。「A に B を教える」＝ tell A B。「〜への行き方」を「〜への道」と表す。

答 (1) sometimes helps me with my science homework　(2) we have much rain in June

　(3) like winter the best of all　(4) You don't have to go　(5) How many students are there

　(6) Could you tell me the way

11. 京都先端科学大附中（A 1 日程）　　　　　　　問題 P. 62〜69

1 (1) B が「冬は多くのことに最高の季節です」と言っていることから，冬にふさわしいものを選ぶ。such as 〜＝「〜のような」。snowboarding ＝「スノーボード」。

　(2) A の「私は本当にミュージカルを楽しみます。あなたはどうですか？」というせりふに対する返答。ミュージカルは歌や踊(おど)りによる演劇である。

　(3) B は「規則に従わなかったので図書館を出るように求められた」と言っている。図書館での行動としてふさわしくないものを選ぶ。talk on the phone ＝「電話で話す」。

答 (1) 3　(2) 2　(3) 2

◀全訳▶ (1)

　　A：毎日だんだん寒くなっています。私は冬が好きではありません！

　　B：寒いけれども，冬は多くのことに最高の季節です。

　　A：それは本当ですか？　あなたはどんな種類のことを意味していますか？

1.　バーベキューと屋外で食べることです。

2.　浜(はま)辺を楽しむことと海で泳ぐことです。

3.　スキーやスノーボードのようなスポーツです。

(2)

　　A：今週末，映画館に行きましょう。

　　B：ああ，すばらしい考えですね！　どんな種類の映画を見ましょうか？

　　A：私は本当にミュージカルを楽しみます。あなたはどうですか？

1.　いいえ。私はこわい映画は好きではありません。

2.　もちろんです。私は歌うことと踊ることが大好きです。

3.　ああ，そうです。私はポップコーンが本当に好きです。

(3)

A：ねえ，どうしたんですか？

B：私は規則に従わなかったので図書館を出るように求められたところです。

A：あらまあ。あなたは何をしたんですか？

1. 私は一人で静かに勉強していました。

2. 私は友達と電話で話していました。

3. 私は机で本を読んでいました。

② (1) エンジェル・フォールは「東京タワーよりも高い」。「～よりも高い」= taller than ～。

(2) 時には 1 キロメートル以上離れた人々が滝を「感じる」ことができる。

(3) ジミー・エンジェルは「彼の飛行機を墜落させた」。crash =「墜落させる」。plane =「飛行機」。

答 (1) 2 (2) 2 (3) 3

◀全訳▶ 世界でもっとも高い滝はエンジェル・フォールと呼ばれていて，ベネズエラにあります。ベネズエラは南アメリカにある国です。エンジェル・フォールは高さが 979 メートルあります。それは東京タワーを 3 つ重ねたのと同じくらいの高さです！ その水はアウヤンテプイと呼ばれる山から落ちます。その名前は，山が大きなテーブルのように頂上は平らになっているということを意味します。

エンジェル・フォールはとても高いので水が滝の底に落ちるときに霧になります。いくつかの季節では，滝から 1 キロメートル以上離れたところにいる人々はこの霧が自分たちに触れているように感じることがあります。

滝は 5 月と 11 月の数か月の間が最高でもっとも激しいですが，12 月から 4 月にはベネズエラではあまり雨が降らないので，滝がとても小さくなり，消えることさえあります。

エンジェル・フォールはジミー・エンジェルと呼ばれる男性の名前を取って名づけられました。彼は 1937 年に滝の上空に飛行機を飛ばした最初の人物であるアメリカ人パイロットでした。のちに彼は飛行機をそこで墜落させてしまい，山をずっと歩いて戻らなければなりませんでした。この歩行は 11 日かかりました。

エンジェル・フォールはカナイマ国立公園で見つけることができます。これはベネズエラの人々と政府によって管理されている広大な面積の土地です。エンジェル・フォールのような美しくすばらしい自然の驚異を管理することは大切です。多くの人々が訪れてそれを楽しむことができます。

③ (1)「私が大統領になったなら，私の約束を実行するために最善を尽くします」。接続詞の when が「～時，なら」の意味になると，未来のことを表す場合でも動詞は現在形を使う。

(2)「米のような作物を収穫する季節だということもあって，私たちは秋が食べるのに最高の季節だと言います」。「秋」= fall。「収穫する」= harvest。

(3)「デイビッドはバスケットボール選手権で最優秀選手に選ばれたことを誇りに思っています」。「～を誇りに思う」= be proud of ～。

(4)「もしあなたが図書館から本を借りたら，1 週間以内にそれらを返さなければなりません」。「返す」= return。

(5)「私は昨年あなたを訪問して本当に楽しかったです。あなたに近いうちにお会いしたいと思います」。「～したいと思う」= hope to ～。

(6)「あそこで花束を持っている男の人は誰ですか？」—「あの人は私のおじです」。現在分詞の後置修飾。holding a bouquet of flowers over there が後ろから the man を修飾する。

(7)「もしあなたがこの製品についてより多くの情報が必要なら，私たちに連絡してください」。「より多くの～」= more ～。

(8)「この小説はフランスでベストセラーですが，まだ日本語に訳されていません」。現在完了の受動態は〈have/has + been +過去分詞〉の語順になる。「まだ～ない」= not yet。

(9)「太陽は毎朝東から昇ります」。主語の the sun は三人称単数であり，自然現象を表すので，rises が適当。

(10)「あなたは歯が痛いなら，歯医者に行くべきです」。「歯医者」= a dentist.

⑾「すみません。この地域でおいしいパン屋を知っていますか？」—「ごめんなさい。私はこの辺は初めてなのです」。I'm a stranger here.は「この辺りのことはよく知らない，この辺りは初めてです」という意味。

⑿「僕に何をしてほしいの，お母さん？」—「ええと，最初に，じゃがいもをゆでて，それからそれらをつぶして」。「A に～してほしい」= want A to ～。

⒀「あなたはここに仕事で来ていますか，それとも遊びですか？」—「私は観光でここに来ています」。「観光」= sightseeing。

⒁「私はノリコが生徒にとても人気があると聞きました」—「その通りです。彼女はいつもみんなに親切です」。人気がある理由としてふさわしいものを選ぶ。「～に親切だ」= be kind to ～。

⒂「あなたはデザートを注文する用意ができていますか？」—「はい。私はチーズケーキにします」。「～する用意ができている」= be ready to ～。

答 (1) 1　(2) 2　(3) 3　(4) 2　(5) 1　(6) 2　(7) 3　(8) 2　(9) 3　(10) 3　(11) 2　(12) 3　(13) 1　(14) 1　(15) 2

④ (1)「～の調子がおかしい」= There is something wrong with ～。

(2)「ニューヨークの生活費は東京のそれ（生活費）よりずいぶん高い」と考える。「生活費」= the cost of living。「～よりずいぶん高い」= much higher than ～。「それ」は代名詞の that を使って表す。

(3)「長時間のピアノの練習はアリサをとても疲れさせた」と考える。「A を B にする」= make A B。

(4)「～する予定になっている」= be going to ～。「～に参加する」= take part in ～。「～として」= as ～。

(5)「どのくらいの頻度で」= How often。「外食する」= eat out。

答 (1) is something wrong with my car　(2) living in New York is much higher than that
(3) The long piano practice made Arisa very tired　(4) is going to take part in the conference as
(5) How often do you eat out with your

⑤ (1)「～を試着する」= try on ～。

(2)「支払う」= pay。

(3)「させてくれた」は「するのを許した」と考え，〈let ＋ A ＋原形不定詞〉で表す。let は let - let - let と活用する。

(4)「～のおかわり」は「もう一杯の～」と考え，another cup of ～で表す。

(5)「事故」= an accident。

(6)「国際宇宙ステーション」= International Space Station。

(7)「各駅停車」= a local train

(8)「アドバイス」= advice。

(9)「形」= shape。

(10)「育つ」= grow up。grow は不規則活用。

答 (1) try　(2) pay　(3) let　(4) another　(5) accident　(6) International（または, international）　(7) local
(8) advice　(9) shape　(10) grew

⑥ (1) 資料の 3) に「プレゼンテーションを同じグレードの生徒と一緒にすることができる」とある。クーパー先生との会話にある OC class は，ミキが受けているオーラル・コミュニケーションの授業のこと。

(2) 資料の「注意」の 1 つ目に，「プレゼンテーションの日に欠席すれば，プロジェクトの点数は 0 点になる」とある。学期の成績がもっとも低くなるのは，「あなたがプレゼンテーションの日に病気で寝ていた」場合。

(3) クーパー先生はミキとの会話の最後で，「あなたができるだけ早くテーマを決めてプレゼンテーションの準備をする十分な時間があるといいと思う」と言っている。この会話のあと，ミキは次に「テーマと内容を決める」だろう。

答 (1) 3　(2) 1　(3) 2

◀全訳▶

オーラル・コミュニケーション，2学期
最終プレゼンテーションについての指示
フローレス(A)，ジョンソン(B)，テイラー(C)

私たちの最終プレゼンテーションは3月3日，金曜日に行われます。今はその準備をするときです！
あなたたちは次の指示に従わなければいけません。

1）あなたが選んだテーマをあなたの先生に報告しなさい。

2）あなたのプレゼンテーションは約5分間になります。

3）あなたはプレゼンテーションを一人で，もしくはあなたと同じグレードの生徒と一緒にすることができます。

4）あなたはプレゼンテーションの用紙をプレゼンテーションの日の2日前にEメールで送らなければなりません。

5）あなたのプレゼンテーションは英語の正確さと流暢さの両方に基づいて採点されます。

注意：○　もしあなたがプレゼンテーションの日に欠席すれば，あなたのプロジェクトの点数は0点になります。

　　　○　単独のプレゼンテーションはグループのプレゼンテーションよりも高い点を得るでしょう。

　　　○　あなたがプレゼンテーションの用紙を提出したあとは，それを変えることはできません。

クーパー先生：こんにちは，ミキ，あなたは何を見ているのですか？

ミキ　　　　：これはオーラル・コミュニケーションの授業での私たちの最終プレゼンテーションについての指示です。私たちは3月3日の金曜日にプレゼンテーションをする予定です。

クーパー先生：なるほど。それは大きなプロジェクトになりそうです。あなたはテーマを決めましたか？

ミキ　　　　：いいえ，まだですが，私は頭の中にアイデアが浮かんでいます。そして私は明日の放課後に私の先生のところに行くつもりです。

クーパー先生：いいですね。あなたの先生は誰ですか？　テイラー先生ですか？

ミキ　　　　：実は，違います。私は1学期に彼女の授業を受けていましたが，2学期はジョンソン先生の授業を受けています。ナオトが今，彼女のクラスにいます。

クーパー先生：ああ，私はそれを知りませんでした。ここを見てください。あなたは一人でするのかグループでするのか，プレゼンテーションをする方法を選べます。あなたはどちらにしたいですか？

ミキ　　　　：私は一人でプレゼンテーションをしてみたいです。

クーパー先生：それがうまくいきますように。私はあなたができるだけ早くテーマを決めてそれの準備をする十分な時間があるといいと思います。

ミキ　　　　：はい，ありがとうございます。私はそれを頑張ります！

7　1. 第1段落の1文目を見る。エジプトにはたくさんの種類のスフィンクスがある。

2. 「スフィンクスは実在する生き物ではない」。第1段落の3文目を見る。正しい。

3. 第1段落の3文目を見る。スフィンクスはライオンの身体と人間の頭を持っている。

4. 「大スフィンクスは約4600年前に作られた」。第2段落の最終文を見る。正しい。

5. 「スフィンクスの顔はナイル川を見ている」。第3段落の2文目を見る。正しい。

6. 第3段落の4文目を見る。大スフィンクスの身体は砂でおおわれていたが，頭だけは見えていた。

7. 「大スフィンクスは1930年代にようやく発掘された」。第3段落の最終文を見る。正しい。

8. 最終段落の2文目を見る。スフィンクスの鼻はずっと前に落ちた。

答 2・4・5・7

◀全訳▶　昔からエジプトの古い芸術作品にはたくさんの種類のスフィンクスがあります。もっとも大きくもっとも有名なのはカイロ市の近くの，ギザの大スフィンクスという像です。スフィンクスはライオンの身体と人間の頭を持つ想像上の動物です。ずっと昔エジプトに住んでいた人々がなぜこの巨大な像を作ったのか，実のところ誰も知りません。そのようなわけで，それがとても人気があっておもしろい訪れる場所なのです。

　大スフィンクスは世界でもっとも大きな像の一つです。その身体は60メートルの長さで20メートルの高さがあります。単純な道具を使っていた100人の労働者がその像を作るのに約3年かかりました。それは柔らかい石でできています。大スフィンクスが約4600年前のものだと考えると驚きです！

　そのスフィンクスはギザの大ピラミッドの近くにあります。それはナイル川の方向である東に向いた人間の顔を持っています。現代では人々が訪れて見るのはとても簡単ですが，常にこうだったわけではありませんでした。何百年もの間，大スフィンクスは大量の砂漠の砂におおわれていたので，その頭しか見えませんでした。1817年に，キャプテン・キャビリアと呼ばれる男とそのほかに160人の人々が砂から像を掘り出そうとしましたが，それは非常に困難でした。とうとう，1930年代に，セリム・ハッサンという名前のエジプト人がスフィンクスの身体をようやく発掘しました。

　残念なことに，大スフィンクスはかたい岩でできておらず，カイロからの煙とちりを含んだ砂漠の風がスフィンクスをずいぶん変えてしまっています。その鼻はずっと前に落ち，今や身体と頭のほかの部分はゆっくりとなくなりつつあります。エジプトの人々はこの神秘的な像の手入れをして守るために一生懸命に働いています。彼らはその長い歴史が続くことを願っています。

12. 京都文教中（A日程）　　　　　　　　　　　　　　　　　　問題 P. 70～75

① 問1. No.1. 歌が上手だとほめられて，「母は歌手だ」と答えている。No.2. Have a nice weekend.は別れ際のあいさつ。「あなたも（よい週末を過ごして）」という意味で，You, too.と応答する。No.3. 昼食に食べるものを答える。No.4. 鳥の名前をたずねられ，それに応答する。No.5. Can you ～, please?＝「～してくれませんか？」。窓を開けるよう頼まれ，それに応答する。

　問2. No.1. 少年はバス停にいる。No.2. 2人は犬を洗っている。「洗う」＝ wash。No.3. 指輪は2,000ドル。「2,000」＝ two thousand。No.4. 時計は8時45分を表示している。quarter to nine は「9時までに15分」という意味で，8時45分を表す。No.5. 少年は猫だけをかかえているので，3の「動物が好きだ」が適切。

答 問1. No.1. 1　No.2. 2　No.3. 2　No.4. 1　No.5. 3
　　　問2. No.1. 2　No.2. 3　No.3. 2　No.4. 3　No.5. 3

◀全訳▶　問1.

No.1. あなたはとても上手に歌うことができますね。
　1. 私の母は歌手です。　2. もちろんです。彼はできます。　3. いいえ，私は違います。

No.2. よい週末を過ごしてね，メアリー。
　1. はい，どうぞ。　2. あなたも。　3. どういたしまして。

No.3. あなたは今日，昼食に何を食べますか？
　1. どういたしまして。　2. サンドイッチです。　3. あなたはすばらしいです。

No.4. むこうのあの鳥は何ですか？
　1. すみません。私は知りません。　2. 私はうれしいです。私はこの公園が好きです。
　3. はい，私もです。

No.5. ドアを開けてくれませんか？
　1. 部屋の中です。　2. はい，そうです。　3. もちろんです。

問2.

No.1.

1. トムはバスに乗っています。

2. トムはバス停にいます。

3. トムはバスの中にいます。

No.2.

1. カナとサヤは犬を持っています。

2. カナとサヤは犬と遊んでいます。

3. カナとサヤは犬を洗っています。

No.3.

1. 指輪は200ドルします。

2. 指輪は2,000ドルします。

3. 指輪は200万ドルします。

No.4.

1. アンは8時40分に起きます。

2. アンは8時55分に起きます。

3. アンは8時45分に起きます。

No.5.

1. トムは本を読んでいます。

2. トムは犬と猫をかかえています。

3. トムは動物が好きです。

2 問1. ① in front of ～＝「～の前に」。⑥ look for ～＝「～を探す」。

問2. ② difficult＝「難しい」。③ suddenly＝「突然」。⑧ perfectly＝「完璧に」。⑨ knees＝「ひざ」。⑫ dangerous＝「危険な」。

問3. A. 鳥がエンジンにぶつかったあとの乗客の言葉。The engine is on fire!＝「エンジンが火事だ！」。B. 機長がハドソン川を見つけ，空港に連絡した内容。I'm landing the plane in the Hudson River.＝「私はハドソン川に飛行機を着陸させます」。C. 客室乗務員が乗客を避難させる言葉。You people go out on the wings and wait for help!＝「みなさんは翼の上に出て，助けを待ってください！」。

問4. quickly＝「急速に」。反意語は「ゆっくりと」で，slowly。

問5. low を比較級にする。

問6. いずれも不規則動詞である。

問7. ⑩「2」＝two。⑪「7」＝seven。

問8. ア. 第8段落の前半を見る。ニューヨークには地球上で最も多くのビルがある。イ. 第8段落の中ほどを見る。本文の内容に合っている。ウ. 第8段落の後半を見る。ニューヨークには大きな道路があったが，車が多かった。エ. 乗客が避難する場面を見る。最初の救助ボートは3分後にきた。オ. 最終段落を見る。本文の内容に合っている。

答 問1. ①イ　⑥ウ　問2. ②イ　③オ　⑧ウ　⑨ア　⑫エ　問3. A. イ　B. ウ　C. ア
　　問4. slowly　問5. lower　問6. ⑦ brought　⑬ left　⑭ got　問7. ⑩ two　⑪ seven　問8. イ・オ

◀全訳▶　この話は映画のようですが，そうではありません。真実です。ある日，パイロットはニューヨーク市上空で大型の飛行機を操縦していました，そしてそのとき両方のエンジンがとまりました。

　パイロットの名前はチェズレイ・サレンバーガーでした。だれもが彼をサリー機長とよんでいました。飛行機はニューヨークの空港を出発しました。3分後，飛行機の前に数百羽の鳥がいました。とてもたくさんの鳥だったので，彼と飛行機に乗っていた他のパイロットが鳥だと気付くのは難しかったのでした。そのとき，鳥

がエンジンにぶつかりました。

　ひとりの乗客が「エンジンが火事だ！」と叫びました。

　客室乗務員は「大丈夫です。パイロットがそれを消します。彼はひとつのエンジンで飛行機を操縦することができます」と言いました。

　別の乗客が「もうひとつのエンジンも火事だ！」と叫びました。

　突然，両方のエンジンが静かになりました。エンジンがとまっていました。

　サリーはニューヨークの空港に連絡して，彼らに鳥について伝えました。彼は空港の人に飛行機が戻らなければならないと伝えました。しかし飛行機はあまりにも急速に降下していました。サリーは空港に引き返すことはできないとわかりました。

　彼には何ができたでしょうか？　いたるところにビルがありました！　ニューヨークは地球上の他のどんな場所より多くのビルがあります。彼はセントラルパークの近くにいました。そこにはあまり多くのビルはありませんでしたが，あまりにも多くの木がありました。ニューヨークにはいくつかの大きな道路がありましたが，それらの上にはあまりにも多くの車がありました。彼はすぐに何かをしなければなりませんでした。飛行機はより低くなりました。

　そのとき彼は左側に何かを見つけました。それはハドソン川でした。彼は最後にもう一度空港に連絡し，「私はハドソン川に飛行機を着陸させます」と言いました。それから彼はそこに行くために飛行機の向きをかえました。

　川には多くのボートがありました。彼はそれにぶつかりたくありませんでした。そこで彼はボートのない場所を探しました。しかし近くにボートがなければなりませんでした。彼はそれらにあとで飛行機に乗っているみんなを助けにきてもらいたかったのです。

　サリーは川の上に飛行機を移動しました。それは完璧に降りました。飛行機の後方部がまず水につかりました。それから，前方部がつかりました。客室乗務員は前のドアを開けました。彼らは乗客に何をすべきか伝えました。「みなさんはいかだに乗ってください！」　そして他の人に，彼らは「みなさんは翼の上に出て，助けを待ってください！」と言いました。

　すぐに乗客全員が飛行機から外に出ました。しかしそれは水中に沈んでいきました。翼の上の人々はひざまである水の中に立っていました。水はせっ氏2度しかありませんでした。空気はさらに冷たかったのでした。せっ氏マイナス7度でした。そこにとどまることは危険でした。しかしサリー機長は正しい決断をしていました。3分後，最初のボートが助けにきました。他の多くのボートが少し遅れてやってきました。

　サリー機長は飛行機から出た最後の人でした。彼は去る前に，飛行機内を2度行き来しました。155人が飛行機に乗っていて，彼らのすべてが安全に降りました。それは映画のようですが，本当の話です。

3　①「サッカー」= soccer。

　②「電車」= train。

　③「病院」= hospital。

　④「果物」= fruits。

　⑤「橋」= bridge。

　答　①エ　②オ　③ウ　④イ　⑤ア

4　①「～をしています」は現在進行形〈be動詞＋～ing〉で表す。Tom is studying math now.となる。

　②「楽しい時を過ごす」= have a good time。Ken and Mike had a good time last Sunday.となる。

　③「もし～なら」= if ～。「晴れている」= it is clear。If it is clear, we will play rugby.となる。

　④「どのくらい」= how long。現在完了の疑問文の語順は〈have/has＋主語＋過去分詞〉。How long have you lived in Kyoto?となる。

　⑤「ヴァイオリンを弾いている男の子」= the boy playing the violin。playing the violinが後ろからthe boy

を修飾する。The boy playing the violin is John.となる。

答 ①(ア) 1　(イ) 2　②(ウ) 1　(エ) 4　③(オ) 1　(カ) 3　④(キ) 3　(ク) 4　⑤(ケ) 3　(コ) 1

---

13. 同志社国際中　　　　　　　　　　　　　　　　　　　　　　　　　問題 P. 76〜80

①(1)(A) 第1段落の1・3文目を見る。「あなたが眠っていた20年2か月3日」とあり，息子はスキー中に事故に遭い，20歳のときからずっと眠った状態だった。(B)「クリーンエネルギーが開発される前，生活が完璧であるときがあった」という記述はない。(C)「病気がより少なくなり，人々はより健康的な生活を送っている」。第4段落の5文目を見る。一致する。(D) 第3段落の4・5文目の「私たちはお金のために働くのではありません。私たちはお互いを助けるために働き，楽しいと思う仕事をしています」という文から，人はまだ働いている。(E)「この未来の世界で，地球温暖化はもはや問題ではない」。第4段落の最後の2文を見る。一致する。(F) 第3段落の最後の2文を見る。筆者は昔の世界よりも，今の世界の方がより幸せだと考えている。(G) 第2段落の4文目を見る。この世界に空飛ぶ車は存在していない。(H)「地球がよりきれいである理由の1つは，人々がもはや肉を食べないからである」。第4段落の後半に「食用の牛を育てるために切り開かれた土地が今は森で覆われているため，世界的に汚染が減り，空気がずっときれいである」と述べられている。一致する。

(2)① 第1段落の最後の2文を見る。ジェイソンはスキー中に事故に遭い，入院中ずっと眠ったままだったが，やっと目を覚ました。be injured =「負傷する」。② 第2段落の6文目，第3段落の2・3文目を見る。政府はクリーンエネルギーを開発し，あらゆるものを共有する社会を導入した。sharing system =「共有する仕組み」。③「私たちはとても幸せだ」。「とても」= extremely。④ 直前の「高速鉄道やバスはあなたをどこにでも連れていくことができます」と，直後の「国民それぞれが自家用車を所有しているわけではありません」をつなぐ語が入る。「それゆえに」= therefore。⑤ 直後の「あなたのお気に入りのファストフード店は栄養クリニックに取って代わられています」に着目する。「残念ながら」= unfortunately。⑥ 体が何を必要としているのかを栄養クリニックがチェックし，健康的な食事を準備してくれる。「その結果」，人々はより長生きをして，多くの病気がなくなった。「その結果」= as a result。⑦ go through 〜 =「〜を経験する」。⑧ come up with 〜 =「〜を考え出す，考案する」。

(3)「国民それぞれが自家用車を所有しているわけではない」，「電気は太陽光や風力などのクリーンエネルギーで作られている」，「お金のないシステムが開発されている」，「人々は肉を食べるのをやめた」，「多くの病気がなくなり，人々がより健康的になっている」，「地球温暖化との戦いに勝利した」など，本文中で説明されている2222年の世界と現代の世界との違いについて2文の英語で述べる。

(4) 2222年の世界に住みたいか，あるいは住みたくないかということを，少なくとも2つの理由を含めて，2〜3文で答える。解答例1は「いいえ，なぜなら私は肉を食べるのが好きだからです。それに，私は自分自身の車もほしいです」。解答例2は「はい，地球がよりきれいになっているからです。それに人々がより健康的になっています」。

答 (1)(C)・(E)・(H)　(2)①(B)　②(C)　③(C)　④(D)　⑤(B)　⑥(A)　⑦(B)　⑧(A)

(3)(例) We have private cars now, but not in the future. We don't use money in the future.

(4)(例 1) No, because I love eating meat. Also, I want my own car. (例 2) Yes, because the Earth is cleaner. And people are healthier.

◀**全訳**▶ 我が息子，ジェイソンよ，あなたが眠っていた20年2か月と3日の間に，世界がどのように変化したかを説明するため，私は今朝この手紙を書きました。あなたのお母さんの目は涙が滝のように流れる雨雲となっています。あなたはスキー中に事故に遭い，20歳のときからずっと入院しています。あなたがやっと目を覚ましてくれて，私たちはとても幸せです。

私はどこから始めましょう？　今は2222年です。まず，パニックにならないでください。世界は多くの変化を経験しましたが，殺人ロボットやエイリアンや空飛ぶ車は存在しません。しかし，人工知能（AI）を搭載

した機械がいたるところにあり，食料や私たちが快適に暮らすのに必要なあらゆるものを作り出すことを助けています。私たちはあらゆるものを国民の間で共有する社会に生きています。あなたはそれを人々が道具や機械や他に必要なものは何でも借りることができる図書館のようなものだと考えればいいでしょう。高速鉄道やバスはあなたをどこにでも連れていくことができます。それゆえに，国民それぞれが自家用車を所有しているわけではありません。しかし，必要ならば，私たちは自動運転の車を予約することができます。電気は，太陽光や風力などのクリーンエネルギーから作られています。私たちには太陽光パネルがあまり発電しなくなる冬の数か月の間でさえ使えるように電力を蓄えることができる巨（きょ）大なバッテリーがあります。

では，私たちはどうやってここまでたどり着いたのでしょうか？　世界の指導者たちが集まり，争いをやめ，よりよい世界のための計画を作り上げました。彼らはクリーンエネルギー，自由に移動するための計画，そしてお金のないシステムを開発しました。私たちはお金のために働くのではありません。私たちはお互いを助けるために働き，楽しいと思う仕事をしています。また，テクノロジーが私たちの労働時間を短縮しています。かつての典型的な労働時間は今は悪い思い出に過ぎません。そのうえ，人々は好きなところに自由に住み，働き，旅行することができます。国境がないので，私たちはもはやパスポートが必要ありません。私は昔の世界を忘れたいと思っています。今，世界はより幸せな場所なのです。

人々は肉を食べるのをやめており，それが私たちと地球をより健康にすることを助けています。国民それぞれが自分の庭を持ち，ロボットの助けを借りて食べ物を育て，地域の人々と食べ物を交換（かん）します。残念なことに，あなたのお気に入りのファストフード店は栄養クリニックに取って代わられています。しかし，彼らはあなたの体が何を必要としているのかチェックし，あなたのために健康的な食事を準備することができます。その結果，人々はより長生きしているだけでなく，多くの病気がなくなりました。さらに，食用の牛を育てるためにかつて切り開かれた土地は，今では森で覆われています。このため，世界中で汚染が減り，空気ははるかにきれいです。私たちは地球温暖化との戦いに勝利しました。今，私たちは地球温暖化を世界中の人々同士の心温まる友好的な関係と考えることができます。

完璧な世界ではありませんが，ほぼ完璧です。私たちは自然やお互いと調和して生きています。裕福（ゆう）な人も貧しい人もいません。私たちはより長く，より健康的な生活を送っています。私たちはあなたに会えなくて寂（さび）しかったけれども，この世界で目覚めることができてあなたは幸運だと私は思います。

②　1. crime ＝「犯罪」。criminal ＝「犯罪者」。行為とそれをする人の関係。Cの theft は「盗み」という意味なので，Dには「どろぼう」という意味の thief が入る。criminal を「犯罪に関する」という意味の形容詞として考えた場合，thieving（盗みの）でも可。

2. exit ＝「出口」。entrance ＝「入口」。対義語を答える。import（輸入）の対義語は export（輸出）。

3. increase ＝「増加する」。decrease ＝「減少する」。対義語を答える。float（浮かぶ）の対義語は sink（沈（しず）む）。

4. human ＝「人間」。doctor ＝「医者」。Dの veterinarian は「獣（じゅう）医」という意味なので，Cには「動物」を表す animal が入る。

5. attack ＝「攻撃（こうげき）する」。defend＝「守る」。対義語を答える。weaken（弱める）の対義語は strengthen（強める）。

答　1. thief（または，thieving）　2. export　3. sink　4. animal　5. strengthen（または，support）

③　(1)①「クリスマスベイクセールが最初に宣伝されるのはいつですか？」。第1段落の3文目を見る。クリスマスベイクセールのポスターは，10月31日のハロウィンフェスティバルの翌日に学校中に掲示される。②「ベイクセールの間」。「～の間」＝ during ～。③「ベイクセールはどこで開催されますか？」。第2段落の1文目から，ベイクセールの会場が食堂であることがわかる。④「ベイクセールはなぜ開催されるのですか？」。第2段落の3文目を見る。ベイクセールの目的は「世界中の生徒たちのための鉛筆（えん）や消しゴムや教科書を買うためのお金を集めること」。studying material ＝「勉強道具」。⑤「昨年，最も人気のあるお菓子を準備したのは誰でしたか？」。第3段落の最後から4文目を見る。昨年，最も人気があったのは8年生のブラウニー。⑥「『これはすごいことでした！』とは何のことを言っているのですか？」。直前の文を見る。人気

のあまり，新しいブラウニーがテーブルに運ばれてくると，すぐに売れてしまったことを指している。how fast the brownies were sold =「どれくらい早くブラウニーが売り切れたか」。

(2) ベイクセールで先生たちが行ったことや役割を 2 つ述べる。第 1 段落の 2 文目に，何年も前に数学の先生たちによって始められたことや，第 3 段落に理科や体育の先生たちがお菓子を出品していることが述べられている。

(3) クラスで人々を助けるための募金をつのる場合，誰を助けるためにベイクセール以外にどのようなことをし，どのように集まったお金を使うかを 3 文で説明する。解答例は「私たちは家にある古い本を売ることができます。私たちは町の孤児を助けるでしょう。私たちはお金をあげるでしょう」という意味。

答　(1) ① (C)　② (D)　③ (C)　④ (B)　⑤ (D)　⑥ (D)

(2)（例）It was started by the math teachers. They organize the event, and they also take part in it.

(3)（例）We could sell old books from home. We would help orphans in our town. We would give money.

◀全訳▶　クリスマスベイクセールは，エカックインターナショナルスクールで人気の伝統行事です。それは何年も前に数学の先生たちによって始められました。その 2 日間のベイクセールは冬休み直前の 12 月に行われますが，そのイベントのポスターは，10 月 31 日のハロウィンフェスティバルの翌日に学校中に掲示されます。ポスターは，食堂，図書室，コンピューター室，教室のドア，そしてトイレでも見られます。ベイクセールは，募金をつのったり，おいしいものを焼いたり，他の人たちが作ったものを見ることができる機会です。

ベイクセールの間，食堂のテーブルが一列に並べられ，クッキー，ケーキ，カップケーキ，ドーナツなどの甘い物がテーブルの上に置かれます。値段は 100 円から 400 円です。その目的は，鉛筆や消しゴムや教科書を買うためのお金を集めることです。これらの品物は，世界中の各地でそれらを持たない生徒たちに送られます。

先生たちはそのイベントの重要な一員です。彼らはベイクセールを準備するだけでなく，焼くこともします。昨年，理科の先生たちが 2 種類のチーズケーキが乗った自分たちのテーブルを用意しました。彼らは上にイチゴソースがかかったチーズケーキと，黒糖とレーズン入りのもう 1 つのチーズケーキを作りました。体育の先生たちは，野球やバスケットボールの絵が描かれたバタークリームのアイシングが上に乗ったカップケーキを作りました。生徒たちもベイクセールの一員です。7 年生はシナモンアップルパイを作りました。みんなが 8 年生のブラウニーを買いたがりました。生徒たちは 1 日中ブラウニーを焼いていました。新しいブラウニーがテーブルに運ばれてくると，それらはすぐに売り切れました。これはすごいことでした！

昨年のクリスマスベイクセールは大成功でした。80,000 円が集まりました。このイベントのために毎年，生徒と先生が 1 つになるのを見るのは素晴らしいことです。

4 (1)「ジョージが図書館で読む本を探していると，司書が彼のところにやってきて，数日前に入った新しい本を薦めてくれました」。「〜を薦める，推薦する」= recommend。

(2)「ローラのロッカーは散らかっていたため，先生がその整理を手伝ってくれたので，全てのプリントが 1 つのファイルに収納されることができました」。「〜を整理する」= organize。

(3)「サムは午後 5 時から午後 7 時まで週に 5 回練習している地元の野球チームに参加しているので，宿題を全て終わらせ，時間通りに寝るため，時間をうまく管理する必要があります」。「〜を管理する」= manage。

(4)「ドアに『邪魔しないでください』の札を見かけたら，それは中にいる人の邪魔をするなということです」。「〜の邪魔をする」= disturb。

(5)「学校で，私たちは部屋の空気を新鮮に保つため，定期的に窓やドアを開けるように言われています」。「定期的に」= regularly。

答　(1) (A)　(2) (C)　(3) (B)　(4) (A)　(5) (D)

5 (1)「イギリスでは，太陽光発電は未来のためのクリーンエネルギーを作る最もよい方法であると言われています」。「〜であると言われている」= be said to be 〜。

(2)「ロアルド・ダールは多くの面白い物語を書き，今日でもいまだにとても人気があります」。「面白い」= interesting。

(3)「そのクラスの生徒たちは態度がとても悪かったため，新任の先生は自分の話を聞いてもらうのに苦労しました」。「自分の話を聞いてもらう」= make oneself heard。

(4)「そのテストはとても長く，問題がとても難しかったため，それがようやく終わったとき，生徒たちはみんな喜んでいました」。「終わる」= come to an end。

(5)「あなたが電車に乗り遅れないよう，母はあなたを駅まで送っていくと言っていました」。「～を…まで〔車で〕送る」= drop ～ off at …。

(6)「大阪から京都まで移動するのに，新幹線はずばぬけて速い方法です」。最上級の文。「ずばぬけて～だ」= 〈by far + the +最上級〉。

(7)「私はあなたが最近よく学校に遅刻することに気づかずにはいられませんでした。大丈夫ですか？」。「～せずにはいられない」= can't help ～ing。

(8)「一見したところ，アフリカゾウとインドゾウはとても似ているように見えますが，注意して見ればあなたは多くの違いがわかります」。「一見したところ」= at first sight。

(9)「今夜は私たちを夕食に招いてくださってありがとうございます。遅くなってきましたので，そろそろ帰る時間だと思います」。「～する時間だ」= it's time to ～。

(10)「映画館に行くことは決してありませんが，私はときどきテレビで映画を見るのが好きです」。「ときどき」= now and then。

答　(1)(B)　(2)(B)　(3)(D)　(4)(A)　(5)(C)　(6)(D)　(7)(B)　(8)(D)　(9)(A)　(10)(A)

---

14. 神戸龍谷中（B入試）　　　　　　　　　　　　　　問題 P. 81〜87

① 1.「彼はいつも自分で宿題をします。彼は決して助けを求めません」。「決して～ない」= never。
2.「昨日は長時間雨が降りました。やっと，真夜中にやみました」。「やっと，ついに」= at last。
3.「いいですね，学級のみなさん。教科書を取り出して，7ページを見てください」。「～を取り出す」= take out ～。
4.「タダシのデジタルカメラはシャツのポケットに入れるのに十分なほど小さいです」。「～するのに十分なほど小さい」= small enough to ～。
5.「ユミはスペイン語を勉強しています。昨年の夏，彼女はスペインに行って，そこの人々とスペイン語を話す多くの機会がありました」。「～するための機会」= chance to ～。
答　1.（ウ）　2.（イ）　3.（ア）　4.（イ）　5.（エ）

② 1. ジョンは，カフェテリアに行く前に先生と話があり，「そこ（カフェテリア）で君に会うつもりだ」と言っているので，「君は先に行って」とうながしている。「先に行く」= go ahead。
2. 郵便局の場所を答える文を選ぶ。There isn't one near here.＝「この近くにはありません」。
3. 外食に誘われて，Bは同意している。What about Italian food?＝「イタリア料理はどう？」。
4. テレビの音量が大きすぎるので，お母さんはフレッドに下げるよう頼んでいる。turn ～ down ＝「～（音量など）を下げる」。
5. BはAが読み終えた本を読みたがっている。May I borrow it?＝「私はそれを借りてもいいですか？」。
答　1.（ア）　2.（エ）　3.（ア）　4.（ウ）　5.（イ）

③ 1.「あなたたちの学校には何人の先生がいますか？」→「あなたたちは学校で何人の先生を持っていますか？」。there is/are ～は，have/has で書きかえることができる。
2.「母は魚を料理することができません」→「母は魚を料理する方法を知りません」。「～する方法」= how to ～。
3.「あなたのお父さんがそれらの写真をとりましたか？」→「それらの写真はあなたのお父さんによってとられ

ましたか？」。受動態の疑問文〈be 動詞＋主語＋過去分詞?〉にする。

4.「彼は私たちのクラスで最も背が高い少年です」→「彼は私たちのクラスの他のどの少年よりも背が高いです」。最上級の内容を比較級で表す。「他のどの～より…」＝… than any other ～。

5.「彼女はギターを上手に弾きます」→「彼女はギターを弾くことが得意です」。「～することが得意だ」＝ be good at ～ing。

答 1.（イ） 2.（エ） 3.（ウ） 4.（イ） 5.（ア）

4 1.「50 年前にアメリカで制作された映画」を過去分詞の後置修飾（しょく）で表す。This is a movie made in America 50 years ago.となる。

2.「（それらの）両方とも」＝ both of them。「母あてで」＝ for my mother。Both of them were for my mother.となる。

3.「A に～するよう言う」＝ tell A to ～。「～を待つ」＝ wait for ～。Will you tell Tom to wait for me at the station?となる。

4.「私は～だといいと思う」＝ I hope ～。I hope you will like this book.となる。

5.「できるだけ早く」＝ as soon as possible。Please call me as soon as possible after you get home.となる。

答（A，B の順に）1. エ，ア　2. ウ，エ　3. イ，ア　4. イ，ウ　5. オ，ウ

5 問 1・2 は辞書の 1 ページ，問 3～5 は旅のスクラップブック作成の文に関する問題。

問 1.「カヤックとは何ですか？」。kayak の欄（らん）に，「人が水上をかいでこぐ小さなカヌー」とある。

問 2.「どの語が『みやげ』に似ていますか？」。keepsake の欄に，「だれかが人や場所を覚えておくために手に入れる小さな物」とある。

問 3.「スクラップブックはなぜ厚いページが必要ですか？」。1 の「スクラップブックを購入する」の 2 文目を見る。厚いページは折り曲がることなくページを平らに保つ（こう）とある。

問 4.「あなたはどのようにスクラップブックのための花を乾燥（かんそう）させ，平らにできますか？」。2 の「あらゆるものを保存する」の後半を見る。電話とそのケースの間にはさむと簡単だとある。

問 5.「何があなたにスクラップブックの最適な写真を選ばせますか？」。3 の「写真をプリントアウトする」の後半を見る。写真の枚数の制限が最適なものを選ばせるとある。

答 問 1.（ア）　問 2.（ウ）　問 3.（ア）　問 4.（イ）　問 5.（イ）

◀全訳▶

キリギリス	p.356	外皮の中の実
キリギリス	羽をこすることでうるさい音を出す大きな昆虫（こん）	
カヤック	人が水上をかいでこぐ小さなカヌー	
カズー	ブーンという音を出す単純な楽器	
ケバブ	木の串（くし）で料理された小さなかたまりの肉や野菜	
竜骨（りゅう）	船の底に沿った長い木の部材	
熱中して	何かをとてもしたがっている	
保つ	何かを持ち続けること	
記念品	だれかが人や場所を覚えておくために手に入れる小さな物	
たる	平らなふたのついた丸い木の容器	
昆布	褐色（かっ）（そう）の海藻の一種	
ケルビン	温度を測るための単位	
犬小屋	犬が中で眠る（ねむ）小屋	

外皮の中の実	ナッツや種の内側の部分

旅のスクラップブック作成

　あなたが旅をすると，人生に一度の経験を手にします。昨今，たいていの旅行者はすぐに友達と共有するためにオンライン投稿用の写真をとります。しかし，あなたの冒険を見せるためのもっとユニークな別の方法もあります。旅のスクラップブックを作ってください。

1. スクラップブックを購入する

　よいスクラップブックには厚いページが必要です。このことが折り曲がることなくページを平らに保ちます。さもないと，あなたがのり付けするものは全てはがれ落ちるかもしれません。あなたがのりを使わなくていいように，写真をおおうプラスチックフィルムがついているものがあります。あなたはスクラップブックを写真店やオンラインで見つけることができます。ひとつのよい考えは，かばんにすきまがある限り，旅で1冊買うことです。

2. あらゆるものを保存する

　あなたが旅する間，あなたが手に入れるあらゆるものをスクラップブックに入れることができます。博物館や他の観光名所を訪れたあと，チケットの半券を数枚受け取ります。ホテルは旅行のパンフレットを配っています。これらはそのエリアの写真やレタリングに使えます。あなたは自然散策で，乾燥させ平らにする花を摘むことができます。これはあなたの電話とそのケースの間にそれらをはさむことで簡単にできます。

3. 写真をプリントアウトする

　家に帰ったら，あなたがとった全ての写真に目を通してください。それぞれの経験が，空白の両ページに入るべきです。これであなたには4枚程度の写真を入れるスペースができます。あなたが気に入っているのがもっとたくさんあるかもしれませんが，その制限があなたに最適なものを選ばせるでしょう。あなたがそれらをスクラップブックに入れるとき，同時にあなたが集めたものをそのページに加えてください。

6 問1．A．インターネットの使い方を学ぶ一例が入る。(ウ)の「あなたは個人の機器を Wi-Fi につなぐことを学べる」が適切。B．初心者向けコンピュータ教室でスタッフが手助けする対象についての説明が入る。(オ)の「孫が遠く離れて住んでいて，オンラインでコミュニケーションをとりたい」年配の人が適切。C．若者の物語の時間の意義が入る。(イ)の「それは幼い子どもたちにとって読む技能を発達させるすばらしい機会だ」が適切。D．職業サービスの内容が入る。(ア)の「彼ら（職業コーチ）はあなたの職業上の目標を達成する計画を作るため，あなたと一緒に取り組む」が適切。E．英会話グループへの参加条件が入る。(エ)の「参加者はいくらかの英語を話し，練習したいと考えていなければならない」が適切。

　問2．ポートランド公共図書館の主な目的は，第1段落の前半に書かれている。(イ)の「地域を助けるため無料で知識を提供すること」が適切。

　問3．フアンがボランティアとして参加するのに最適なイベントを選ぶ。フアンは，車を持っていないので，対面のみのイベントは適さない。スペイン語を話すこと，よいアドバイスを与える優れた聞き手であること，コンピュータを持っていることから，(イ)の「職業サービス」が適切。

答 問1．A．(ウ)　B．(オ)　C．(イ)　D．(ア)　E．(エ)　問2．(イ)　問3．(イ)

◀全訳▶

ポートランド公共図書館の地域イベント

　ポートランド公共図書館は1905年から地域に役立っており，その主な目的は当初と今も同じで，知識への無料のアクセスを通してポートランドの人々の生活を向上させることです。この10年間，私たちは

今述べた目標に適する公益のイベントに施設を開放してきました。下にあるのは最新のいくつかのイベントです。

注意：あなたがボランティアとしてスタッフに加わることに興味があれば，Volunteer @ PPL.org に連絡してください。

初心者向けコンピュータ　　　　　　　　　　　　　　　対面のみ

　あなたはコンピュータについて学びたいですか？　あなたは1対1の授業で多くの異なる話題についてスタッフにたずねることができます。タイプすることを学び，マウスを使い，または基本的なコンピュータプログラムを使ってください。私たちはみなさんにインターネットの使い方を示すこともできます。例えば，あなたは個人の機器を Wi-Fi につなぐことを学べますし，オンライン会議に接続する経験もできます。私たちのスタッフは，孫が遠く離れて住んでいて，オンラインでコミュニケーションをとりたい年配の人を手伝うことが特に得意です。

若者の物語の時間　　　　　　　　　　　　　　　　　対面のみ

　2歳から4歳児と親対象の物語の時間のために司書に加わってください。本，歌，リズム，そして手を使った活動があり，それは幼い子どもたちにとって読む技能を発達させるすばらしい機会です。また，地域の多くの子どもと親が参加するので，地元の友達をもっと作るすばらしい方法です。

　毎週水曜日，物語が英語とスペイン語で読まれます。先着15組の家族が参加できます。

職業サービス　　　　　　　　　　　　　　　対面またはオンライン

　あなたは図書館で，またはズームチャットを通してオンラインで，驚くような職業コーチと出会うことができます。彼らはあなたがあなたの最もすぐれた技能や興味を見つけるのを手伝い，そして彼らはあなたの職業上の目標を達成する計画を作るため，あなたと一緒に取り組みます。それぞれの面会では，各個人の必要に役に立つ，最大50分の振り返りを提供します。

　2020年以来，私たちは英語以外の言語を話す人のために多言語を話す援助も提供しています。今のところ，スペイン語，中国語，そしてベトナム語を話すスタッフがいます。

英会話グループ　　　　　　　　　　　　　　　　　オンラインのみ

　大人の学習者にはオンラインで顔を合わせ，図書館スタッフや世界のいたるところ出身の他の大人と話すことで英語を練習する機会があります。ちょうどあなたのように，英語を練習している他の人と会ってみましょう！　このプログラムがうまく行くように，参加者はいくらかの英語を話し，練習したいと考えている人でなければなりません。

送信元：フアン・オルティス〈Buen_Amigo @ qmail.com〉
宛先：イベントのボランティア〈Volunteer @ PPL.org〉
日付：1月21日
件名：ボランティアとしての参加

こんにちは，私の名前はフアン・オルティスで，地域に恩返しすることに興味があります。私の両親は私が幼い子どものときにプエルトリコからポートランドに引っ越し，私は家でスペイン語を話しながら大人になりました。私にはたくさんの兄弟姉妹がいて，彼らは皆，私がよいアドバイスを与える優れた聞き手だと言っています。私は図書館まで運転する車を持っていませんが，オンラインでボランティアをするコンピュータは持っています。

最新のどのイベントが，私が参加するのに最適ですか？

私は援助の手を差し伸べるのが待ちきれません。

　フアン

7 問1. complication ＝「（厄介な）問題」。problem ＝「（解決すべき）問題」。

問2. during ～＝「～の間」。

問3. 直前には，人々が最初はボイヤンの考えに関心がなかったこと，直後には，世界中の多くの人が興味を持ったことが書かれている。However（しかし）が入る。

問4. 主語となる部分で，直後に名詞（online campaign）があることから，空所には形容詞が入る。successful ＝「成功した，うまくいった」。

問5. prevent A from ～ing ＝「A が～するのを防ぐ」。

問6. (ア) 最終段落を見る。オーシャンクリーンアップは，網を川より先に大洋に設置した。(イ)「ギリシャでのスキューバダイビング旅行はボイヤンに大洋をきれいにすることについて考えさせた」。第1段落の前半を見る。内容に合っている。(ウ) 第5段落を見る。研究はオンラインキャンペーンで集めたお金で行われた。(エ) 第6段落の中ほどを見る。U字型の網のシステムは，海流よりゆっくり動くことでごみを集める。(オ)「ボイヤンは TEDx Talks の会議で，初めて彼の考えを大観衆と議論した」。第3段落の中ほどを見る。内容に合っている。(カ) 第2段落の前半を見る。太平洋ゴミベルトはごみが集まる唯一のエリアではなく，最大のエリアである。(キ) 第4段落を見る。ボイヤンがオーシャンクリーンアップを設立したのは，彼のビデオが広まる前である。(ク) 第1段落の後半を見る。海洋プラスチック汚染は，ボイヤンの高校の卒業研究の主題である。

答 問1. (イ) 問2. (ア) 問3. (ウ) 問4. (ウ) 問5. (ウ) 問6. (イ)・(オ)

◀全訳▶ 2011年，ボイヤン・スラットは休暇でギリシャに行きました。彼がスキューバダイビングをしていたとき，海に魚より多いビニール袋を見つけ，そのことは彼に「僕たちはなぜ，ただこれをきれいにできないのか？」と考えさせたままにしました。オランダに戻って，この16歳の高校生は海洋プラスチック汚染を卒業研究の主題にしました。

ボイヤンは，プラスチックや他のごみでいっぱいのいくつかの広いエリアが，世界の大洋を横切って存在することを読みました。最大なのが太平洋ゴミベルトとして知られていました。専門家はごみが海流とともに常に移動しているので，大洋をきれいにするのに80,000年かかるだろうと言いました。これがごみを網で集めることをとても難しくしているのです。ボイヤンは，他の人が厄介な問題として見ていたこと，つまり彼が解決策の一部だと見ていたことに気づきました。彼は大洋をきれいにするために海流を使えたのでした。

2012年，TEDx Talks として知られている国際会議が彼の地元のデルフトで行われ，ボイヤンは発表するために参加しました。彼の11分のスピーチの間，彼は初めて大観衆に自分の考えを説明しました。彼は，海は自らをきれいにすることができると自信を持って言いました。彼は海洋プラスチック汚染をきれいにし，清掃時間を数年にまで減らすのを助けるために，海流が使えると考えました。

2013年2月，ボイヤンはオーシャンクリーンアップを設立し，そしてその目標は太平洋のプラスチックごみの90％を取り除くことでした。最初，あまり関心がありませんでした。しかし，彼のスピーチビデオが突然広まり，そしてそれから，世界中の多くの人が彼の考えに興味を持ちました。

ボイヤンは卒業する前に大学を離れ，彼は銀行に500ドルしか持っていませんでした。彼は全ての時間を組織を立ち上げることに費やしました。ボランティアのチームが彼に加わり，そしてうまくいったオンラインキャンペーンが220万ドルを集めました。これがオーシャンクリーンアップに1年間の研究を完了させ，その研究の終わりに，彼らは528ページの計画を発表しました。

その組織は1センチくらいの小さなごみをつかまえられる巨大なU字型の網のシステムをつくりました。プラスチックやごみを運ぶ海流よりもそのシステムがゆっくり動くように，大きないかりがそれを減速するために使われます。このようにして，回収されるよう，流れがごみを網に運びます。また，そのシステムは動力を必要とせず，そのプロセスを加速するために，時間をかけてより多くのシステムの追加が可能なのです。

2022年末現在，オーシャンクリーンアップは大洋から20万キロ以上のごみを取り除きました。その将来の計画は新しい網のシステムを作ることです。オーシャンクリーンアップは世界の最も汚染された川にそれらを設置します。これはほとんどのごみが大洋に入り込むのを防ぐでしょう。

15. 松蔭中(英語Ⅰ入試・ＤＳ)　　　　　　　　　　　　　　　問題 P. 88〜95

①(1) 筆箱に鉛筆が 2 本ある絵。There are 〜＝「〜がある」。

(2) お母さんが怒っていて，子どもが泣いている絵。angry ＝「怒って」。is crying ＝「泣いている」。

(3) テニスをしようと話している絵。play tennis ＝「テニスをする」。

答 (1)(A)　(2)(A)　(3)(B)

◀全訳▶

(1)(A) 私の筆箱には鉛筆が 2 本あります。　　(B) 私の筆箱には消しゴムがありません。

(C) 私の筆箱にはじょうぎが 2 本あります。　　(D) 私の筆箱には消しゴムがいくつかあります。

(2)(A) お母さんが怒っているので，その少年は泣いています。

(B) お母さんが喜んでいるので，その少年は喜んでいます。

(C) お母さんが忙しいので，その少年は怒っています。

(D) お母さんが料理をしないので，その少年は空腹です。

(3)(A) 次の日曜日にサッカーの試合を見ましょう。　　(B) 次の日曜日にテニスをしましょう。

(C) 次の日曜日にいっしょに美術館に行きましょう。　　(D) 次の日曜日に山にハイキングに行きましょう。

②(1) Can I take a message?(伝言を預かりましょうか？) に対しては，Yes, please.や No, thank you.などの
表現を使って返答する。

(2) どちらの山が高いかが尋ねられている。higher than 〜＝「〜より高い」。

(3)「あなたは行方不明の消しゴムをどこかで見ましたか？」と尋ねられている。Let's 〜＝「〜しましょう」。
look for 〜＝「〜を探す」。

答 (1)(A)　(2)(B)　(3)(C)

◀全訳▶　(1)

女性：もしもし？

少年：もしもし。こちらはデイビッドです。アマンダと話すことはできますか？

女性：こんにちは，デイビッド。申し訳ないけれど彼女は今外出中なの。伝言を預かりましょうか？

(A) いいえ，結構です。私はあとでまた彼女に電話します。

(B) 私は今雨が降っていることを知っています。

(C) あなたはアマンダですか？

(2)

少年：どちらの山が高いですか，摩耶山ですかそれとも六甲山ですか？

(A) 私は摩耶山より六甲山が好きです。　　(B) 私は六甲山が摩耶山より高いと思います。

(C) 六甲山はここから遠いです。

(3)

少女：私の消しゴムが行方不明です。あなたはそれをどこかで見ましたか？

(A) はい。それは私の消しゴムです。　　(B) いいえ。私の消しゴムは筆箱にあります。

(C) いいえ。いっしょにそれを探しましょう。

③(1)「歌手」＝ singer。

(2)「動物園」＝ zoo。

(3)「にんじん」＝ carrot。

(4)「制服」＝ uniform。

(5)「エプロン」＝ apron。

(6)「羊」＝ sheep。

(7)「窓」＝ window。

(8)「扇風機（せん）」= fan。

答 (1) s(in)g(er)　(2) zo(o)　(3) (ca)rr(ot)　(4) (u)ni(form)　(5) ap(ron)　(6) sh(eep)　(7) (w)in(dow)

　　 (8) fa(n)

4 (1) 7 月と 9 月の間の月は「8 月」。「8 月」= August。

(2)「夏」に対して「花火」。「冬」に対して「クリスマス」。「冬」= winter。

(3) on ～（～の上に）と under ～（～の下に）が対になっている。above ～（～の上に）と対になるのは below ～（～の下に）。

答 (1) (ウ)　(2) (カ)　(3) (コ)

5 **答** (1) (イ)　(2) (ウ)　(3) (エ)　(4) (ア)　(5) (イ)　(6) (ア)　(7) (エ)　(8) (イ)　(9) (ウ)　(10) (イ)　(11) (ア)　(12) (ア)　(13) (ウ)　(14) (エ)

　　 (15) (ウ)

6 (1)「コップ一杯（ぱい）のリンゴジュースをいただけますか？」―「もちろんです」。「～してもいいですか？」= Can I ～?。

(2)「あなたはバスケットボールのファンですか？」―「いいえ，私は違（ちが）います」。Are you ～?（あなたは～ですか？）に対しては，Yes, I am.または No, I am not.で返答する。

(3)「こちらは私のクラスメートです」―「初めまして」。誰かを紹介されている場面。「初めまして」= How do you do?。

(4)「今日あなたは元気ですか？」―「私は元気です，ありがとう」。「元気ですか？」= How are you?。

(5)「私たちは今日いくつの授業がありますか？」―「ええと，私たちは 6 つ授業があります」。数を尋ねるときには How many（いくつの）を使う。

(6)「これはだれのノートですか？」―「それは彼のものです」。Whose（だれの）を使って持ち主を尋ねている。「彼のもの」= his。

(7)「ああ，電話の呼び出しだね」―「私が電話に出ます」。「～します」= will ～。

(8)「私は来週のテストのために何をすべきかわかりません」―「教科書を読むのはどうですか？」。「何をすべきか」= what to do。

(9)「あなたたちはみな昨夜パーティを楽しみましたか？」。「～しましたか？」と過去の動作や行動について尋ねるときは，Did を使う。

(10)「野球は私にはとても難しいので，私はそれがあまり好きではありません」。空所の前後の文の関係に注目。空所のあとの文は，野球が好きではない理由になっている。「～なので」= because ～。

(11)「あなたはこの弁当箱のお金を払（はら）う必要はありません。これは無料です」。「～する必要はない」= don't/doesn't have to ～。主語が you なので，don't になる。

(12)「私は家族の中で最も背が高いです」。最上級の文。「家族の中で」= in my family。

(13)「私は日本のアニメが世界で最もよいと思います」。最上級の文。「最もよい」= the best。

(14)「デイビッドは昨日元気ではありませんでした」。yesterday（昨日）とあるので，時制は過去。主語が単数なので，was を使う。

(15)「私は日本の歴史に興味があります」。「私は～に興味がある」= I am interested in ～。

答 (1) (イ)　(2) (イ)　(3) (エ)　(4) (イ)　(5) (ウ)　(6) (イ)　(7) (ウ)　(8) (エ)　(9) (エ)　(10) (ウ)　(11) (ウ)　(12) (ア)　(13) (エ)　(14) (イ)

　　 (15) (エ)

7 (1)「次の日曜日に川へ泳ぎに行きましょう」という誘（さそ）いに対する返答を選ぶ。Sounds good! =「よさそうですね！」。

(2)「松蔭に入学したとき，あなたは何のクラブに入りたいですか？」という質問に対する返答を選ぶ。I want to join ～ =「私は～に入りたいです」。

(3) 男性は娘（むすめ）の誕生日のためにかばんを探している。空所の直後で店員は商品の説明をしている。また，最後

に「すてきに見えますね。私はそれをもらいます」と男性が言っていることから，店員がかばんをすすめたことがわかる。How about ～? =「～はどうですか？」。

(4)「なぜ消防車は赤いのですか？」という質問に対する返答を選ぶ。mean ～ =「～を意味する」。

(5) 母親が少年に夕食を食べに来るよう言っている。少年は Can I have it later?（あとで食べてもいいですか？）と言っていることから，今は空腹ではないことがわかる。

答 (1)(ア)　(2)(ア)　(3)(イ)　(4)(エ)　(5)(イ)

8 (1) 会話前にある導入部分の3文目を見る。「彼女たちは今月の松蔭の体育祭について話している」とある。

(2) manage ～ =「～を何とかやっていく，運営する」。

(3) マキコの2つ目のせりふの後半を見る。「生徒のリーダーたちは体育祭の運営方法を練習し，他の生徒たちはスポーツ競技の練習をする」と言っている。

(4) マキコの3つ目のせりふの冒頭を見る。4つの色をハリーポッターの寮のシステムに例えて，グループだと説明している。

(5) マキコの最後のせりふの4文目を見る。as many ～ as possible =「できるだけたくさんの～」。with both hands =「両手で」。

答 (1)(ウ)　(2)(イ)　(3)(ウ)　(4)(エ)　(5)(エ)

◀**全訳**▶　韓国出身のソユンとニュージーランド出身のマリエは交換留学生です。マキコは彼女たちの日本人の友人です。彼女たちは今月の松蔭の体育祭について話しています。

ソユン：先週，私たちは松蔭の体育祭についての紙をもらったわね。私はそれを本当に楽しみにしているけれど，いくつか質問があるの。松蔭の体育祭はとても独特よね。それは韓国の私の学校とはとても異なっているわ。

マリエ：そうね，私もいくつか質問があるわ。その紙には私たちは来週の午後に授業がないと書いてあるのよ。それはなぜなの？　それに，これらの4つの色は何？

マキコ：私も最初は困惑したわ。独特な点のひとつは松蔭の生徒会ね。彼らは体育祭のリーダーになって，全てを運営するの。彼らは全プログラムを管理するわ。生徒会が生徒たちを整列させ，彼らをスポーツ競技へ誘導するの。先生たちは少し手伝うだけよ。

ソユン：それはすばらしいけれど，なぜ私たちは来週の午後に授業がないの？

マリエ：それは彼らが体育祭の練習をするためなの？

マキコ：そうよ，マリエ。あなたの答えは半分正しいわね。ひとつは生徒のリーダーたちの練習のためで，もうひとつは生徒たちの練習のためね。だから，私たちは午後に体育祭の練習をするのよ。生徒のリーダーたちはどのように体育祭を運営するかを練習し，他の生徒たちは彼らのスポーツ競技の練習をするわ。

ソユン：それは彼らの両方にとってよい機会ね。私は競技に勝ちたいわ。私は練習する必要があるわ！

マリエ：これらの4つの色，赤，黄，青，そして緑はどういうことなの？

マキコ：それらはグループよ。生徒たちはハリーポッターの寮のシステムのように，4つの色のうちのひとつに所属するわ。私は赤よ。マリエとソユンは青ね。私たちはライバルだわ。

ソユン：なるほど。私は走ることが得意よ。私は徒競走に参加して，私の青チームのために勝ってみせるわ！

マリエ：それはあなたにピッタリね。私はこの玉入れ競技をやってみたいわ。私はニュージーランドでそれをユーチューブ上で見たわ。玉入れも日本独自の競技よね。それは楽しそうだわ。

マキコ：それらの競技は両方とも楽しいわ。あなたたちは来週の練習日にそれらをやってみることができるわよ。私はあなたにいくつかアドバイスがあるわ，マリエ。できるだけ多くの玉入れのボールをもって，両手でそれらを投げてね。それが玉入れのひとつのよい方法よ。それを試してちょうだいね。

マリエ：わかった。私はやってみるわ。

16. 松蔭中（英語Ⅰ入試・ＧＳ）　　　　　　　　　　　　　　　　　　問題 P．96〜102

① 「本当は〜でない」＝ not really 〜。「〜を持っているだけである」＝ only have 〜。「さらにもっとたくさん」＝ even more。「成長するでしょう」＝ will grow。「それを試しに食べてみる」＝ try it。

答 not, really, only, have, even, more, will, grow, try, it

◀全訳▶　今日，私は私の好きな動物のひとつであるヒトデについて話します。それらの名前の中に「魚」という語があるけれど，それらは本当のところ魚というわけではありません。たいていの人はヒトデは 5 本の腕しかないと思っていますが，もっとたくさんあることがあります。それらは体内に脳や血液さえありません。あなたがもしヒトデの腕を切り落としたら，それは再生します。いくつかの国で，人々はヒトデを食べます。あなたはそれを食べてみたいですか？

② 15. 松蔭中（英語Ⅰ入試・ＤＳ）の①を参照してください。

答 (1) (A)　(2) (A)　(3) (B)

③ 15. 松蔭中（英語Ⅰ入試・ＤＳ）の②を参照してください。

答 (1) (A)　(2) (B)　(3) (C)

④ **答** (1) (イ)　(2) (ウ)　(3) (エ)　(4) (ア)　(5) (イ)　(6) (ア)　(7) (エ)　(8) (イ)　(9) (ウ)　(10) (イ)　(11) (ア)　(12) (ア)　(13) (ウ)　(14) (エ)　(15) (ウ)

⑤ 15. 松蔭中（英語Ⅰ入試・ＤＳ）の⑥を参照してください。

答 (1) (イ)　(2) (イ)　(3) (エ)　(4) (イ)　(5) (ウ)　(6) (イ)　(7) (ウ)　(8) (エ)　(9) (エ)　(10) (ウ)　(11) (ウ)　(12) (ア)　(13) (エ)　(14) (イ)　(15) (エ)

⑥ (1) 下線部に続くマリエのせりふを見る。Why is that? と Also, what are these four colors? が 2 つの質問にあたる。Why is that? の that は，直前の文にある「来週の午後に授業がないこと」を指す。

　(2) manage 〜 ＝「〜を運営する，〜を何とかやっていく」。下線部のあとに「彼ら（生徒会）は全プログラムを管理し，先生たちは少し手伝うだけ」と述べられていることから推測する。

　(3) マキコの 2 つ目のせりふの後半を見る。「生徒のリーダーたちは体育祭の運営方法を練習し，他の生徒たちはスポーツ競技の練習をする」と言っている。

　(4) 下線部直後の 3 文が理由にあたる。unique ＝「独自の」。look fun ＝「楽しそうに見える」。

　(5) マキコの最後のせりふの 4 文目を見る。as many 〜 as possible ＝「できるだけたくさんの〜」。with both hands ＝「両手で」。

答 (1) なぜ来週の午後に授業がないのか・4 つの色について（それぞれ同意可）　(2) 運営する
　　(3) 生徒会が体育祭の練習をする。（14 字）・生徒たちが体育祭の練習をする。（15 字）（それぞれ同意可）
　　(4)（順に）youtube を見て，日本独自のもの，楽しそうにみえたから（それぞれ同意可）
　　(5) 玉をできるだけたくさんもって，両手で投げること。（24 字）（同意可）

◀全訳▶　韓国出身のソユンとニュージーランド出身のマリエは交換留学生です。マキコは彼女たちの日本人の友人です。彼女たちは今月の松蔭の体育祭について話しています。

ソユン：先週，私たちは松蔭の体育祭についての紙をもらったわね。私はそれを本当に楽しみにしているけれど，いくつか質問があるの。松蔭の体育祭はとても独特よね。それは韓国の私の学校とはとても異なっているわ。

マリエ：そうね，私もいくつか質問があるわ。その紙には私たちは来週の午後に授業がないと書いてあるのよ。それはなぜなの？　それに，これらの 4 つの色は何？

マキコ：私も最初は困惑したわ。独特な点のひとつは松蔭の生徒会ね。彼らは体育祭のリーダーになって，全てを運営するの。彼らは全プログラムを管理するわ。生徒会が生徒たちを整列させ，彼らをスポーツ競技へ誘導するの。先生たちは少し手伝うだけよ。

ソユン：それはすばらしいけれど，なぜ私たちは来週の午後に授業がないの？

マリエ：それは彼らが体育祭の練習をするためなの？

マキコ：そうよ，マリエ。あなたの答えは半分正しいわね。ひとつは生徒のリーダーたちの練習のためで，もう
　　　　ひとつは生徒たちの練習のためね。だから，私たちは午後に体育祭の練習をするのよ。生徒のリーダー
　　　　たちはどのように体育祭を運営するかを練習し，他の生徒たちは彼らのスポーツ競技の練習をするわ。

ソユン：それは彼らの両方にとってよい機会ね。私は競技に勝ちたいわ。私は練習する必要があるわね！

マリエ：これらの4つの色，赤，黄，青，そして緑はどういうことなの？

マキコ：それらはグループよ。生徒たちはハリーポッターの寮のシステムのように，4つの色のうちのひとつ
　　　　に所属するわ。私は赤よ。マリエとソユンは青ね。私たちはライバルだわ。

ソユン：なるほど。私は走ることが得意よ。私は徒競走に参加して，私の青チームのために勝ってみせるわ！

マリエ：それはあなたにピッタリね。私はこの玉入れ競技をやってみたいわ。私はニュージーランドでそれを
　　　　ユーチューブ上で見たわ。玉入れも日本独自の競技よね。それは楽しそうだわ。

マキコ：それらの競技は両方とも楽しいわ。あなたたちは来週の練習日にそれらをやってみることができるわ
　　　　よ。私はあなたにいくつかアドバイスがあるわ，マリエ。できるだけ多くの玉入れのボールをもって，
　　　　両手でそれらを投げてね。それが玉入れのひとつのよい方法よ。それを試してちょうだいね。

マリエ：わかった。私はやってみるわ。

7 (1) 母親の「私は来週USJに行くことを考えています」というせりふに対する返答。「それはいい考えですね」
　　などが考えられる。「いい考え」＝ a good idea。

　(2) 少年の「日本は昨日サッカーの試合に勝ちました。私はそれを信じることができません」というせりふに対
　　する返答。「私はその試合を昨日見ました。それはすばらしかったです」などが考えられる。「すばらしい」＝
　　great。

　(3) 少年の「ごめんなさい。私はもうそれをしません」という返答から考える。「ベッドの上でとんではいけま
　　せん」など，相手に注意をする表現が考えられる。「〜してはいけません」＝ Don't 〜。「とぶ」＝ jump。

　(4) 少女の「私は本当にそれが好きです。それはとてもおいしい（よい）です！」という返答から考える。「あ
　　なたはこのアップルパイが好きですか？」など，好きなものやことについて尋ねる表現が考えられる。

答 （例）(1) That's a good idea.　(2) I watched the game yesterday. It was great.
　　　　(3) Don't jump on the bed!　(4) Do you like this apple pie?

8 自分が将来，就きたい職業やしてみたいことなどについて，My dream is to 〜.や I want to 〜 in the future.
　などの文で表したあとに，その理由を述べる。解答例は「私の夢は英語の先生になることです。私は子どもた
　ちと遊ぶことが好きです。また，私は世界中の人と英語で話すことが好きです。異なる文化を知ることはおも
　しろいです。私は将来生徒たちとそれについて学ぶことを楽しみたいです」。

答 （例）My dream is to become an English teacher. I like playing with kids. Also, I like talking
　　　　with people around the world in English. It is interesting to know different cultures. I want to
　　　　enjoy learning about them with students in the future.（43語）

---

17. 雲雀丘学園中（B日程）　　　　　　　　　　　　　　　　　　　　問題 P. 103〜105

1 問1. (1) ウサギが走ることにおいてよい成績がとれなかった理由。第4段落を見る。「彼は走る前にけがをし
　　た」から。(2) 鳥が羽のひとつを折ったのはいつか？　第5段落を見る。「穴を掘ろうとした」とき。(3) 学期
　　の終わりにウナギがトップの生徒になった理由。第6段落の最後の文を見る。「彼はどの教科も不得意でな
　　かった」から。

　問2.　質問は「学校のプログラムの失敗は何でしたか？」。第3段落の最終文を見る。ウの「すべての生徒にあ
　　らゆることを学ばせた」が適切。「Aに〜することを強制する」＝ force A to 〜。

　問3.　動物学校の物語が，教訓として私たちに教えていることが入る。最終段落に，「学校はすべての生徒に同

じことを学ばせるべきか？」という問いが投げかけられている。ウの「学校の授業は生徒特有のスキルに関して彼らを援助するべきだ」が適切。「〜に関して A を援助する」= help A with 〜。

答 問1. (1) ウ (2) ア (3) イ　問2. ウ　問3. ウ

◀**全訳**▶　昔々，森のすべての動物が集まり，学校をつくることに決めました。彼らは学校のプログラムを書くために一緒に座り，何の教科を含めるべきか話し合いました。

ウサギは優れたランナーだったので，走ることを含めるべきだと提案しました。鳥は飛ぶことが大好きだったので，飛ぶことが教えられるべきだと提案しました。魚は水中に住んでいたので，水泳が学校の教科になってほしいと思いました。リスは木に住んでいたので，木登りの授業を含めなければならないと言いました。

他の動物もみんな，彼らの特別なスキルが教えられることを望んでいたので，これらも学校のプログラムに入れました。そのとき，彼らは，すべての動物がその中のすべてのコースを勉強しなければならないと言ってしまう失敗をしました。

ウサギは驚くようなランナーでした。しかし他の動物は，彼はまず飛ぶことを学ぶべきだと言いました。そこで，彼らは木の上の高くに彼を置き，彼にジャンプするよう言いました。かわいそうにも，ウサギは地面に落ちて，足を折りました。その結果，彼はもう上手に走ることができませんでした。走ることにおいて A をとらず，彼は C⁺をとりました。しかし，彼は挑戦したので飛ぶことにおいて C をとりました。

鳥は飛ぶ授業で A をとる自信がありました。しかし，他の動物は，彼女はまずホリネズミのように地面に穴を掘ることを学ぶべきだと言いました。穴を掘っているときに，彼女は羽のひとつを折ったので，もう上手に飛ぶことができませんでした。その結果，彼女は飛ぶことにおいて B⁻しかとりませんでした。

同じことが他のみんなにも起きました。その学期の終わりに，動物の半分はけがをして入院し，また残りの半分は疲れていて不幸せでした。最もよい成績をとったトップの生徒は，どの教科も特に得意ではないけれど，たいていすべてのことが少しできたウナギでした。

この物語の大事な点は何でしょう？　学校はすべての生徒に同じことを学ばせるべきでしょうか？　動物学校の物語は，学校の授業は生徒特有のスキルに関して彼らを援助するべきだと私たちに教えています。

2 (1)「トムは夕食に間に合うよう戻ってくると私は思います」。「間に合って」= in time。

(2)「日本では，朝食にご飯を食べる人もいれば，パンを食べる人もいます」。「〜する人もいれば…する人もいる」= Some people 〜, others …。

(3)「私の祖母はテレビを見ている間に，よく眠りに落ちます」。「眠りに落ちる」= fall asleep。

(4)「ナンシーは私を振り返って見ることなく歩き去りました」。「〜することなしに」= without 〜ing。

(5)「私はクラシック音楽を聞いているとき，くつろいだ気持ちになる」。「くつろいだ気持ちになる」= feel relaxed。

(6)「美術館がオープンして以来，多くの人がそこを訪れている」。現在完了の文。「〜以来」= since 〜。

(7)「トムは2人のうちで背の高い方です」。「2人（2つ）のうち，より〜で」=〈the +〜（比較級）+ of the two〉。

(8)「あなたはこの本が気に入りましたか？」に対して，B は「いいえ」で応答している。「退屈な」= boring。

(9)「ヘレンは昨日，有名なフランス人歌手のコンサートに行きましたよね？」。一般動詞の過去形の文の付加疑問文なので didn't を使う。

(10)「あなたには明日何か特別にすべきことがありますか？」。「何か特別なこと」= anything special。

答 (1) ウ (2) エ (3) ア (4) エ (5) ウ (6) エ (7) ウ (8) ア (9) ア (10) ア

3 (1)「彼女はトムからの手紙を読んで，とてもうれしくなりました」→「トムからの手紙は彼女をとてもうれしくしました」。「A を B（の状態）にする」= make A B。

(2)「クミはジェーンほど上手にピアノを弾くことができません」→「ジェーンはクミより上手にピアノを弾くことができます」。「〜より上手に」= better than 〜。

(3)「これが彼女の初めての東京への旅行になります」→「彼女は今までに東京に行ったことがありません」。経験

を表す現在完了。「～へ行ったことがない」= have never been to ～。

(4)「ナオミは手紙を書きました。それはとても長かった」→「ナオミによって書かれた手紙はとても長かった」。過去分詞の後置修飾で書きかえる。written by Naomi が the letter を後ろから修飾する。

(5)「私には高校で英語を教えている姉がいます」。主格の関係代名詞で書きかえる。who 以下が a sister を後ろから修飾する。

答 (1) made, her　(2) better, than　(3) has, been（または, traveled）　(4) written, was
　　　(5) who（または, that）, teaches

4 質問は「あなたは, 屋内で遊ぶのと屋外で遊ぶのではどちらが好きですか？」。「私は～の方が好きだ」= I like ～ better。解答例は「私は屋外で遊ぶ方が好きです。野球は私の好きなことのひとつです。私はよくそれを友達とします。それは私をとても幸せにします。だから私は屋外で遊ぶ方が好きです」。

答 （例）I like playing outside better. Baseball is one of my favorite things. I often play it with my friends. It makes me very happy. That is why I like playing outside better. （32 語）

---

18. 武庫川女子大附中（B方式）　　　　　　　　　　　　　問題 P. 106～113

1 (1) computer（コンピュータ）→ rabbit（ウサギ）→ train（電車）→ number（数）の順。

(2) desk（机）→ king（王様）→ guitar（ギター）→ rainbow（虹）の順。

(3) ship（船）→ pencil（えんぴつ）→ leaf（葉っぱ）→ frog（カエル）の順。

答 (1) ア, ウ, イ　(2) ウ, イ, ア　(3) ウ, ア, イ

2 (1) エの evening（晩）以外は全て行動を表す語。

(2) イの plate（皿）以外は全て飲み物を表す語。

(3) ウの hospital（病院）以外は全て職業を表す語。

答 (1) エ　(2) イ　(3) ウ

3 問 1. (1) 主語が三人称単数で動詞が一般動詞の否定文は〈主語 + does not +動詞の原形〉となる。否定文中の any ～は,「まったく～がない」という意味を表す。Koji does not have any cats.となる。(2)「私にとって」= for me。Tennis is an exciting sport for me.となる。(3)「～がありますか？」= Is there ～?。「この近くに」= near here。Is there a library near here?となる。

問 2. (1) Where は場所をたずねる疑問詞。出身地を答える。(2) Why は理由をたずねる疑問詞。aquarium =「水族館」。To see the turtles. =「カメを見るため」。

答 問 1. (1) イ, カ, ア, ウ, オ, エ　(2) エ, カ, ウ, オ, ア, イ　(3) ウ, カ, エ, イ, ア, オ
　　　問 2. (1) ア　(2) ウ

4 1.「ジョンはテニスのラケットを買いたいです。彼はどの階に行きますか？」。各階の案内（Floor Guide）を見る。スポーツ用品は 6 階にある。equipment =「道具, 用品」。

2.「サラは午前 9 時 30 分にデパートに行きたいです。彼女は何曜日に行くことができますか？」。店の案内（Store guide）を見る。火曜日から土曜日までは, 9 時 30 分から開いている。

3.「あなたは友達と買い物に行きます。あなたは服を買いたいです。どれがあなたに最もふさわしい階ですか？」。各階の案内を見る。10 代のファッションがある 3 階が最もふさわしい。

答 1. (3)　2. (2)　3. (2)

◀全訳▶

	武庫川デパート
	店の案内

開店：9時30分から18時30分まで　火曜日から土曜日

　　　11時から17時まで　日曜日

　　　閉店　月曜日

階の案内

階	売り場		
6	スポーツウエア　　スポーツ用品　　キャンプ用品		
5	食器　家具　寝具　電子機器		
4	紳士服　紳士靴　腕時計と時計		
3	10代のファッション　　婦人靴		レストラン
2	婦人のファッション　　ハンドバッグ　宝石類		
1	化粧品　案内所		
地下1	食品　金属製品		コーヒーショップ

5 問1. (1)「この果物は外側は緑色で，中は赤色です。私たちはたいていそれを夏に食べます。食べる前に浜辺でそれを棒でたたくことを楽しむ人もいます」という説明から「スイカ」。(2)「この果物は小さくて，とても甘いです。私たちはしばしばショートケーキの上やクリスマスケーキにもこれをのせます。あなたは家族と農園でこの果物を摘むのを楽しむことができます」という説明から「イチゴ」。(3)「この果物は寒い場所で育てられ，あなたはそれを木からもぎ取ることができます。それは緑色または赤色かもしれません。それはジュースやパイになります」という説明から「リンゴ」。(4)「この果物は黄色で，暑い場所で育てられます。私たちはこの果物を食べているサルを想像しますが，実はそれは彼らの健康にあまりよくありません」という説明から「バナナ」。(5)「この果物は丸いです。それはビタミンが豊富で，あなたがかぜをひいたとき食べるとよいです。食べるために，あなたは指でそれの皮をむくことができます」という説明から「みかん」。

問2. 1. (1)「熊本はイチゴよりメロンを多く生産しています」。熊本のイチゴの生産量は12,500トン，メロンは24,400トン。合っている。(2)「岩手はリンゴの生産量で3位です」。合っている。(3)「山梨はブドウと桃のトップの生産地です」。合っている。(4)「山形は5つ全ての果物の上位5位の生産地です」。山形はイチゴの生産量において上位5位に入っていない。2. (1)「どの県が最も多くメロンを生産していますか？」。(2)「和歌山は何トンの桃を生産していますか？」。(3)「福岡はどの果物の上位3位の生産地ですか？」。(4)「どの県がリンゴのトップの生産地でメロンの5番目の生産地ですか？」。

答　問1. (1) B　(2) C　(3) G　(4) A　(5) F

　　問2. 1. (1) T　(2) T　(3) T　(4) F　2. (1) Ibaraki　(2) 7.1　(3) Strawberries　(4) Aomori

6 「床にかばんが2つあります」，「女性が少年たちにお茶を持ってきています」，「少年がベッドに座っています」，「今日は8月1日です」，「今は10時です」などの文が考えられる。「(今) ～しています」は，現在進行形〈be動詞＋～ing〉を用いて表す。

答　(例) There are two bags on the floor.・A woman is bringing tea to the boys.・A boy is sitting on the bed.

7 (Part 1) Picture A. 1. Where は場所をたずねる疑問詞。場所を答える。2. Is it raining?＝「雨は降っていますか？」。雨は降っていない。Picture B. 1. How many ～?は数をたずねる文。人数を答える。2. 客が買おうとしているものは何か。客はショーケースの中のケーキを指さしている。3. hold ＝「持つ，抱える」。客が手に持っているものを1語で答える。

(Part 2) 1. How old ～?は年齢をたずねる文。2. Who は「だれ」という意味の疑問詞。Who's は Who is

の短縮形。3. Can you tell us ～? ＝「私たちに～を教えてくれませんか？」。about yourself ＝「あなた自身について」。自己紹介をしている文を選ぶ。4. What did you do yesterday? ＝「あなたは昨日何をしましたか？」。昨日の行動を答えている文を選ぶ。5. What's ～ like? ＝「～はどのようですか？」。weather ＝「天候」。probably ＝「おそらく」。

（Part 3）1. 女性は部屋をそうじしている。clean ＝「そうじする」。2. 女性は花屋の店員である。plants ＝「植物」。3. トラックの中にはたくさんの箱がある。be full of ～ ＝「～でいっぱいである」。4. 人々は遊園地にいる。amusement park ＝「遊園地」。5. 男性はスピーチをしている。make a speech ＝「スピーチをする」。

答 （Part 1）Picture A. 1. river（または，lake）2. No

　　Picture B. 1. two（または，2）2. cakes　3. bag

　　（Part 2）1. C　2. A　3. A　4. A　5. B　（Part 3）1. A　2. A　3. C　4. C　5. B

◀**全訳**▶　（Part 1）絵を見て質問を聞きなさい。英語で 1 語の答えを書きなさい。

例題：彼らは電車に乗っていますか？

答えは「はい」です。

Picture A.

1. 彼らはどこにいますか？

2. 雨が降っていますか？

Picture B.

1. 何人の人がいますか？

2. 客は何を買うところですか？

3. 客は何を持っていますか？

（Part 2）話し手の言うことを聞きなさい。A，B，C から最も適切な返答を選びなさい。

1. あなたのお兄さんは何才ですか，ショウタ？

　A. 彼は背が低いです。　　B. 彼はここにいます。　　C. 彼は 12 才です。

2. あなたの英語の先生はだれですか，ナオミ？

　A. 私たちは英語にブッチャー先生がいます。

　B. 私たちは月曜日，水曜日，そして金曜日に英語があります。

　C. 私たちはとても熱心に英語を勉強しなければなりません。

3. あなた自身について私たちに何か教えてくれませんか，ピーター？

　A. 私は 15 才で，ニューヨークから来ました。　　B. 彼女は 17 才で，高校にいます。

　C. それは 12 才です。私の両親がそれを私に買ってくれました。

4. あなたは昨日何をしましたか，グラハム？

　A. 私は母と父と買い物に行きました。

　B. 明日は大丈夫です。私は今日，英語の授業があります。

　C. 私の誕生日は 1 月 15 日です。

5. ロンドンの天候は今どのようですか，ロビン？

　A. ロンドンはとても大きな都市です。　　B. 寒くて雨模様です，おそらく。

　C. それは東京ほど大きくありません。

（Part 3）絵を見なさい。A，B，C から最も適切な答えを選びなさい。

例題：

A. 彼らは眠っています。　　B. 彼らは勉強しています。　　C. 彼らは遊んでいます。

答えは B です。

1. A. 女性は家をそうじしています。　　B. 女性は夕食を作っています。

C．女性はテレビを見ています。

2．A．女性は植物を売っています。　　B．女性は衣服を売っています。　　C．女性は野菜を売っています。

3．A．トラックは花でいっぱいです。　　B．トラックは車でいっぱいです。

C．トラックは箱でいっぱいです。

4．A．人々は学校にいます。　　B．人々は劇場にいます。　　C．人々は遊園地にいます。

5．A．男性はギターをひいています。　　B．男性はスピーチをしています。

C．男性は図書館で本を読んでいます。

19．立命館守山中（A 1） 　　　　　　　　　　　　　　　　　　　問題 P．114～127

① A．問 1．男性は，「泳ぎに行った」と言っている。

問 2．ケンタは「警察官になりたい」と言っている。

B．問 1．日曜日と火曜日に予定がないのでひまである。

問 2．1,000 円以内で注文できるのは，550 円のサンドイッチと 300 円のコーヒーの組み合わせ。

問 3．午前中に 1 時間以内で見ることができる映画は，上映時間が 45 分間の Dogs and Cats。

答 A．問 1．エ　問 2．ウ　B．問 1．イ　問 2．ウ　問 3．ア

◀全訳▶　A．

問 1．

女性：あなたは昨日，何をしましたか？

男性：私は兄と泳ぎに行きました。

問 2．

女性：ケンタ，私はあなたが先生になりたいと聞いているわ。それは正しい？

男性：ぼくはなりたかったけれど，今は別の夢があるよ。

女性：それは何？　あなたの両親のように病院で働きたいの？

男性：彼らの仕事はすばらしいけれど，ぼくは警察官になりたいんだ。

B．

問 1．その女の子は今週いつひまですか？

問 2．あなたは 1,000 円持っています。あなたはどれを注文できますか？

問 3．もしあなたが午前中に 1 時間あれば，どの映画を見ることができますか？

② A．問 1．2 人は夕食に出かける相談をしている。Let's go there tonight.＝「今晩，そこ（駅の近くの新しいレストラン）に行きましょう」。

問 2．男性は，なぜそのノートがジミーのものだとわかったのかをメグにたずねている。His name is written here.＝「彼の名前がここに書かれています」。

問 3．ナンシーは，ヨウヘイのお兄さんがアメリカで働いているのかをヨウヘイにたずねている。He works at a restaurant as a cook.＝「彼は料理人としてレストランで働いています」。

B．問 1．リズのお父さんは卵，リンゴ，塩を買ってくるようたのんでいる。

問 2．エイミーは「3 時に図書館に来て」と言っている。

問 3．先生は，「音楽室は 3 階で，職員室のとなりにある」と教えている。

答 A．問 1．エ　問 2．ア　問 3．イ　B．問 1．ウ　問 2．ウ　問 3．エ

◀全訳▶　A．

例題．

男性：あなたはどちらの出身ですか？

女性：滋賀の守山です。

男性：あなたは自分の街が好きですか？

女性：(はい，大好きです！)

問1.

女性：夕食に出かけるのはどう，ボブ？

男性：いいね。私はイタリア料理が食べたいな。

女性：いいわ。私は駅の近くの新しいレストランがおいしいと聞いているわ。

男性：(今晩，そこに行こう。)

問2.

男性：メグ，あなたはこれがだれのノートか知ってる？　ぼくはそれを音楽室で見つけたよ。

女性：ああ，それはジミーのだわ。それを彼に持っていってくれない？

男性：もちろん，でもあなたはそれをどうやって知ったの？

女性：(見て。彼の名前がここに書かれているわ。)

問3.

女性：ヨウヘイ，私はあなたのお兄さんがアメリカに住んでいると聞いてるわ。

男性：そうだよ，ナンシー。彼は2020年以来そこに住んでいるよ。

女性：それでは，彼は約2年間そこにいるのね。彼はそこで働いているの？

男性：(うん。彼は料理人としてレストランで働いているよ。)

B.

問1.

男性：昼食の買い物に行ってくれないか，リズ？　私たちは卵とリンゴが必要だよ。

女性：わかった，お父さん。牛乳と砂糖も買いましょうか？

男性：いや。それらは十分あるよ。ああ，それと塩をお願いするよ。

女性：もちろんよ。私はすぐに戻るわ。

質問：リズは何を買いますか？

問2.

男性：もしもし，エイミー。君は1時間前ぼくに電話をした？　それに出られなくてごめん。

女性：もしもし，コウジ。いいのよ。私はあなたに宿題を手伝ってもらいたいの。今日，時間がある？

男性：ええと，ぼくは2時に本屋に行くつもりだよ。だからぼくは3時以降に君を手伝うことができるよ。

女性：ありがとう。それなら，3時に図書館に来てね。そのとき会いましょう。

質問：どこでコウジはエイミーの宿題を手伝いますか？

問3.

女性：すみません。私は新入生のエイミー・スミスです。

男性：こんにちは，エイミー。私は理科の教師のタナカサトシです。どうしたの？

女性：私は音楽室がこの階にあると思うのですが，それを見つけることができません。

男性：私たちは今2階にいるね。それは3階にあって，職員室のとなりだよ。

女性：ああ，私は間違った階にいるのですね。ありがとうございます！

男性：どういたしまして。君は急ぐべきだね。授業がすぐに始まるよ。

質問：音楽室はどこにありますか？

③ 最初に，たこ焼きや焼きそばを食べた(オ)→祭りの終わりに，花火を見た(ア)→帰宅の電車が混んでいて，3本の電車に乗り損ねた(エ)→次の日に，家族に送るための写真を選んだ(イ)。太鼓をたたいたのは生徒の友達なので，ウの写真は不要。

答　オ→ア→エ→イ

◀**全訳**▶　この夏，私は初めて日本の祭りに行きました。祭りの間，私はたくさんの写真を撮りました。その日，

私は公園の前で日本人の友達に会い，私たちは歩き回りました。まず，私たちはたこ焼きや焼きそばのような日本の食べ物を食べました。私の友達は「私たちは毎年夏祭りでそれらを食べるよ」と言いました。それらはおいしかったです。そのあと，私たちは伝統的な日本の踊りに参加しました。それを上手に踊ることは私にとって難しすぎました。私が一生懸命に挑戦している間，友達のひとりは踊りのための日本の太鼓をたたいていました。それは力強い音で，私はワクワクしました！　祭りの終わりに，私たちは花火を見ました。それらはとても美しかったので，私にはそれらを表現する言葉がありませんでした。帰宅する途中，私は電車に乗るために駅に行きました。祭りから家に帰る人でいっぱいだったので，私は3本の電車に乗り損ねました。私が電車に乗ろうとしたとき，それに押し込まれました。それも私の初めての経験でした。

　次の日，私はアメリカの家族に送るための写真を選ぶことを楽しみました。私はとても楽しい時間を過ごしました。

④ 問1．1．「マイはこのクラスで他のどの生徒より速く走ります」。「他のどの～より」= than any other ～。2．「私の姉はその新入生に会うことを楽しみにしています」。「～することを楽しみにする」= look forward to ～ing。3．「あのガラス瓶は簡単に壊れやすい」。助動詞を含む受動態の文は〈助動詞＋be＋過去分詞〉の語順になる。4．「私の家族は50年前に建てられた家に住んでいます」。直前にものを表す名詞，直後に動詞が続くことから主格の関係代名詞 which が入る。

問2．1．「私たちが初めて何かをするとき，だれかに『助言』を求めるべきです」。「～に助言を求める」= ask ～ for advice。2．「お金を『貸し』てくれない？」。「～を貸す」= lend ～。

問3．1．ジュディとメグミは，両親，2人の兄弟，3匹の犬，おばが写っている写真を見ている。2．ジムとマイクは，コンピュータ室にいるホワイト先生に質問をしに行く。

答 問1．1．エ　2．ウ　3．ウ　4．エ　問2．1．イ　2．ア　問3．1．エ　2．ア

◀全訳▶　問3．

1．

ジュディ：これはあなたの家族の写真なの，メグミ？

メグミ　：ええ。これらは両親，これら2人の少年は兄弟，そしてこれらは私たちの3匹の犬よ。

ジュディ：この女性はだれ？　私はあなたには姉妹がいないと思うけれど…。

メグミ　：それは私のおばよ。彼女は私の家の近くに住んでいて，しばしば私たちを訪問するの。

ジュディ：まあ，彼女は若く見えるわ。

質問：2人の女の子はどの写真を見ていますか？

2．

ジム　：マイク，君はこの問題に答えられる？　それはぼくには難しすぎるな。

マイク：ぼくもできないよ，ジム。サムに聞こう。彼は算数が得意だよ。

ジム　：いや。彼は今日学校を休んでいるよ。図書館に行くのはどう？

マイク：それは時間がかかるな。算数のホワイト先生に聞きに行こうよ。

ジム　：いいよ。彼は職員室にいるかな？

マイク：午後4時だね。彼は今コンピュータ室にいると思うよ。

質問：ジムとマイクは次に何をするでしょう？

⑤ 問1．1．Bがパーティに行くことができない理由を述べている。I'm going to join another party that day.＝「私はその日，別のパーティに参加する予定です」。2．筆箱のことをたずねられ，Bは「私はそれがあなたのだと思います」とつけ加えている。I saw a red one in the classroom.＝「私は赤いのを教室で見ました」。3．ピアノの練習をしたくなかったAが，最後には「私はすぐに練習し始めます」と言っている。But I think you'll be a better pianist by practicing every day.＝「でも毎日練習することで，私はあなたがもっと上手なピアニストになると思います」。

問2．1．ⓐ昼食に食べたいものをたずねたAは，Bの返答を聞いて「どうしたの？」と質問している。I don't

want to eat anything now. =「私は今，何も食べたくありません」。ⓑ B が食べたくない理由を答えている。I have just had too many snacks. =「私はお菓子を食べすぎただけです」。2. ⓐ B は週末の予定を答えている。最後の「魚つりも楽しみたいから」というせりふから考える。I'll go camping with my father. =「私は父とキャンプに行く予定です」。ⓑ A は場所をたずねている。We're going to go to a river. =「私たちは川に行く予定です」。3. ⓐ B は「私は 10 歳のときにそれを始めました」と答えている。How long have you played it? =「あなたはどれくらいそれをしていますか？」。ⓑ B は「もしなれたら，私はうれしいです」と答えている。Do you want to be a professional player? =「あなたはプロの選手になりたいですか？」。

答　問 1. 1. イ　2. ウ　3. エ　問 2.（ⓐ, ⓑの順に）1. イ，エ　2. エ，ア　3. ウ，イ

6　問 1. ちらしの日付と開始時刻を見る。B コースと C コースは，同日同時刻に始まる。「B コースに参加する人は『C コースに参加できない』」。

問 2. 1.「もしあなたが海の動物を見たいなら，どのコースをとるべきですか？」。ちらしのルートを見る。B コースに水族館がある。2.「このイベントについてどれが正しいですか？」。ア．ちらしのルートを見る。A コースと D コースで同じ場所を訪れることはない。イ．ちらしの下部を見る。入場料が必要となるのは，A コースと B コース。ウ．「D コースに参加する人が，最も早くスタート地点にいなければならない」。ちらしの開始時刻を見る。正しい。エ．ちらしの下部を見る。メールで質問したら，電話ではなくメールで返信がある。

答　問 1. エ　問 2. 1. イ　2. ウ

◀全訳▶

歩くことを楽しみましょう！

冬です。毎日家にいることは楽しくありません。
外に出て，いっしょに歩くことを楽しみましょう！
私たちは 4 つのコースを用意しています。

コース	ルート	距離	日付／開始時刻
A	セント中学校→セントラルパーク→ウェスト美術館	4 キロ	1 月 14 日／午前 10 時 30 分
B	セントラルパーク→サウスビーチ→オーシャン水族館	6 キロ	1 月 15 日／午前 10 時 00 分
C	セント中学校→セントラルパーク→サウスヒル	12 キロ	1 月 15 日／午前 10 時 00 分
D	グリーン駅→ロッキー山→ノース駅	20 キロ	1 月 22 日／午前 6 時 30 分

☆スタート地点に時間通りに来てください。
☆A コースまたは B コースに参加するなら，入場料のためのお金を持ってきてください。
☆各コースで長距離を歩きます。何か飲む物を持ってきてください。
☆D コースに参加したいなら，登山のための服と靴を身につけてください。

・さらなる情報には，ウェブサイト，https//www.××××.us をチェックしてください。
・質問があれば，メールでたずねてください。2 日以内にあなたにメールで返信します。

7　問 1.「ジャガイモについてどれが正しいですか？」。ア．第 2 段落の前半を見る。ヨーロッパの人が南アメリカからジャガイモを持ち帰った。イ．第 2 段落の後半を見る。ヨーロッパの金持ちの人は，その花を見て楽

しむために庭でジャガイモを育てた。ウ．第2段落の最後の文を見る。花は美しかったが，ヨーロッパの人はジャガイモを食べずに見て楽しんだ。エ．「どの場所でもそれらを育てるのは簡単なので，それらを育てるのに良い場所を選ぶ必要はない」。第4段落の中ほどを見る。正しい。

問2．第3段落を見る。トマトを食べ始めて，トマトが人気となったのは，17世紀から18世紀。イは本文の内容と合わない。

問3．第4段落の前半を見る。ヨーロッパの人はジャガイモが羊や豚のえさだと考えていた。エは本文の内容と合わない。

答 問1．エ　問2．イ　問3．エ

◀**全訳**▶　今日，私たちは多くの種類の野菜を食べて楽しむことができます。私たちはそれらが健康に大切だと知っています。それらのいくつかは昔，食べ物として見られていなかったことをあなたは知っていますか？

15世紀と16世紀に，ヨーロッパの人は南アメリカに行き，多くの種類の食べ物を持ち帰りました。ヨーロッパの金持ちの人は庭でトマトやジャガイモを育て始めましたが，彼らはそれらを食べませんでした。彼らはその花を見て楽しむだけでした。

しかし，イタリアの貧しい人は十分な食べ物がなかったので，17世紀にトマトを盗み，それらを食べ始めました。彼らはトマトをおいしくするために，それらを改良しました。トマトは18世紀に人気となりました。

ジャガイモには毒があります。ジャガイモを食べたあと病気になる人がいました。ヨーロッパの人はそれらが羊や豚のえさだと考え，長い間それらを食べようとしませんでした。しかし，ジャガイモはたいていどの場所でもよく育つので，少数の人はそれらを食べ物として紹介しようとしました。彼らはそのことを何度も，多くの異なる方法で説明しました。18世紀に，ジャガイモはヨーロッパで人気となりました。それらは多くの空腹の人を救いました。

このように，私たちは食べ物として以前は見られていなかった野菜を食べています。将来十分な食べ物がなくなるだろうと言う科学者がいます。私たちは新しい食べ物を見つけなければなりません。例えば，食べ物に昆虫を使おうとしている人がいます。実際，昆虫で作られたお菓子がいくつかの店では売られています。もしあなたがそれらを見つけたら，それを試してみてはどうですか？

赤本バックナンバーのご案内

A book for You

赤本バックナンバーを1年単位で印刷製本しお届けします!

弊社発行の「**中学校別入試対策シリーズ(赤本)**」の収録から外れた古い年度の過去問を1年単位でご購入いただくことができます。

「**赤本バックナンバー**」はamazon(アマゾン)の*プリント・オン・デマンドサービスによりご提供いたします。

定評のあるくわしい解答解説はもちろん赤本そのまま,解答用紙も付けてあります。

志望校の受験対策をさらに万全なものにするために,「**赤本バックナンバー**」をぜひご活用ください。

⚠ *プリント・オン・デマンドサービスとは,ご注文に応じて1冊から印刷製本し,お客様にお届けするサービスです。

ご購入の流れ

① 英俊社のウェブサイト https://book.eisyun.jp/ にアクセス

② トップページの「中学受験」 赤本バックナンバー をクリック

③ ご希望の学校・年度をクリックすると,amazon(アマゾン)のウェブサイトの該当書籍のページにジャンプ

④ amazon(アマゾン)のウェブサイトでご購入

⚠ 納期や配送,お支払い等,購入に関するお問い合わせは,amazon(アマゾン)のウェブサイトにてご確認ください。

⚠ 書籍の内容についてのお問い合わせは英俊社(06-7712-4373)まで。

⚠ 表中の×印の学校・年度は,著作権上の事情等により発刊いたしません。あしからずご了承ください。

※価格はすべて税込表示

近畿の中学(五十音順)

学校名	2019年 実施問題	2018年 実施問題	2017年 実施問題	2016年 実施問題	2015年 実施問題	2014年 実施問題	2013年 実施問題	2012年 実施問題	2011年 実施問題	2010年 実施問題	2009年 実施問題	2008年 実施問題	2007年 実施問題	2006年 実施問題	2005年 実施問題	2004年 実施問題	2003年 実施問題	2002年 実施問題
大阪教育大学附属池田中学校	赤本に収録	1,320円 44頁	1,210円 42頁	1,210円 42頁	1,210円 40頁	1,210円 40頁	1,210円 40頁	1,210円 42頁	1,210円 40頁	1,210円 42頁	1,210円 38頁	1,210円 40頁	1,210円 38頁	1,210円 38頁	1,210円 36頁	1,210円 36頁	1,210円 40頁	1,210円 40頁
大阪教育大学附属天王寺中学校	赤本に収録	1,320円 44頁	1,210円 38頁	1,210円 40頁	1,210円 40頁	1,210円 40頁	1,210円 42頁	1,210円 40頁	1,320円 44頁	1,210円 40頁	1,210円 42頁	1,210円 38頁	1,210円 38頁	1,210円 38頁	1,210円 38頁	1,210円 40頁	1,210円 40頁	
大阪教育大学附属平野中学校	赤本に収録	1,210円 42頁	1,320円 44頁	1,210円 36頁	1,210円 36頁	1,210円 34頁	1,210円 38頁	1,210円 38頁	1,210円 36頁	1,210円 34頁	1,210円 36頁	1,210円 36頁	1,210円 34頁	1,210円 32頁	1,210円 30頁	1,210円 26頁	1,210円 26頁	
大阪女学院中学校	1,430円 60頁	1,430円 62頁	1,430円 64頁	1,430円 58頁	1,430円 64頁	1,430円 62頁	1,430円 64頁	1,430円 60頁	1,430円 62頁	1,430円 60頁	1,430円 60頁	1,430円 58頁	1,430円 56頁	1,430円 56頁	1,430円 58頁	1,430円 58頁		
大阪星光学院中学校	赤本に収録	1,320円 50頁	1,320円 48頁	1,320円 48頁	1,320円 46頁	1,320円 44頁	1,320円 44頁	1,320円 46頁	1,320円 46頁	1,320円 44頁	1,320円 44頁	1,320円 42頁	1,210円 42頁	1,320円 42頁	1,320円 40頁	1,210円 40頁	1,210円 42頁	
大阪府立咲くやこの花中学校	赤本に収録	1,210円 36頁	1,210円 38頁	1,210円 38頁	1,210円 36頁	1,210円 36頁	1,430円 62頁	1,210円 42頁	1,320円 46頁	1,320円 44頁	1,320円 50頁							
大阪府立富田林中学校	赤本に収録	1,210円 38頁	1,210円 40頁															
大阪桐蔭中学校	1,980円 116頁	1,980円 122頁	2,090円 134頁	2,090円 134頁	1,870円 110頁	2,090円 130頁	2,090円 130頁	1,980円 122頁	1,980円 114頁	2,200円 138頁	1,650円 84頁	1,760円 90頁	1,650円 84頁	1,650円 80頁	1,650円 88頁	1,650円 84頁	1,650円 80頁	1,210円 38頁
大谷中学校〈大阪〉	1,430円 64頁	1,430円 62頁	1,320円 50頁	1,870円 102頁	1,870円 104頁	1,980円 112頁	1,980円 116頁	1,760円 98頁	1,760円 96頁	1,760円 96頁	1,760円 94頁	1,870円 100頁	1,760円 92頁					
開明中学校	1,650円 78頁	1,870円 106頁	1,870円 106頁	1,870円 110頁	1,870円 108頁	1,870円 104頁	1,870円 102頁	1,870円 104頁	1,870円 102頁	1,870円 100頁	1,870円 102頁	1,870円 104頁	1,870円 104頁	1,870円 96頁	1,760円 96頁	1,760円 100頁		
関西創価中学校	1,210円 34頁	1,210円 34頁	1,210円 36頁	1,210円 32頁	1,210円 32頁	1,210円 34頁	1,210円 32頁	1,210円 32頁	1,210円 32頁									
関西大学中等部	1,760円 92頁	1,650円 84頁	1,650円 84頁	1,650円 80頁	1,320円 44頁	1,210円 42頁	1,320円 44頁	1,210円 42頁	1,320円 44頁	1,320円 44頁								
関西大学第一中学校	1,320円 48頁	1,320円 48頁	1,320円 48頁	1,320円 48頁	1,320円 44頁	1,320円 46頁	1,320円 44頁	1,320円 44頁	1,210円 40頁	1,210円 40頁	1,320円 44頁	1,320円 40頁	1,210円 44頁	1,210円 40頁	1,210円 40頁	1,210円 40頁	1,210円 40頁	
関西大学北陽中学校	1,760円 92頁	1,760円 90頁	1,650円 86頁	1,650円 84頁	1,650円 88頁	1,650円 84頁	1,650円 82頁	1,430円 64頁	1,430円 62頁	1,430円 60頁								
関西学院中学部	1,210円 42頁	1,210円 40頁	1,210円 40頁	1,210円 40頁	1,210円 36頁	1,210円 38頁	1,210円 36頁	1,210円 40頁	1,210円 40頁	1,210円 38頁	1,210円 36頁	1,210円 34頁	1,210円 36頁	1,210円 34頁	1,210円 36頁	1,210円 34頁	1,210円 36頁	1,210円 36頁
京都教育大学附属桃山中学校	1,210円 40頁	1,210円 38頁	1,210円 38頁	1,210円 36頁	1,210円 34頁	1,210円 36頁	1,210円 34頁	1,210円 38頁	1,210円 36頁	1,210円 38頁	1,210円 32頁	1,210円 34頁	1,210円 36頁	1,210円 36頁	1,210円 34頁	1,210円 42頁	1,210円 38頁	

2

※価格はすべて税込表示

学校名	2019年	2018年	2017年	2016年	2015年	2014年	2013年	2012年	2011年	2010年	2009年	2008年	2007年	2006年	2005年	2004年	2003年	2002年
京都女子中学校	1,540円	1,760円	1,760円	1,650円	1,650円	1,650円	1,650円	1,430円	1,430円	1,430円	1,430円	1,430円	1,430円	1,430円	1,430円	1,430円		
	68頁	92頁	90頁	86頁	86頁	80頁	84頁	62頁	60頁	62頁	60頁	58頁	58頁	56頁	56頁	56頁		
京都市立西京高校附属中学校	赤本に収録	1,210円	1,210円	1,210円	1,210円	1,210円	1,210円	1,210円	1,210円	1,210円	1,210円	1,210円	1,210円					
		36頁	38頁	38頁	40頁	34頁	32頁	32頁	34頁	26頁	24頁	24頁	24頁					
京都府立洛北高校附属中学校	赤本に収録	1,210円	1,210円	1,210円	1,210円	1,210円	1,210円	1,210円	1,210円	1,210円	1,210円	1,210円	1,210円					
		40頁	40頁	40頁	36頁	34頁	32頁	32頁	36頁	28頁	24頁	26頁	26頁					
近畿大学附属中学校	1,650円	1,650円	1,650円	1,650円	1,650円	1,650円	1,650円	1,650円	1,540円	1,650円	1,540円	1,540円	1,540円	1,540円	1,540円	1,540円		
	86頁	80頁	82頁	84頁	80頁	80頁	78頁	78頁	76頁	78頁	70頁	76頁	74頁	74頁	70頁	68頁		
金蘭千里中学校	1,650円	1,650円	1,540円	1,980円	1,980円	1,320円	1,430円	1,430円	1,320円	1,540円	1,540円	1,540円	1,540円	1,540円	1,540円	1,540円		
	78頁	80頁	74頁	116頁	116頁	48頁	58頁	56頁	50頁	72頁	76頁	74頁	70頁	66頁	72頁	72頁		
啓明学院中学校	1,320円	1,320円	1,320円	1,320円	1,320円	1,320円	1,320円	1,320円	1,320円	1,320円	1,320円	1,210円	1,210円					
	44頁	46頁	46頁	46頁	48頁	44頁	44頁	46頁	46頁	44頁	44頁	42頁	42頁					
甲南中学校	1,430円	1,540円	1,540円	1,540円	1,540円													
	62頁	76頁	74頁	74頁	72頁													
甲南女子中学校	1,650円	1,540円	1,650円	1,650円	1,650円	1,540円	1,540円	1,540円	1,540円	1,540円	1,540円	1,540円	1,430円					
	84頁	76頁	82頁	78頁	80頁	74頁	72頁	72頁	72頁	70頁	74頁	72頁	56頁					
神戸海星女子学院中学校	1,540円	1,540円	1,540円	1,430円	1,430円	1,430円	1,430円	1,540円	1,540円	1,430円	1,320円	1,210円	1,210円					
	74頁	72頁	68頁	64頁	62頁	64頁	64頁	68頁	70頁	58頁	44頁	38頁	40頁					
神戸女学院中学部	赤本に収録	1,320円	1,320円	1,320円	1,320円	1,320円	1,320円	1,320円	1,210円	1,210円	1,210円	1,210円	1,210円	1,210円	1,210円	1,210円	1,210円	1,210円
		48頁	48頁	48頁	44頁	44頁	44頁	46頁	44頁	42頁	42頁	40頁	38頁	40頁	38頁	38頁	36頁	36頁
神戸大学附属中等教育学校	赤本に収録	1,320円	1,320円	1,320円	1,320円													
		50頁	52頁	46頁	44頁													
甲陽学院中学校	赤本に収録	1,320円	1,320円	1,320円	1,320円	1,320円	1,320円	1,320円	1,320円	1,320円	1,210円	1,210円	1,210円	1,210円	1,210円	1,210円	1,210円	1,210円
		50頁	46頁	44頁	44頁	44頁	44頁	44頁	44頁	44頁	42頁	42頁	42頁	42頁	40頁	42頁	42頁	40頁
三田学園中学校	1,540円	1,540円	1,430円	1,430円	1,430円	1,540円	1,430円	1,430円	1,430円	1,430円	1,430円	1,430円	1,430円	1,430円	1,430円	1,210円		
	66頁	68頁	64頁	62頁	62頁	66頁	58頁	54頁	60頁	58頁	58頁	60頁	62頁	58頁	54頁	38頁		
滋賀県立中学校（河瀬・水口東・守山）	赤本に収録	1,210円	1,210円	1,210円	1,210円	1,210円	1,210円	1,210円	1,210円	1,210円	1,210円	1,210円	1,210円					
		24頁	24頁	24頁	24頁	24頁	24頁	24頁	24頁	24頁	24頁	24頁	24頁					
四天王寺中学校	1,320円	1,320円	1,320円	1,320円	1,320円	1,320円	1,320円	1,320円	1,320円	1,210円	1,320円	1,320円	1,320円	1,430円	×	1,430円	1,430円	1,430円
	52頁	46頁	50頁	50頁	50頁	48頁	44頁	48頁	46頁	42頁	44頁	46頁	48頁	62頁	×	56頁	56頁	54頁
淳心学院中学校	1,540円	1,540円	1,540円	1,430円	1,430円	1,430円	1,320円	1,430円	1,320円	1,320円	1,320円	1,320円	1,210円					
	66頁	70頁	66頁	62頁	62頁	60頁	44頁	44頁	44頁	44頁	44頁	46頁	42頁					
親和中学校	1,760円	1,870円	1,760円	1,540円	1,540円	1,540円	1,540円	1,540円	1,430円	1,430円	1,430円	1,430円	1,430円					
	94頁	108頁	94頁	76頁	74頁	76頁	74頁	74頁	56頁	54頁	54頁	54頁	56頁					
須磨学園中学校	1,980円	2,090円	2,090円	1,980円	2,090円	1,980円	1,980円	1,870円	1,980円	1,980円	1,980円	1,980円	1,980円	1,980円	1,980円	1,870円		
	118頁	124頁	134頁	120頁	124頁	112頁	114頁	110頁	116頁	122頁	122頁	118頁	120頁	116頁	114頁	104頁		
清教学園中学校	1,210円	1,540円	1,540円	1,540円	1,540円	1,540円	1,540円	1,540円	1,540円	1,540円	1,540円	1,540円	1,430円					
	38頁	72頁	70頁	70頁	72頁	70頁	66頁	68頁	68頁	70頁	68頁	68頁	64頁					
清風中学校	2,200円	2,090円	2,090円	2,200円	2,090円	2,090円	2,090円	2,090円	1,870円	1,980円	1,870円	1,870円	1,650円	1,540円	1,650円	1,540円		
	142頁	128頁	134頁	140頁	134頁	136頁	136頁	128頁	108頁	114頁	110頁	108頁	82頁	76頁	78頁	74頁		
清風南海中学校	赤本に収録	1,760円	1,760円	1,760円	1,760円	1,760円	1,760円	1,760円	1,760円	1,760円	1,760円	1,760円	1,760円	1,650円	1,650円	1,760円	1,650円	1,650円
		98頁	96頁	94頁	92頁	92頁	92頁	90頁	92頁	98頁	96頁	90頁	90頁	94頁	88頁	86頁	90頁	82頁	82頁
高槻中学校	1,870円	1,650円	1,650円	2,090円	1,980円	1,980円	2,090円	1,980円	1,540円	1,650円	1,540円	1,540円	1,540円	×	1,540円	×	1,540円	1,650円
	106頁	88頁	82頁	122頁	120頁	114頁	126頁	114頁	72頁	78頁	74頁	68頁	68頁	×	76頁	×	74頁	78頁
滝川中学校	1,760円	2,090円	1,870円	1,870円	1,760円													
	96頁	128頁	104頁	100頁	98頁													
智辯学園和歌山中学校	1,650円	1,650円	1,540円	1,540円	1,540円	1,540円	1,540円	1,540円	1,430円	1,540円	1,540円	1,540円	1,320円					
	80頁	80頁	74頁	72頁	72頁	70頁	74頁	74頁	64頁	74頁	76頁	70頁	46頁					
帝塚山中学校	2,090円	2,310円	2,310円	2,310円	2,310円	2,090円	2,090円	2,090円	2,090円	2,310円	2,090円	2,090円	2,200円	2,310円	1,540円	1,430円	1,430円	
	124頁	156頁	156頁	154頁	152頁	124頁	130頁	148頁	154頁	148頁	150頁	152頁	140頁	156頁	66頁	62頁	60頁	
帝塚山学院中学校	1,210円	1,210円	1,210円	1,210円	1,210円	1,210円	1,210円	1,210円	1,210円	1,210円	1,210円	1,210円	1,210円					
	42頁	38頁	36頁	36頁	38頁	36頁	36頁	34頁	36頁	34頁	34頁	34頁	36頁					
帝塚山学院泉ヶ丘中学校	1,320円	1,320円	1,210円	1,760円	1,650円	1,650円	1,650円	1,650円	1,320円	1,210円	1,210円	1,210円	1,210円					
	50頁	46頁	42頁	92頁	84頁	84頁	82頁	86頁	50頁	42頁	42頁	42頁	42頁					
同志社中学校	1,320円	1,320円	1,210円	1,210円	1,210円	1,210円	1,210円	1,210円	1,210円	1,210円	1,210円	1,210円	1,210円	1,210円	1,210円	1,210円	1,210円	1,210円
	48頁	44頁	40頁	40頁	40頁	40頁	40頁	40頁	42頁	40頁	40頁	40頁	42頁	40頁	38頁	40頁	38頁	36頁
同志社香里中学校	1,650円	1,650円	1,540円	1,650円	1,650円	1,650円	1,650円	1,650円	×	×	1,210円	1,210円	1,210円	1,210円	1,210円	1,210円	1,210円	
	86頁	78頁	76頁	78頁	80頁	78頁	80頁	78頁	×	×	38頁	38頁	40頁	40頁	38頁	42頁	40頁	
同志社国際中学校	1,320円	1,320円	1,320円	1,320円	1,320円	1,320円	1,210円	1,210円	1,210円	1,210円	1,210円	1,210円	1,210円					
	52頁	52頁	48頁	46頁	44頁	42頁	36頁	34頁	36頁	34頁	34頁	32頁	34頁					
同志社女子中学校	1,760円	1,760円	1,760円	1,760円	1,650円	1,650円	1,650円	1,650円	1,320円	1,320円	1,210円	1,210円	1,210円	1,210円	1,210円	×	1,320円	1,320円
	96頁	98頁	96頁	92頁	84頁	86頁	82頁	86頁	46頁	46頁	46頁	42頁	42頁	40頁	42頁	×	44頁	44頁

※価格はすべて税込表示

学校名	2019年実施問題	2018年実施問題	2017年実施問題	2016年実施問題	2015年実施問題	2014年実施問題	2013年実施問題	2012年実施問題	2011年実施問題	2010年実施問題	2009年実施問題	2008年実施問題	2007年実施問題	2006年実施問題	2005年実施問題	2004年実施問題	2003年実施問題	2002年実施問題
東大寺学園中学校	赤本に収録	1,430円	1,430円	1,430円	1,430円	1,430円	1,320円	1,320円	1,320円	1,320円	1,320円	1,320円	1,320円	1,320円	1,210円	1,320円	1,320円	1,320円
		58頁	58頁	54頁	54頁	56頁	50頁	52頁	52頁	48頁	46頁	44頁	46頁	48頁	42頁	46頁	44頁	46頁
灘中学校	赤本に収録	1,320円	1,320円	1,320円	1,320円	1,320円	1,320円	1,320円	1,320円	1,320円	1,320円	1,320円	1,210円	1,320円	1,320円	1,320円	1,320円	
		48頁	48頁	52頁	48頁	46頁	46頁	44頁	44頁	46頁	46頁	46頁	42頁	46頁	46頁	46頁	46頁	
奈良学園中学校	2,090円	1,980円	1,980円	1,980円	1,980円	1,870円	1,980円	1,870円	1,870円	1,870円	1,870円	1,870円	1,870円	1,870円	1,540円	1,540円		
	132頁	120頁	120頁	112頁	116頁	110頁	114頁	110頁	108頁	104頁	106頁	104頁	102頁	100頁	68頁	66頁		
奈良学園登美ヶ丘中学校	1,540円	1,540円	1,540円	1,650円	1,650円	1,650円	2,090円	2,090円	1,980円	1,870円	1,760円	1,760円						
	70頁	70頁	68頁	86頁	80頁	86頁	126頁	126頁	120頁	104頁	98頁	96頁						
奈良教育大学附属中学校	1,320円	1,210円	1,210円	1,210円	1,210円	1,210円	1,210円	1,210円	1,210円	1,210円	1,210円	1,210円	1,210円	1,210円	1,210円	1,210円	1,210円	
	44頁	42頁	38頁	36頁	38頁	38頁	36頁	38頁	36頁	38頁	36頁	38頁	38頁	36頁	38頁	38頁	38頁	
奈良女子大学附属中等教育学校	1,210円	1,210円	1,210円	1,210円	1,210円	1,210円	1,210円	1,210円	1,210円	1,210円	1,210円	1,210円	1,210円					
	24頁	24頁	24頁	24頁	24頁	24頁	24頁	24頁	24頁	24頁	24頁	24頁	24頁					
西大和学園中学校	赤本に収録	2,200円	2,200円	1,430円	1,870円	1,760円	1,430円	1,430円	1,650円	1,650円	×	1,650円	×	1,650円	1,320円	1,320円	1,320円	1,320円
		136頁	140頁	58頁	100頁	98頁	54頁	54頁	84頁	86頁		80頁		84頁	48頁	44頁	46頁	46頁
白陵中学校	赤本に収録	1,210円	1,210円	1,210円	1,210円	1,210円	1,210円	1,210円	1,210円	1,210円	1,210円	1,210円	1,210円	1,210円	1,210円	1,210円	1,210円	1,210円
		36頁	38頁	36頁	38頁	36頁	38頁	36頁	38頁	36頁	36頁	36頁	34頁	36頁	34頁	36頁	34頁	34頁
東山中学校	1,320円	1,320円	1,320円	1,320円	1,320円													
	48頁	50頁	44頁	46頁	48頁													
雲雀丘学園中学校	1,650円	1,650円	1,650円	1,650円	1,430円	1,210円	1,210円	1,210円	1,210円	1,210円	1,210円	1,210円	1,210円	1,210円	1,210円	1,210円		
	78頁	80頁	80頁	78頁	60頁	32頁	30頁	30頁	32頁	30頁	28頁	28頁	26頁	26頁	26頁	28頁		
武庫川女子大学附属中学校	1,650円	1,650円	1,650円	1,760円	1,650円	1,760円	1,760円	1,760円	1,760円	1,760円	1,650円	1,430円	1,430円					
	88頁	78頁	80頁	90頁	88頁	92頁	94頁	96頁	90頁	94頁	88頁	56頁	56頁					
明星中学校	1,980円	1,980円	1,980円	1,980円	1,980円	1,980円	1,980円	1,760円	1,650円	1,650円	1,650円	1,650円	1,650円	1,650円	×	1,650円		
	118頁	116頁	122頁	116頁	112頁	112頁	118頁	92頁	86頁	86頁	86頁	86頁	80頁	84頁		84頁		
桃山学院中学校	1,540円	1,650円	1,650円	1,540円	1,650円	1,650円	1,650円	1,540円	1,540円	1,650円	1,540円	1,540円						
	74頁	82頁	80頁	76頁	78頁	78頁	74頁	74頁	78頁	72頁	68頁							
洛星中学校	赤本に収録	1,760円	1,870円	1,760円	1,760円	1,760円	1,870円	1,870円	1,760円	1,760円	1,760円	1,760円	1,760円	1,760円	1,650円	1,650円	1,650円	1,650円
		98頁	100頁	96頁	96頁	92頁	100頁	102頁	96頁	96頁	94頁	96頁	94頁	94頁	84頁	82頁	82頁	84頁
洛南高等学校附属中学校	赤本に収録	1,430円	1,430円	1,430円	1,320円	1,320円	1,430円	1,430円	1,320円	1,430円	1,320円	1,320円	1,320円	1,320円	×	1,430円	1,430円	1,430円
		56頁	56頁	54頁	52頁	52頁	54頁	56頁	52頁	54頁	50頁	48頁	52頁	48頁		60頁	60頁	58頁
立命館中学校	1,650円	1,650円	1,650円	1,650円	1,650円	1,540円	1,540円	1,540円	1,540円	1,540円	1,540円	1,540円	×	1,430円	1,430円			
	82頁	82頁	78頁	86頁	80頁	76頁	72頁	74頁	72頁	70頁	66頁	70頁		58頁	54頁			
立命館宇治中学校	1,650円	1,650円	1,650円	1,650円	1,540円	1,540円	1,540円	1,540円	1,540円	1,540円	1,540円	1,320円	1,320円	1,320円	1,320円	1,320円		
	86頁	82頁	80頁	78頁	76頁	76頁	68頁	72頁	74頁	74頁	72頁	52頁	52頁	52頁	52頁	52頁		
立命館守山中学校	1,650円	1,430円	1,540円	1,430円	1,430円	1,430円	1,430円	1,430円	1,430円	1,430円	1,430円	1,430円	1,430円					
	80頁	64頁	66頁	64頁	62頁	60頁	60頁	58頁	58頁	56頁	58頁	64頁	54頁					
六甲学院中学校	1,430円	1,430円	1,430円	1,430円	1,430円	1,320円	1,430円	1,320円	1,430円	1,430円	×	1,320円	1,430円	1,320円	1,320円	1,320円	1,320円	
	58頁	56頁	56頁	60頁	56頁	52頁	56頁	52頁	54頁	56頁		50頁	58頁	50頁	46頁	52頁	50頁	
和歌山県立中学校（向陽・古佐田丘・田辺・桐蔭・日高附中）	1,210円	1,760円	1,760円	1,650円	1,650円	1,650円	1,540円	1,650円	1,760円	1,870円	1,650円	1,650円	1,540円					
	34頁	90頁	90頁	86頁	80頁	88頁	70頁	78頁	98頁	108頁	88頁	78頁	74頁					
愛知中学校	1,320円	1,320円	1,320円	1,320円	1,210円	1,210円	1,210円	1,210円	1,210円	1,210円	1,210円	1,210円	1,210円	1,210円	1,210円	1,210円	1,210円	
	48頁	44頁	46頁	44頁	42頁	38頁	34頁	38頁	38頁	36頁	36頁	36頁	34頁	32頁	30頁	32頁	28頁	
愛知工業大学名電中学校	1,320円	1,650円	1,980円	1,650円	1,650円													
	46頁	86頁	122頁	82頁	86頁													
愛知淑徳中学校	1,430円	1,320円	1,320円	1,320円	1,320円	1,210円	1,320円	1,320円	1,320円	1,320円	1,210円	1,210円	1,210円					
	54頁	48頁	46頁	46頁	44頁	42頁	46頁	44頁	44頁	44頁	42頁	42頁	40頁					
海陽中等教育学校	赤本に収録	1,760円	2,090円	2,090円	1,980円	1,980円	1,980円	1,980円	1,980円	1,540円	1,430円	1,760円	1,870円	1,870円				
		90頁	132頁	126頁	122頁	116頁	112頁	112頁	112頁	74頁	64頁	96頁	110頁	100頁				
金城学院中学校	1,320円	1,320円	1,210円	1,210円	1,210円	1,210円	1,210円	1,210円	1,210円	1,210円	1,210円	1,210円	1,210円	1,210円	1,210円	1,210円		
	46頁	44頁	40頁	42頁	42頁	38頁	40頁	42頁	42頁	38頁	40頁	40頁	38頁	36頁	36頁	24頁		
滝中学校	1,320円	1,320円	1,320円	1,320円	1,210円	1,210円	1,210円	1,210円	1,210円	1,210円	1,210円	1,210円	1,210円	1,210円	1,210円	1,210円	1,210円	
	48頁	48頁	46頁	44頁	40頁	42頁	40頁	42頁	42頁	40頁	40頁	38頁	42頁	42頁	40頁	34頁	36頁	
東海中学校	1,320円	1,320円	1,210円	1,320円	1,320円	1,320円	1,320円	1,320円	1,210円	1,320円	1,210円	1,210円	1,210円	1,210円	1,210円	1,210円	1,210円	
	50頁	48頁	38頁	44頁	42頁	44頁	44頁	40頁	44頁	40頁	42頁	38頁	40頁	38頁	36頁	40頁	36頁	
名古屋中学校	1,430円	1,320円	1,320円	1,320円	1,320円	1,320円	1,320円	1,210円	1,210円	1,210円	1,210円	1,210円	1,210円					
	56頁	52頁	50頁	48頁	50頁	44頁	44頁	40頁	40頁	40頁	36頁	34頁	40頁					
南山中学校女子部	1,430円	1,320円	1,320円	1,320円	1,320円	1,320円	1,320円	1,320円	1,320円	1,210円	1,320円	1,320円	1,320円	1,320円	1,210円	1,210円		
	56頁	50頁	52頁	50頁	48頁	46頁	48頁	46頁	44頁	42頁	44頁	46頁	46頁	44頁	42頁	42頁		
南山中学校男子部	1,320円	1,320円	1,320円	1,320円	1,210円	1,320円	1,320円	1,320円	1,320円	1,320円	1,210円	×	1,210円	1,210円	1,210円	1,210円		
	52頁	50頁	50頁	46頁	42頁	46頁	46頁	44頁	46頁	46頁	42頁		40頁	38頁	40頁	36頁		

愛知の中学（五十音順）

近畿の中学入試 英語 解答用紙

2025年度受験用

きんきの中入

英俊社

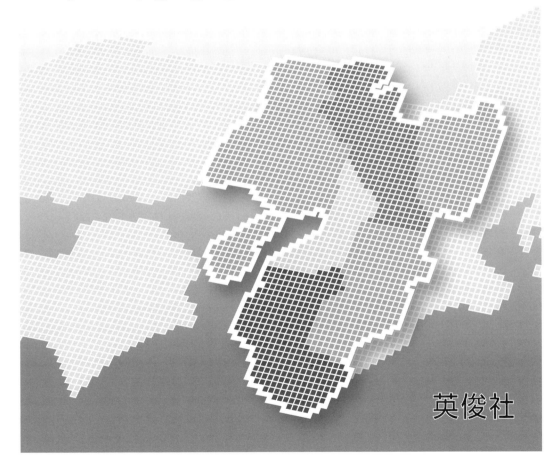

※配点は当社でつけた推定配点です。

リスニング問題

1

1	2	3	4	5

※1 点×5

2

1	2	3	4	5

※1 点×5

3

1	2	3	4	5

※2 点×5

4

1	2	3	4	5

※2 点×5

5

1	2	3	4	5

※1 点×5

筆記問題

6

(1)	(2)	(3)	(4)	(5)

※1 点×5

7

(1)	(2)	(3)	(4)	(5)

※2 点×5

8

(1)	(2)	(3)	(4)	(5)

※2 点×5

9

(1)	(2)	(3)	(4)	(5)

※2 点×5

10

(1)	(2)	(3)	(4)	(5)

※2 点×5

11

Hi, I'm Wakana.

※10 点

12

※10 点

得点

1
(1)	(2)	(3)	(4)	(5)

※2 点×5

2
(1)	(2)	(3)	(4)	(5)

※2 点×5

3

1
	①		②		③	
	④		⑤			

2
	ア		イ		ウ	
	エ		オ			

※1 点×10

4
(1)	(2)	(3)	(4)	(5)
(6)	(7)	(8)	(9)	(10)

※2 点×10

得点	

1		2		3		4		5	

※3 点×5

1		2		3		4		5	

※3 点×5

1		2		3		4		5	
6		7		8		9		10	
11		12		13		14		15	
16		17		18		19		20	

※1 点×20

4

1	?
2	to the station?
3	English class?
4	Which ?
5	Osaka today.
6	is fun.
7	is it today?
8	you have?
9	tomorrow.
10	She is .

※3 点×10

5

1		2	
3		4	
5		6	
7		8	
9		10	

※2 点×10

得点

※配点は当社でつけた推定配点です。

1　
(1)	(2)	(3)	(4)	(5)

(6)	(7)	※5 点×7

2　A　　　　　　　　　　　　　　　　B　　　　　※5 点×2

3　A　　　　B　　　　C　　　　※5 点×3

4　A　　　　B　　　　C

D

※A ～ C：5 点×3／D：10 点

5　A　　　　B　　　　C　　　　※5 点×3

得点

※配点は当社でつけた推定配点です。

1　(1)　　(2)　　(3)　　(4)　　※1 点×4

2　(1)　　(2)　　(3)　　(4)　　(5)
　(6)　　(7)　　(8)　　(9)　　(10)
※1 点×10

3　(1)　　(2)　　(3)　　(4)　　※1 点×4

4　(1)　　(2)　　(3)　　(4)　　(5)
　(6)　　(7)　　(8)　　(9)　　(10)
※2 点×10

5　(1)　　(2)　　(3)　　(4)　　(5)
※2 点×5

6　(1)　　(2)　　(3)　　(4)　　(5)
※2 点×5

7　(1)　　(2)　　(3)　　※2 点×3

質問 1

8　(1)　　(2)　　※3 点×2

質問 2

①　I　　　　　　　　　　　　　　　,

②　because　　　　　　　　　　　　.

※5 点×2

得点

1	1		2		3		4		5	

2	1		2		3		4		5	

3	1		2		3		4		5	

4	1		2		3		4		5	

5	1		2		3	
	4		5			

6	1		2		3		4		5	
	6		7		8		9		10	

7	1	A		B		2	A		B	
	3	A		B		4	A		B	
	5	A		B						

8	1		2		3		4		5	

9	1		2		3		4		5	

※2 点×50

得点	

※配点は当社でつけた推定配点です。

1

(1)	(2)	(3)
(4)	(5)	(6)
(7)	(8)	(9)
(10)	※1 点×10	

2

(1)	(2)	(3)
(4)	(5)	※1 点×5

3

(1)	(2)	(3)
(4)	(5)	※1 点×5

4

(1) A—　　B—	(2) A—　　B—	(3) A—　　B—
(4) A—　　B—	(5) A—　　B—	※2 点×5

5

(1)	.
(2)	?
(3)	.
(4)	?
(5)	.

※2 点×5

6

(1)	(2)	(3)
(4)	(5)	※2 点×5

得点

※配点は当社でつけた推定配点です。

1
(1)		(2)		(3)	
(4)		(5)		(6)	
(7)		(8)		(9)	
(10)		※1 点×10			

2
(1)		(2)		(3)	
(4)		(5)		※1 点×5	

3
(1)		(2)		(3)	
(4)		(5)		※1 点×5	

4
(1) A—　　B—		(2) A—　　B—		(3) A—　　B—	
(4) A—　　B—		(5) A—　　B—		※2 点×5	

5
(1)	.
(2)	.
(3)	?
(4)	.
(5)	.

※2 点×5

6
(1)		(2)		(3)	
(4)		(5)		※2 点×5	

得点	

※配点は当社でつけた推定配点です。

1

(1)	(2)	(3)
(4)	(5)	(6)
(7)	(8)	(9)

(10)	※1 点×10

2

(1)	(2)	(3)
(4)	(5)	※1 点×5

3

(1)	(2)	(3)
(4)	(5)	※1 点×5

4

(1) A—　　　B—	(2) A—　　　B—	(3) A—　　　B—
(4) A—　　　B—	(5) A—　　　B—	※2 点×5

5

(1)	？
(2)	．
(3)	？
(4)	．
(5)	？

※2 点×5

6

(1)	(2)	(3)
(4)	(5)	※2 点×5

得点

1
問1
(1) | (2) | (3) | (4)
(5) | (6) | (7)

問2

※問1：2点×7／問2：3点

2
(1) | (2) | (3) | (4)
(5) | (6) | (7) | (8)

※3点×8

3
(1) | | (2)
(3) | | (4)
(5)

※2点×10

4
(1) | (2) | (3) | (4) | (5)

※3点×5

5
(1) 1 | 2 | 3 | 4
(2) 1 | 2 | 3 | 4

※3点×2

6
(1) My brother

.

(2) In Japan,

.

(3) I

the seasons.

(4)

to school tomorrow.

(5)

in your class?

(6)

to Kyoto Station?

※3点×6

得点

リスニング問題

1 | (1) | (2) | (3) | ※3 点×3

2 | (1) | (2) | (3) | ※3 点×3

筆記問題

3 | (1) | (2) | (3) | (4) | (5) |
| (6) | (7) | (8) | (9) | (10) |
| (11) | (12) | (13) | (14) | (15) |

※2 点×15

4
(1)	There	.
(2)	The cost of	in Tokyo.
(3)		.
(4)	He	a representative.
(5)		family?

※2 点×5

5
(1)	(2)	(3)
(4)	(5)	(6)
(7)	(8)	(9)
(10)	※2 点×10	

6 | (1) | (2) | (3) | ※2 点×3

7 | | | | | ※4 点×4

得点

１

問1	No.1	No.2	No.3	No.4	No.5
問2	No.1	No.2	No.3	No.4	No.5

※2 点×10

２

問1	①	⑥			
問2	②	③	⑧	⑨	⑫
問3	A	B	C		
問4		問5			
問6	⑦	⑬	⑭		
問7	⑩	⑪			
問8					

※問1：3 点×2／問2：2 点×5／問3：4 点×3／問4：3 点／問5：3 点／問6：2 点×3／問7：2 点×2／問8：3 点×2

３

①	②	③	④	⑤

※2 点×5

４

①(ア)	(イ)	②(ウ)	(エ)
③(オ)	(カ)	④(キ)	(ク)
⑤(ケ)	(コ)	※2 点×10	

得点

※配点は当社でつけた推定配点です。

1

(1)						

(2)	①	②	③	④	⑤	⑥
	⑦	⑧				

(3)	

(4)	

※(1) 2 点×3 ／(2) 2 点×8 ／(3) 4 点／(4) 9 点

2

1	2	3
4	5	※2 点×5

3

(1)	①	②	③	④	⑤	⑥

(2)	

(3)	

※(1) 2 点×6 ／(2) 4 点／(3) 9 点

4

(1)	(2)	(3)	(4)	(5)	※2 点×5

5

(1)	(2)	(3)	(4)	(5)
(6)	(7)	(8)	(9)	(10)

※2 点×10

得点	

1
1		2		3		4		5	

※2 点×5

2
1		2		3		4		5	

※2 点×5

3
1		2		3		4		5	

4
1	A		B		2	A		B	
3	A		B		4	A		B	
5	A		B						

※2 点×5

5
問1		問2		問3		問4		問5	

※3 点×5

6
問1	A		B		C	
	D		E			
問2		問3				

※問1：2 点×5／問2：5 点／問3：5 点

7
問1		問2		問3		問4		問5	
問6									

※問1～問5：3 点×5／問6：5 点×2

得点	

14

※配点は当社でつけた推定配点です。

1 | (1) | | (2) | | (3) | | ※2 点×3

2 | (1) | | (2) | | (3) | | ※2 点×3

3

(1) ____ in ____ er	(2) ____ ____ o	(3) ca ____ ____ ot	(4) u ____ ____ form
(5) ____ ____ ron	(6) ____ ____ eep	(7) w ____ ____ dow	(8) ____ ____ n

※2 点×8

4 | (1) | | (2) | | (3) | | ※1 点×3

5

(1)	(2)	(3)	(4)	(5)
(6)	(7)	(8)	(9)	(10)
(11)	(12)	(13)	(14)	(15)

※1 点×15

6

(1)	(2)	(3)	(4)	(5)
(6)	(7)	(8)	(9)	(10)
(11)	(12)	(13)	(14)	(15)

※2 点×15

7 | (1) | | (2) | | (3) | | (4) | | (5) | | ※2 点×5

8 | (1) | | (2) | | (3) | | (4) | | (5) | | ※(1)：2 点／(2)～(5)：3 点×4

得点

※配点は当社でつけた推定配点です。

1

　Today, I will talk about one of my favorite animals, a starfish. Even though the word "fish" is in their name, they are (＿＿＿＿＿＿＿＿) (＿＿＿＿＿＿＿＿) a fish. Most people think starfish can (＿＿＿＿＿＿＿＿) (＿＿＿＿＿＿＿＿) five arms, but they can have (＿＿＿＿＿＿＿＿) (＿＿＿＿＿＿＿＿). They do not have a brain or even blood in their body. If you cut off a starfish's arm, it (＿＿＿＿＿＿＿＿) (＿＿＿＿＿＿＿＿) back. In some countries, people eat starfish. Do you want to (＿＿＿＿＿＿＿＿) (＿＿＿＿＿＿＿＿)?

※1 点×10

2 | (1) | | (2) | | (3) | |

※2 点×3

3 | (1) | | (2) | | (3) | |

※2 点×3

4 | (1) | | (2) | | (3) | | (4) | | (5) | | (6) | | (7) | | (8) | |
| (9) | | (10) | | (11) | | (12) | | (13) | | (14) | | (15) | |

※1 点×15

5 | (1) | | (2) | | (3) | | (4) | | (5) | | (6) | | (7) | | (8) | |
| (9) | | (10) | | (11) | | (12) | | (13) | | (14) | | (15) | |

※2 点×15

6

(1)

(2)

(3)

(4) ニュージーランドで (＿＿＿＿＿＿＿＿＿＿＿＿), 玉入れは (＿＿＿＿＿＿＿＿) であり, (＿＿＿＿＿＿＿＿)。

(5)

※(1)～(3)：2 点×3／(4)：3 点／(5)：2 点

7

(1) Mother: I'm thinking about going to USJ next week.
Girl: (　　　　　　　　　　　　　　　　　)

(2) Boy: Japan won the soccer game yesterday. I cannot believe it.
Girl: (　　　　　　　　　　　　　　　　　)

(3) Mother: (　　　　　　　　　　　　　　　　　)
Boy: I am very sorry. I will not do it anymore.

(4) Girl: (　　　　　　　　　　　　　　　　　)
Boy: I really like it. It is very good!

※3 点×4

8 What is your dream in the future?　将来の夢は何ですか。

※10 点

得点

※配点は当社でつけた推定配点です。

1　問 1 (1) ☐　(2) ☐　(3) ☐

問 2 ☐　問 3 ☐　※3 点×5

2　(1) ☐　(2) ☐　(3) ☐　(4) ☐　(5) ☐

(6) ☐　(7) ☐　(8) ☐　(9) ☐　(10) ☐

※2 点×10

3　(1) ☐　(2) ☐

(3) ☐　(4) ☐

(5) ☐　※3 点×5

4 ☐

※10 点

得点 ☐

※配点は当社でつけた推定配点です。

1　(1) ☐☐☐　(2) ☐☐☐
　(3) ☐☐☐　※2点×3

2　(1) ☐　(2) ☐　(3) ☐　※2点×3

3　問1 (1) (　　) (　　) (　　) (　　) (　　) (　　).
　　　(2) (　　) (　　) (　　) (　　) (　　) (　　).
　　　(3) (　　) (　　) (　　) (　　) (　　) (　　)?
　問2 (1) ☐　(2) ☐　※2点×5

4　1. ☐　2. ☐　3. ☐　※4点×3

5　問1 (1) ☐　(2) ☐　(3) ☐　(4) ☐　(5) ☐
　問2 1. (1) ☐　(2) ☐　(3) ☐　(4) ☐
　　　2. (1) ☐　(2) ☐
　　　　(3) ☐　(4) ☐　※問1：2点×5／問2：1：2点×4・2：3点×4

6　☐
　☐
　☐
　※2点×3

7　リスニング
　Part 1　Picture A　1. ☐　2. ☐
　　　　　Picture B　1. ☐　2. ☐
　　　　　　　　　　3. ☐
　Part 2　1. ☐　2. ☐　3. ☐　4. ☐　5. ☐
　Part 3　1. ☐　2. ☐　3. ☐　4. ☐　5. ☐
　※2点×15

得点 ☐

※配点は当社でつけた推定配点です。

1　A　問1　　　　　問2

　　B　問1　　　　　問2　　　　　問3　　　　　※2点×5

2　A　問1　　　　　問2　　　　　問3

　　B　問1　　　　　問2　　　　　問3　　　　　※2点×6

3　　　　→　　　→　　　→　　　　　※3点

4　問1　1　　　　2　　　　3　　　　4

　　問2　1　　　　2

　　問3　1　　　　2　　　　　※2点×8

5　問1　1　　　　2　　　　3

　　問2　1　ⓐ　　　　ⓑ　　　　2　ⓐ　　　　ⓑ

　　　　3　ⓐ　　　　ⓑ　　　　　※2点×9

6　問1　　　　　問2　1　　　　2　　　　　※3点×3

7　問1　　　　　問2　　　　　問3　　　　　※4点×3

得点

~*MEMO*~

~MEMO~